# 程俱年譜

葉渭清 撰
廖秋華 點校

浙江古籍出版社

圖書在版編目（CIP）數據

程俱年譜 / 葉渭清撰；廖秋華點校. —杭州：浙
江古籍出版社，2023.9
ISBN 978-7-5540-2683-0

Ⅰ.①程… Ⅱ.①葉… ②廖… Ⅲ.①程俱－年譜
Ⅳ.①K825.6

中國國家版本館 CIP 數據核字（2023）第 170066 號

# 程俱年譜

葉渭清　撰

廖秋華　點校

| | |
|---|---|
| 出版發行 | 浙江古籍出版社 |
| | （杭州市體育場路 347 號　郵編：310006） |
| 網　　址 | https://zjgj.zjcbcm.com |
| 責任編輯 | 周　密 |
| 文字編輯 | 韓　辰 |
| 封面設計 | 吳思璐 |
| 責任校對 | 吳穎胤 |
| 責任印務 | 樓浩凱 |
| 照　　排 | 浙江大千時代文化傳媒有限公司 |
| 印　　刷 | 浙江海虹彩色印務有限公司 |
| 開　　本 | 880mm×1230mm　1/32 |
| 印　　張 | 7.25 |
| 字　　數 | 188 千 |
| 版　　次 | 2023 年 9 月第 1 版 |
| 印　　次 | 2023 年 9 月第 1 次印刷 |
| 書　　號 | ISBN 978-7-5540-2683-0 |
| 定　　價 | 49.00 圓 |

如發現印裝質量問題，影響閱讀，請與市場營銷部聯繫調換。

# 前　言

　　程俱(1078—1144)，字致道，號北山，浙江衢州開化北山人，因居住地而得號“程北山”或“北山先生”。他是兩宋之際頗具影響力的官員、詩人、學者，歷仕哲宗、徽宗、高宗三朝。《宋史》有傳，又有程瑀《程俱行狀》流傳至今。

　　程俱一生著作頗多，今存《北山小集》(四十卷)、《麟臺故事》(五卷)、《班左誨蒙》(三卷)及《韓文西歷官記》(一卷)等。程俱詩文著作在當時及後世都獲得了很高的讚譽，葉夢得《北山小集序》云：“今觀其文，精確深遠，議論皆本仁義，而經緯錯綜之際，則左丘明、班孟堅之用意也。至於詩章，兼得唐中葉以前名士衆體。”鄭作肅《北山小集後序》云：“則謂其文辭在司馬遷、班固之間，未爲過也。”《麟臺故事》具有很高的史料價值和文獻價值。四庫館臣在《麟臺故事提要》中云：“其書多記宋初之事，典章文物，粲然可觀。”

　　目前學界關於程俱的研究主要集中在對其生平、年譜、詩歌研究及《麟臺故事》的考述上。程俱年譜方面的研究主要有李欣、王兆鵬撰寫的《程俱年譜》一文，文章勾稽有關史乘、方志、文集等資料，對程俱的家世、著述、仕履、交遊作出詳細的年代考訂。王照年《程俱及其〈麟臺故事〉考論》對程俱先祖、家世、生平和《麟臺故事》都作了深入的考證。此外，羅玉梅、王照年《程俱生平考述》在已有研究的基礎上，對程俱的生平作出了更爲接近真實的考述。徐建華《程俱家世新考》勾稽有關方志、宗譜以及葉渭清《程北山先生年譜（手稿）》等資料，對程俱家世作出新的考訂，認爲程俱的曾祖父應爲程煦，而非程熙，程家"一門四進士"指的是程密、程宿、程迪及程天民，程俱並非進士及第。徐裕敏曾點校《北山小集》，附録中有葉渭清《程北山先生年譜（手稿）》的初步整理稿。

　　以上研究中，涉及程俱家世及年譜的成果總體較少，李欣、王兆鵬《程俱年譜》並没有參照葉渭清《程北山先生年譜（手稿）》等資料，因而其考訂結論似可商榷。徐裕敏《北山小集》附有該年譜的初步整理稿，然稿中只有程俱年譜與葉氏按語等簡略信息，且將年譜與其中所收詩文分開轉録，並不符合葉氏所撰年譜的原貌。此外，部分點校似可商榷。程俱《宋史》有傳，又有程珌撰《行狀》流傳至今，然據程敏政《新安文獻志》《四庫全書》等載，程俱入仕的情況與《宋史》本傳、程珌《行狀》有衝突之處，故而關於程俱的生平事蹟，仍有進一步研究的必要。

　　葉渭清（1886—1966），字左文，號俟庵，浙江蘭溪人，定居開化。清光緒二十三年（1897）12 歲舉秀才，二十九年（1903）中舉。師事史學家陳黻宸，與馬敘倫、馬一浮交遊。清末民初回開化，先後在鐘山書院、鐘峰高等小學堂任教，曾編輯"開化叢書"，首編第一分册題名《梅花詩》，收入宋張道洽 36 首詠梅律詩，1918 年出版。1921 年，應邀到杭州第一師範學校任教。1928 年，隨馬敘倫至南京國民政府教育部任職。次年又應邀赴北平任京師圖書館編纂部主任，並代馬敘倫處理日常館務。1930 年底辭職，全力從事《宋史》校正資料準備工作。1933年 1 月，再度受北平圖書館之聘，與傅源叔、陳援庵、章式之等著名專家學者同任《宋會輯稿》編印委員，至 1935 年秋，編成 200 册。當年哈佛大學燕京學社認爲此舉"關係宋史學之研究至巨"，特補助美金2500 元爲印資。1935 年，華北事變後回衢州，繼續補訂《宋史》，並編定邵康節、陸放翁、程北山年譜。1949 年，從杭州回衢州，繼續研究《宋史》，以畢生精力著《元槧宋史校記》，手稿本現在衢州市文物管理委員會。曾任浙江省第一届政協特邀代表、浙江省文史館館員。

　　葉渭清《程北山先生年譜》現藏於衢州博物館，系葉渭清先生生前手寫稿。本書的基本思路是在已有研究的基礎上，以明崇禎《開化縣誌》、清光緒甲辰年（1904）修《開陽程氏宗譜》、民國己卯年（1939）重修的《北源程氏宗譜》（第三卷）等新見材料爲參照，整理衢州博物館藏1945年葉渭清先生所作《程北山先生年譜（手稿）》。本書的主要内容是在對程俱生平事蹟做出新的更爲詳實考訂的基礎上，對葉渭清《程北山先生年譜（手稿）》中所收作品進行點斷、校對與研究等。

# 目　録

# 程北山先生年譜卷第一

## 蘭谿 葉渭清 編

知人論世，是謂尚友。數典忘祖，吾黨之咎。述《程北山先生年譜》。

## 神宗元豐元年戊午，生於魏。

程珌《宋故左中奉大夫徽猷閣待制新安縣開國伯食邑九百戶致仕贈左通奉大夫程公行狀》（下文簡稱《行狀》）

公諱俱，字致道，衢州開化人。程氏實高陽之裔。周成王時，伯符封國於程，休父爲宣王司馬，後因以國爲姓。春秋時，嬰以立趙孤顯。六國時，邈爲秦獄史，易大小篆爲隸書。漢有不識，魏有昱，號名將。晉元帝即位，命元譚爲新安太守，百姓悅之，代還，遮道請留，不得去，詔從其請。比卒，賜其子孫田宅於新安之歙縣，遂居黄墩。遷開化北原者，公十世祖也。

曾祖伯照，故贈光禄卿，祖母扶風太君魯氏、彭城太君錢氏。祖迪，故任尚書都官郎中致仕，祖母仁和縣君江氏、仙居縣君余氏、天水縣君慎氏。父天民，故任瀛州防禦推官、信州貴溪縣丞，贈左宣奉大夫，母贈大碩人鄧氏。

公之曾祖光禄君樂愷平易，重然諾，喜施與，鄉里稱爲長者。祖父都官君始以儒奮，擢進士第，治劇邑，有德於民。唐質肅介爲江東轉運副使日，特加賞遇，以謂不任威刑而人不犯，雖古循吏無以加也。父宣奉君爲兒時，日誦數千言，成童屬文，握筆立就；未冠，舉進士，爲南宮第一，廷試中甲科。益博觀典籍，研繹奧義，常進所撰詩、書、論，得相州、饒州州學教授。尋爲瀛洲防禦推官、貴溪縣丞攝令事，闔邑欣賴。

召試太學博士而卒。

公初娶新昌石氏，贈令人；再娶同郡江氏，封令人。男一人，曰行敏，右承務郎、監潭州南嶽廟。女三人，孟以病在室，仲嫁右承務郎、提點坑治鑄錢司檢踏官趙伯暘，季嫁右迪功郎、監潭州南嶽廟江振卿。

《北山小集》①：

《穸窆葬事回邑有感》：生別萬里餘，會面終有期。死別不轉眸，一朝千古非。白日光在天，玄陰閟泉扉。盈盈閨中秀，土化成枯骴。冠笄共甘苦，謂見素髮垂。那知死生變，不待桑蔭移。室有病時茵，篋有嫁時衣。了了眼中事，閑粧静容儀。垂楊手曾折，爲我當春稀。迅流無迴波，落英無還枝。空房闃無迹，新墳草離離。傷心北門道，同來不同歸。○案：此爲先生悼前室所作，以"冠笄共甘苦"語詳之。先生初娶時，蓋在二十歲左右。

《次韻和潁昌葉翰林七首》

《生第三兒余近得子，因及之》：生兒如班伯，絶業出金華。惱人如添丁，索抱聲啞啞。人生各有分，豪末不可加。丹山無凡鷇，寒根無早芽。如公翔千仞，衆鳥不敢謹。將雛一來儀，美瑞世所夸。嗟我困冰谷，霜枝鬱盤挐。華顛有二女，爾爾聊自佳。今年熊羆夢，亦復來貧家。平生坐著書，每笑括與奢。籃輿一幅巾，緩步可當車。儻學長史掾，修真凌景霞。《真誥》："散景霞以飛軒。"○案：此云得子，疑即阿申。

《哭阿申二首》：我生百不諧，進退得坎井。二毛初抱子，亦足慰衰冷。珠庭照見用，○"見用"誤字眉目秀而炯。人言驥墮地，意作千里騁。居然萬金産，每見百憂醒。嗟哉時夜計，便欲老箕穎。安知隨泡露，變滅失俄頃。悲來淚成河，俯仰弔孤影。　遺劍日以遠，刻舟那可求。滄溟一漚發，散滅何當收。而我舐犢悲，中懷不能休。推排更嵬磊，棘刺生衿喉。夜夢多見之，犀玉照兩眸。沉憂信傷人，曉覺雙鬢秋。深

---

① 　下文簡作"集"。

慚東門達,恐效西河尤。所念盛德後,一身如綴旒。

《辭免太常少卿申尚書省狀》云:而又私計狼狽迫切之甚,不敢不布腹心以覬矜察。某奇蹇窮獨,世無與比。昨在鎮江,兩經兵火。近者倉猝隨駕起離,身與妻孥徒步跰足,飢凍累日,奔赴行闕。沿路遭劫,資用無餘,血屬幸存,貧病交至。而年垂六十,老無子息,內無弟姪群從之助,外無甥婿強近之親,病妻疲弱,三女未嫁。苟今寄寓他所,恐亦未保生全。故欲備員外任、宮觀差遣,不唯小輸駑蹇,以謝素餐,亦或收拾妻孥,待盡丘壠。若勉求寵遷,豈得遽去?此某所以不敢祗受者五也。○案:此狀爲建炎三年己酉所上,先生五十二歲矣,而行敏尚未生,證知先生生子晚甚也。

《懷居賦》:余生魏而長吳兮,間蓬轉乎四方。既僑食乎岐隴兮,又薄遊乎宋梁。躐龜峰之奇兮,酌桐江之清。弔采石之英兮,叩灊山之靈。由褵亂以迄今兮,與日月而競馳。曾謀食之不遂兮,豈云道之敢營。○案:《賦》所稱“生魏”,當在宣奉君爲相州教授時。相於春秋,晉之東陽地。戰國魏得其地,雄于三晉,故此以魏言之。又《賦》稱“僑食岐隴”,檢閱全集,唯卷五《同江仲嘉納涼飛英寺》詩有“我老厭羈旅,三年困歊氛。年年走長道,東越西游秦。白汗信揮雨,孤蓬坐如焚”之句,而他無可證,不知先生“僑食岐隴”爲壯爲少,其主停主人又是何人也。

## 二年己未,二歲。

## 三年庚申,三歲。

## 四年辛酉,四歲。

## 五年壬戌,五歲。

六年癸亥,六歲。

七年甲子,七歲。

八年乙丑,八歲。

哲宗元祐元年丙寅,九歲。

正月,父宣奉君卒。

《行狀》:公時方年九歲,哭泣哀毀,見者咨歡。

陸佃《陶山集·貴谿縣丞程君天民墓表》:尚書都官郎中程公諱迪,有子曰天民,字行可,未冠,舉進士中甲科。後二年,始應銓格,進所撰詩、書、論,以洪州司法參軍充相州州學教授,遷瀛州防禦推官,知衢州西安縣事,充饒州州學教授。丁外艱,服除,調信州貴谿縣丞,以疾卒于智亭,寔元豐九年正月十三日也,享年三十二。葬以八月二十四日,墓在其鄉三衢雲臺大澳之原。君幼則聰敏,不好兒弄,日誦數千言。成童屬文,操紙立就。及出仕官,恂恂一年少爾。然爲學官有師法,爲縣有吏治。熙寧中,予曁行可嘗試開封進士,是時神考相王文公作成治法,初以經術造士,其被命考校者至數十人,稱一時之選。余于其間愛行可受才俊邁,而造行粹良,竊謂異時當爲國器。即今雖未備成,蓋《詩》所謂"金玉其相"者也。《傳》曰:"金錫鍊而精,琼璧性有質。"此衛武公得數九十有五,更事閱理,既老而益精,故詩人歌之,道盛德至善,民之不能忘也。嗟乎! 行可雖受道之質可謂美矣,然閱世未久,不幸短命以死。誠使黃髮兒齒台背如古之人,其所至豈易量哉! 有文集若干卷,亦可以觀其志也。夫人尚書左丞鄧公諱潤甫之女,生男曰俱,今爲假承務郎。女二人,適太廟齋郎樓彦升、婺東陽縣主簿朱耜。俱能自樹立,甚似行可,其續大前人之光將在於此,故樂爲之道,使歸揭石焉。○按:宣奉君知西安縣不載後之《西安縣志》,蓋古事之湮沒者多矣。

## 二年丁卯,十歲。

## 三年戊辰,十一歲。

《行狀》:終喪,從母氏寓外家。母性嚴,公左右承意,得其歡心,外祖尚書鄧公左丞潤甫深奇之。後其家人緣左丞意,奏補公假承務郎。

集:

《鄧安惠公贊》:翼翼鄧公,外粹中剛,德人之容。有蘊若虛,叩之則出,如響發鐘。有文不彪,用之則宜,溫厚顯融。白首事親,洞洞屬屬,如相肅雍。移之事君,牧丘之慎,文終之恭。然執法憲府,謇謇不撓,審克厥中。有赫軍容,禍亂之幾,見微納忠。晚登廟堂,泊無怨懷,游心大公。蓋清而畏知,仁而有勇,和而不同。不色不言,不有其賢,名莫之從。知人則哲,帝鑒孔昭,溫良在躬。老成日徂,世不之才,機警疏通。愛而不見,再拜遺像,隱如岱嵩。

## 四年己巳,十二歲。

## 五年庚午,十三歲。

《新城道中》詩注云:元祐庚午歲,嘗至新城。

## 六年辛未,十四歲。

集:

《宣義郎知常州江陰縣朱君墓誌銘》:初,仲姊歸朱氏,年始十六,元益齒先一歲,余固童子也。正字公有風裁,喜獎誘後學,目余奇童,或舉余以勵其子。○案:元益諱耜,正字公諱長文,號樂圃先生,《宋史·文苑》有傳。元益以正和七年丁酉卒,享年四十三。自政和丁酉上溯其生年,當在熙寧八年丁卯。仲姊年十六歸朱氏，元益齒先一歲，則爲年十七也。

《江仲舉墓誌銘》：俱之大父初昏孔步江氏，某於朝散公兄弟行也，朝散通判睦州，余初以童子見，公與爲禮，待余猶成人。○案：朝散公諱汝明。

# 七年壬申，十五歲。

# 八年癸酉，十六歲。

集：

《送朱伯原博士赴太學癸酉》：朱公將赴成均時，炎炎六月雲峰奇。閶門鼓聲催畫鷁，陂塘菡萏方華滋。朝雲回首暮雲合，汗青嵬磊扃巖扉。先生顧此重惜去，片帆未肯乘風飛。賤子乃前致以詞，誠知去魯心遲遲。丈夫出處會有時，從來猿鶴焉能知。醇儒況復生盛世，終老巖穴將何爲。公其去矣莫回首，君王仄席思賢久。公懷慷慨善哉言，挽舟便出楓橋口。○案：集八卷之末自《初秋》至《雪中口占》二首凡八題，彙爲《少作》，唯此題下注有“癸酉”字，明白可據，今但録此首以存《少作》之一班。伯原，朱長文字。《宋史‧朱長文傳》云：元祐中，起教授於鄉，召爲太學博士，遷秘書省正字，元符初卒。據是詩，其召赴太博在癸酉六月。證知同時人之詩文可以補史之闕，文如此類者固甚多也。

# 紹聖元年甲戌，十七歲，客吳下。

集：

《駐蹕揚州以提點刑獄公廨爲尚書省禮部在西北隅卷書樓下甲戌年余嘗寓止焉今寓直其下有感》：三入南宮更白頭，夜寒持被卷書樓。那知跰足半天下，投老浮山省舊遊。

《宋故右迪功郎監潭州南嶽廟富君墓誌銘》：紹聖初，某方客吳下，嘗過林德祖大雲坊，遇君，從容食頃，今四十六年矣。

《西安謁陸蒙老大夫觀著述之富戲用蒙老新體作》○案：《衢州府志‧

縣官表》："紹聖元年,陸周,西安。"志不載陸周之字。文○當爲"丈"人意何長,縱目文史足。琅然五行落,洞視不再讀。作書兼遠奘,衆妙探玄竺。公作《莊頌》《般若頌》數百篇。時時歌四始,笑捧五經腹。高堂發新藥,重複羅籤軸。觀之類窺管,諷味得膏馥。蒙老號爲連韻,如云風、捧、諷、馥。　白頭書生黑頭翁,長安時花幽澗松。遠飛近啄雖異志,天命厚薄無雌雄。鈎深采博燥喉吻,守此一畝蓬蒿宮。杜門不出交二仲,木陰澗曲遙相通。紫囊貝葉資蓺苑,欵關一見逾三冬。亭亭漫吏多所歷,乾死書螢心似漆。王門賓閣不留行,赬顏跰足搜泉石。茅簷正欲結雲根,竹葉榴花薦餘瀝。當從元亮賦言歸,木如麻衣永投筆。蒙老號爲合離藥名,如當歸、木筆。○案:二詩不知的爲何年所作,然《史記》稱"莊周蒙人,嘗爲蒙漆園吏",則蒙老必是陸周之字。據《衢志》,陸周以紹聖初到任,故附之是年,意二詩亦先生少作也。

## 二年乙亥,十八歲。

## 三年丙子,十九歲。

集:

《題米元章墓》:紹聖丙子,余初識公南徐,貽詩謂余李太白後身,非所擬也。

《祭江仲嘉褒文》:言念丙子,識君京師。語未一再,君以憂歸。

## 四年丁丑,二十歲,授蘇州吳江縣主簿。

《行狀》:紹聖四年,授蘇州吳江縣主簿。

《宋史》本傳:以外祖尚書左丞鄧潤甫恩補蘇州吳江主簿。

葉夢得《北山小集序》:紹聖末,余官丹徒,信安程致道爲吳江尉,有持其文示余者,心固愛之,願請交,未能也。

集:

《與蔣子有道丁丑相從吳下之適感而賦詩甲午》:三徑旁臨招隱谿,

子真池館叩林扉。挐舟雪夜多乘興，步屧春風每醉歸。居舍相望一牛吼，宦塗常作二鳧飛。試尋邀月持杯地，共覺勞生四十非。

《廣游》：猗有生之若浮，同一世之泡露。汨東西與南北，顧何適而非寓。咨余生之特甚，與日月而偕騖。雖突黔之不暇，固無異於衆庶。抱天囚之三捷，縱趼足而安惢。豈斯遊之敢成，奚隗始之云慕。非多財於什一，逐陶猗之故步。安饑寒之分定，寧仿○"汲"之誤汲於貴富。失佳時於壯齒，度迅景於脩路。倏秋空之沉寥，感候蟲之在戶。盍圖安於容膝，休微躬於歲暮。假故人之敝廬，就寸禄於吳下。耳間閭之竊笑，類鴻乙之來去。浪十年之不居，何衰頹之猶故。覺今昨之皆非，均後前於一俉。念委靈於沖和，豈坐耗而待仆。老筋骸於伏櫪，汗鋒鋩於齒腐。從五窮而不置，信厚薄之殊賦。仰圓穹之蒼蒼，豈唯我之爲惡。諒力命之有制，奚是非之足語。聊兩忘乎物初，覽四海之風駭。○案：此文未必作于丁丑，以"假故人之敝廬，就寸禄於吳下"二語，與《與蔣子有道丁丑相從吳下之適感而賦詩》語合，故繫之丁丑。

## 元符元年戊寅，二十一歲。

○案：集無吳江到任年月，據庚辰有《數詩述懷》，稱"二十起東山，誤爲微官縛。三年瞬眸耳，郵傳那久託"，疑先生蓋以戊寅到任。《宋史·哲宗紀》："是年六月戊寅朔，改元。"未改之前，固紹聖五年也。《石林集序》以爲吳江尉在紹聖末，並無不合。

## 二年己卯，二十二歲。

## 三年庚辰，二十三歲，上書論事。

《宋史·本紀·徽宗一》：崇寧元年九月乙未，詔中書籍元符三年臣僚章疏姓名，爲正上、正中、正下三等，邪上、邪中、邪下三等。○據此證知先生上書在是年。

集：

《提舉江州太平觀謝表》：伏念臣戇迂成性，憂患俱生。無乘機應變之才,有至愚極陋之累。束髮從仕,浪懷畎畝之忠;詣闕上書,妄陳蠡管之見。少不更事,愚無所知。方權臣立黨以錮人,而以謂當兩忘元祐、熙豐之別;省檄講求於遺利,而以謂不若罷明金、花石之綱。雖云應詔以獻言,要爲越職而多事。○案:集不載所上書,此云"方權臣立黨以錮人,而以謂當兩忘元祐、熙豐之別",蓋指所上書,"省檄講求於遺利,而以謂不若罷明金、花石之綱",則集中《吳江回申講求遺利狀》是也。

葉夢得《北山小集序》:即爲移書當路,論以言求士,孰不幸因此自表見,其趣各不同。若概論其過,一斥不復録,天下士幾何,可以是盡棄之乎? ○案:此亦指所上書言之。

集:

《吳江縣申乞准赦放秋苗議狀》:今月某日,户案手分將到文引通籤准使符准轉運衙牒,催索去年苗米事。右,某伏見聖主初臨寶位,思布惠澤於天下,故赦文内將應干積欠並行蠲放,以致去年秋苗亦行放免。宣赦之日,百姓聞之皆稽首感抃,歡頌之聲,如出一口。尋已飜黄張掛,及行下鄉村,曉示人户。今來旬日,乃復催索。不唯使皇澤不下於民,亦何忍使聖旨即位之初失大信於天下,非小故也。況去秋苗米,富家上户必已於上中限内送納入官,今來已入末限,欠苗米未納之人,多是殘零或貧氓下户,力未能及者。此尤仁政所當先及者,乃不被覃霈之恩。又況所得無幾,徒格上恩,且傷國體。某竊以謂准赦蠲放,乃爲得宜。所有文引,難以書押行出。謹具議狀申縣,伏乞備申使府,伏候裁旨。○《行狀》:"時徽宗即位肆赦,放免秋苗,本縣復行催理,吏持文書通籤,公即申縣請准赦蠲放。"即指此狀。

《侑坐元龜序》:治亂之端,率常隱於尋常忽眇之間,初若不足畏憚者,積而致之,至於不可禦。善惡皆然,治亂因之。觀秦漢以來,享國歷世,唯唐最長,而中絶于孽后,敗亂於豔妃,陵夷於宦官,衰弱於藩鎮,所經之變不一,未有不生於所忽而積於至微,以至於大壞而不可復振者。使禍福之來常如山摧川潰、霆震而至,則雖至愚,孰不知所避就;唯其隱於尋常忽眇之間,初若不足畏憚者,故蹈覆轍而不知,常相踵也。方天下初定，魏徵勸太宗以行仁義以致太平者，如封倫輩往往笑而排之，唯太宗能用其言，行於寢食起居、造次顛沛之間，卒以致貞觀之治。然求其若爲仁、若爲義者，則未易彰彰論之，豈非其積微，故其成速耶？及明皇在位久，當盈成豐豫之時，春秋既高，方且寵一婦人，進一小人，退一正士，逍遥遊宴，姑以樂其當年，意必以謂是豈足以傷生害治，又況亂天下者乎？卒之百敝隨生，搶攘悖謬，至於逆胡稱兵，陷兩京，焚九廟，四海橫潰，而卒至於衰微。此何故也？豈非生於所忽而積於至微，以底於是哉！唐之治亂善惡之大致，較然明白者，前哲論之備矣，余獨取其治亂善惡之萌，而禍亂之所由生，足以爲世戒者，哀而爲書，名之曰《侑坐元龜》云。元符庚辰秋八月，信安程俱謹序。

　　《三高堂詩序》：蠡位越相、祿萬鍾，去之如涕唾，則後世角毛銖之得，冒坎攇而不省者可以少沮。翰進退無必，隨時而保身，則出處之意得託菰鱸以示好，又何深哉！龜蒙江湖一匹夫，然於其不合，視執位無如也。其交如皮日休，終見污於賊巢，彼獨挺然玉崎，無一釁可指摘，與夫攫金挾炭之夫，蓋萬萬矣。夫左手據圖籍，右刃掠其吭，雖冥蠢不爲也。揣是而求之，輕重得矣。然世固有抱利權、逐勢焰，死不反顧，爲天下僇笑者幾何人哉？其於輕重之思，是又出冥蠢者之下也。然則是三子者祠而旌之，固可以訓。元符二年，吳江既立三子者像。明年三月甲子，安于祠堂，令與僚佐拜而奠之。某謂俗奔競久矣，冀得守道自重，確乎不可拔，足以風百世而驅天下者，將矯浮俗而歸之，庶幾清節之爲貴。然望之而未見，抑有之而未聞耶？今居是邑，特仰三子之志，意其知時而退，不迷於出處之道，蓋君子之所悦聞也。凡我同志，其繫之以詩。

　　《雜興十首》：一日復一日，百年如此耳。那將千百計，來日何窮已。逝者不可追，來者安可知。正恐聞道晚，勿言功用運○"遲"之誤。誤點成駁牛，妙技有餘賞。作意畫蛇足，至今猶撫掌。君看人間事，類此或往往。浩歎可奈何，悠然起遐想。　中夜忽自省，昔我今是非？音聲故如昨，齒長鬢滿頤。有人夢中言，子念無乃癡？今猶昔人耳，昔人安在茲？　濯濯簷下溜，刁刁樹間鳴。蟲號百鳥鬧，小大各有聲。聲多不留礙，響振元無形。何殊百千炬，光影各自明。　胡葵向晨照，日引一尺長。松栽四五年，擢幹未出牆。溥溥露方晞，借此顏色芳。各留一寸心，試待九月霜。　春鳩一何拙，社燕一何巧。天陰逐其婦，飲啄聊自了。嗛泥亦綢繆，託此華廈好。物生固有分，巧拙均一飽。穆穆新槁秸，補此茅屋漏。問云力田人，歲事苦耘耨。終年手足胝，得此以自覆。香秔一過眼，糠覈餘滿竇。　昔年過吳江，戀戀不能去。臨江塵思盡，廓若掃翳霧。茲爲三年留，已厭波濤怒。乃知常人情，趣新方捨故。　軋軋田邊車，卷卷不得休。出之一寸痕，益以幾尺流。扶提暴中野，強作田家謳。車聲真哭聲，天遠將誰尤。　少小思振奇，頗恨身不長○"長"字疑誤。身長益多累，信與憂俱生。回思二紀間，浪使倐忽爭。誰能補黥劓，反我孩與嬰。○據第八首有"昔年過吳江，戀戀不能去。茲爲三年留，已厭波濤怒"云云，繫十首於是年。

《數日江上頗有春色偶成絕句遣興五首庚辰》：柳怯餘寒未展眉，嫩黃輕綠漸依依。春郊正好閑行處，不及遊蜂自在飛。　錯寞江梅春信遲，晴熏寒蘂雪團枝。年來頓失尋春意，一任高樓玉笛吹。　遠樹參差數點煙，目窮天際水粘天。背人葉葉風帆去，應有鷗夷萬里船。不奈江頭春色何，暖光搖日漲晴波。憑欄何處牽幽興，楊柳沙洲一釣簑。　露壓濃煙染遠山，垂虹真在畫圖間。平湖渺渺思無限，何日浮雲伴我閒。

《移竹庚辰》

《數詩述懷庚辰》：一生共悠悠，今者曷不樂。二十起東山，誤爲微官縛。三年瞬眸耳，郵傳那久託。四壁自蕭然，青編束高閣。五更霜鍾動，起視星錯落。六律聿其周，忽忽更歲籥。七哀我○"我"當爲"哦"幽韻，感念驚獨鶴。八極豈不廣，衰懷了無託。九原歎多賢，死者那可作。十里望煙村，天隨去寥廓。○案："廓"，原誤爲"廊"，以義改。據"二十起束山，誤爲微官縛"，證知先生以丁丑授官。據"三年瞬眸耳，郵傳那久託"，證知先生當以戊寅到任。據"六律聿其周，忽忽更歲籥"，證知先生庚辰尚未任滿。

## 徽宗建中靖國元年辛巳，二十四歲。

集：

《採石賦》：建中靖國元年，以脩奉景靈西宮，下吳興、吳郡採太湖石四千六百枚，而吳郡實採於包山。某獲目此瑰奇之産，謹爲賦云：吳吏採石於包山也，洞庭鄉三老趨而進，揖而言曰："惟古渾渾，物全其天。金藏於穴，珠安於淵。機械既發，剖蚌椎礦。不翼而飛，無脛而騁。刲山探海，階世之競。乃若富媼贅瘤，則爲山嶽。茂草木於毛膚，包嶄巖於骨骼。與瓦甓其無間，何終焉而是索。《晏子春秋》："靈山以石爲身，以草木爲毛髮。"今使者窺複穴，蕩沉沙，搜奇礓於洞腳，剔巧勢於丘阿。呼靈匠以運斤，指陽侯使息波。竪江山之崿崿，積劍閣之峨峨。江淹《江上之山賦》曰："百里兮崿崿。"張載《劍閣銘》："巖巖梁山，積石峨峨。"莫不剔山骨，拔雲根。貞女屹立，伏虎晝奔。督郵攘袂以相睨，令史臨江而抗塵。雖不遭於醢沃，豈有恨於苔痕。嗟主人之不見，信羊牧之猶存。何一拳之足取，笑九仞之徒勤。王韶之《始興記》："中宿縣有貞女峽，水際有石似女子。"《幽明録》："宜都建平界有倚石如二人，俗謂一郡督郵爭界於此。"《南康記》："湘源有長瀨，其旁石或像人，二人名爲令史。"盧仝《贈石氏》："主人雖不歸，長見主人面。"又："自慚埋沒久，滿面蒼苔痕。"既而山户蟻集，篙師雲屯。輸萬金之重載，走千里於通津。使山以爲骨，則土將圮；使玉以爲璞，則山將貧。煮粮之客，歎終年之無飽；談去之老，持一法其誰論。《神仙傳》："白石生煮爲粮。"嘗聞不爲無益，則用之所以足；惟土物愛，則民之所以淳。怪斯取之安用，非野夫之得聞。敢請使者。"吏呼而語曰："醯鷄不可與語天，蟪蛄不可與論歲。矧齊侯之讀書，豈論人之得議。"三老曰："極治之世，樵夫笑不談王道；至聖之門，野人問而竭兩端。野人固願知之。"對曰：上德光大，孝通神明。闡原廟之制，妥在天之靈。以爲物不盛則禮不備，意不盡則享不精。故金瑰珠琲，天不秘其寶；樟楠梗梓，地不愛其生。而青州之怪，猶未足於充庭，故於此乎取之。且鑿太行之石英，採穀城之文石，以起景陽於芳林者，魏明之侈陋也；菲衣惡食，卑宮室以致美乎祭祀者，夏禹之勤儉也。上方罷後苑之作，緩文思之程，示敦樸以正始，盡情文而事神，此固上德之難名者矣。抑嘗聞之：西有未夷之羌，北有久驕之虜，顧蹀血之未艾，乍遊魂而送死。方將不頓一戈，不馳一羽，殄醜類於煙埃，瞰幽荒於掌股。庶黃石之斯在，儻素書之可遇。抑又聞之：三德雖修，不去指佞之草；萬國雖和，猶豢觸邪之獸。蓋邪佞之蠱心，猶膏肓之自腠。惟屬鏤之無知，顧尚方之奚捄。故將鑄采石以爲劍，凛豎毛於佞首。若是則在邊無汗馬之勞，在廷無履霜之咎也。《穆天子傳》："天子升於采石之山，取采石焉，鑄以成器于黑水之上。" 抑又聞之：堯不能無九年之災，湯不能無七年之旱。雖陰陽之或盭，豈閑縱之可緩。故將放鞭石於宜都，回雨暘於咳昈。《荆州圖副》："宜都有石穴，穴有二石。俗云其一爲陽，其一爲陰。旱鞭陽石則雨，雨鞭陰石則晴。" 抑又聞之：扶來之子，有土不毛；抱甕之老，有茅不薙。富者侈而貧者惰，游者逸而居者勞。雖齊導之有素，奈狡焉而是逃。故將取嘉石以列坐，平罷民於外朝。抑又聞之：日不閉則明，川不閼則清。聽之廣者視必遠，基之固者構不傾。方披疏而出黜，俾伐鼓而揚旌。蓋蕭墙之戒，坐遠於千里；朽索之馭，蓋危於薄冰。矧四者之無告，尤聖人之所矜。故將盡九山之赤石，達萬宇之窮民。"三老悚然而興曰："聖治蓋至此乎？" 吏曰："此猶未也。若其造化掌中，宇宙胸次，彌綸兩儀而執天之行，爕理二氣而襲氣之母，此包犧之婦所以引日星之針縷，方將鍊五色以補天，育萬生於一府。既無謝於襄城之師，又何驚於藐姑之處？吾亦與汝飲陰陽之和，而游萬物之祖矣，又何帝力之知哉！" 盧仝詩："女媧伏羲婦，引日月之針五星縷。" 三老稽首再拜曰："鄙樸之人，聾瞽其知，鹿豕其游。竊億妄議，乃今知之。"

《吳江回申講求遺利狀》：准縣牒，備准使府准轉運衙牒，准省符云云。○案：《宋史·徽宗紀》："建中靖國元年九月己巳，詔諸路轉運提舉司及諸州軍有遺利可以講求及冗員浮費當裁損者，詳議以聞。""省符"所云當指此。右，某竊謂財用之在天下，譬之衆州○"川"之誤。《行狀》正作"衆川"。之水，豬之萬頃之陂，決漏既多，乾涸可待。乃欲崎嶇回遠，引綫脉之流以益之，不如塞其陂之決漏而已。今諸路賦入，則衆川是也；萬頃之陂，則總計是也；決漏如江○"江"下據《行狀》奪"河"字。則無藝之費是也；崎嶇回遠，引綫脉之流以益之，則講求遺利是也。所謂無藝之費，某疏遠小吏，不能盡知。徒見頃年以來，綱運自杭而西以過縣境者，有曰明金生活，有曰佛道帳殿，有曰花石者，挽舟之卒所支口券米，歲無慮若干千石，計工無慮若干萬夫，家粮借請之數不與焉。然此造作之費，曾何足道！竊以謂天下無藝之費如此類者，儻一切罷之，則神宗皇帝息民裕國之政具在，守而勿失，可以有餘。某愚無知，妄陳管見，謹具申縣衙，伏乞備申使州。伏候裁旨。謹狀。○《行狀》："而轉運司牒准省符，講求遺利。公申狀謂：'財用之在天下，譬之衆川之水，豬之萬頃之陂，決漏既多，乾涸可待。乃欲崎嶇回遠，引綫脉之流以益之，不如塞其陂之決漏而已。今諸路賦入，則衆川是也；萬頃之陂，則總計是也；決漏如江河，則無藝之費是也；崎嶇回遠，引綫脉之流以益之，則講求遺利是也。凡無藝之費一切罷之，則息民裕國之政具在，守而勿失，可以有餘。'見者驚歎，亦或指以爲狂。"即繫節引此狀。

《寓齋記》：客有至寓齋而歎曰："夫以介然之形，措之天地之間，不百年寓耳。於一寓中而暫寓於東南西北之遊者，又幾何耶？是齋之士，其又寓暫寓於其間者乎？"程子曰："何特此耳！天，氣之積者；地，塊之積者，寓於空而已。日月星辰，山河草木，又寓於二物而已。請觀子之一形，寓視於目，寓聽於耳，寓聲於口，寓神於此百骸五藏之間，是則子之所謂介然之形者，蓋有寓之者焉。不有寓之者，是則糞壤濡沫而已矣。子於此而求之，又有不寓者，存而天地萬物之所以寓者也。"晉陵錢定國顯道尉吳江，予名其燕處曰"寓齋"，定國蓋嘗聞道云。建中靖國元年三月甲子，信安程某記。

《賀方回詩集序》：季真去後四百二十載，建中辛巳歲，始識其孫方回五湖上,蓋鑑湖遺老也。

《日日辛巳》:日日長川去,行行萬化新。回思幾年事,已似隔生人。章甫寧資越,連城漫入秦。應知衣內寶,肯渾隙中塵。

《看鏡辛巳》:看鏡恍如夢,今予猶昔余。身經幾墮甑,迹寄一蘧廬。仙客有遅怨,昔人以鶴爲仙客,鴨爲閑客。孔兄無近書。塵纓與蕙帳,兩事欲何居。

《讀神仙傳六首》:騎龍上天入太清,繼世而往在我盈。握鈴而呼大司命,主非使者走折脛。乃知神仙非智巧,積功累行如邠鎬。專懷邪辟祈長年,誰言淮南雞犬飛上天。　安期生,赤玉舄,遺之東海濱。千年求我蓬萊下,祖龍豈是千年人。安期一量舄,蔥嶺一隻履。茫茫九州在泥滓,至人去之如脫屣。吁嗟!祖龍蕭翁寧悟此。　鯉魚腹中有隱符,白魚腹中有素書。鞭靈走石纔一戲,騎麟上天亦徒耳。誰能解衣涿水中,使人呼指赤鯶公。　莫作龍眉山頭客,三百年不得作直。故應未辦作李公,投身百斛旨酒中。鼓琴先生有怒色,有愛終當爲物役。江都王勿預人事,倮蟲膏血使誰從汝索?　崑崙下有三頃田,赤烏玉兔蹲兩邊。下有烏靈木,灌以華池泉。耕之不用一寸鐵,使公家富不可説。如坻如京會有盡,萬物皆吾囊中物,搏泥作金何屑屑。胥門著蔡經,市門著梅福。我爲松江吏,與汝相望亦相逐。高冠長劍衛士從,有口底事使蠟封。此身況不爲陳尉,就公蠟封三尺喙,不能擲米作珠爲狡獪。○此六首年不能定,然必在吳江所作,姑附之是年。

《即事戲作四首》:老烏作巢一何拙,柳條垂絲今禿缺。銜枝復墮苦饒舌,編條作巢枝錯節。老烏柳好汝勿傷,藏烏待得春葉長。安巢今汝著哺母,密葉更能庇風雨。齋前數柳樹,爲老烏取新條作巢,幾盡。　黃雀黃雀飛相逐,相呼門前啄遺粟。啄粟飽即休,有人挾箒掃泥待作粥。數日門外輸苗,遺粒狼戾,黃雀喧集。貧家小兒爭掃去,謂之"掃泥米"。　鶴喉固有似,云何啄泥取蚯蚓。蚯蚓食泉曾不惡,鰌鮆蜿蜒尤不忍。何如忍飢向芝田,腥涎溷爾不得飛上天。畜一鶴,頗食腥穢,可厭。　烏啼未必惡,麾去恨不早。鵲噪兩耳聾，主人亦言好。安知一喙鳴，喜戚自顛倒。朝來群鵲噪不已，童稚無知助吾喜。群鵲自與烏爭巢，慎勿喜歡真誤爾。齋前群鵲時噪。○此四首，年亦未詳，以意附此。

## 逆婦江於餘杭。

集：

《祭江仲嘉褒文》：歲在辛巳，我室君娉。

《江仲舉墓誌銘》：後十年，公之第三子仲嘉褒爲餘杭尉，余繼室以公之第五女，親迎餘杭，於是始識仲舉。

《餘杭法憙院荊文公書堂文公康定中讀書於此辛巳》：鍾山太傅起從龍，鼓動風雷指顧中。未見圖形求傅野，豈知徒步客新豐。青鞯曾訪餐芝老，許遠遊登巖茹芝，乃餘杭山中也。白首唯餘擣藥童。寺僧言文公多養疾此堂，當時給侍童子，今八十餘歲矣。藏壁故應留斷簡，至今山鬼慟悲風。

《同餘杭尉江仲嘉褒道人陳祖德良孫遊洞霄宮》：○案：洞霄宮，在餘杭縣大滌山。　太湖隱吏迂且頑，手板拄頰看西山。筆床茶竈向何許，往來洞庭林屋間。舊聞西門徹懸霤，故整煙艇尋苕川。卻驚天柱矗雲表，勢與太華爭擎天。幅巾跨馬及曉鼓，逸思自覺奔春泉。其誰從者二妙士，金庭老客南昌仙。齊驅共語失長道，但見平阪連桑田。籃輿後繼獨不語，鼻息栩栩山聳肩。崗回澗曲若無路，萬疊老翠漫秋煙。二山對起鎖詰屈，僅容蹄轍通人寰。羊腸移險在平地，九疑山色荒聯綿。穿松酌水尋二洞，低隱巖腹高山巔。山巔石室如列廈，接肘可置千賓筵。最憐西洞隔凡處，凝去乳絡壁留空圓。我將拂袖去不返，戲擊雷鼓揮神鞭。三華寶衣立可致，九赤班符何足傳。只將尸輿駕神馬，豈顧家火燒凡鉛。又疑靈物之所宅，卵孕變化蟠蜿蜒。金龍玉簡投不滿，恐復下與東溟連。我嗟何地非聖處，火聚正坐青雲軿。目前闤闠晝自啓，電頃已超天地先。正緣一念重山嶽，障碍何啻重城堅。

就令信腳到仙宇，凡骨至死包腥羶。膠膠世網浪自纏，會當去之如蛻蟬。誰能白衣傍金馬，且復錦袍乘釣船。金庭客，南昌仙，他年與我乘八景，舉手少別三千年。

## 任滿，辟差舒州太湖茶場。

《行狀》：任滿，辟差舒州太湖茶場。

## 崇寧元年壬午，二十五歲，中書籍姓名爲邪等。

《宋史·本紀·徽宗一》：崇寧元年九月乙未，詔中書籍元符三年臣僚章疏姓名，爲正上、正中、正下三等，邪上、邪中、邪下三等。庚子，以元符末上書人鍾世美以下四十一人爲正等，悉加旌擢。范柔中以下五百餘人爲邪等，降責有差。時世美已卒，詔贈官，仍官其子一人。

《宋會要》：崇寧元年九月十四日，詔開具元符三年臣僚章疏姓名，邪上尤甚：范柔中、鄧考甫、○《宋史·隱逸傳》作"鄧孝甫"。封覺民、李新、吳朋、衡鈞、○案：中有訛誤。胡端修、趙令時、周誼、安信之、孫琮、高公應、郭執中、王寀、趙峋、李傑、李貰、石芳、吳安遜、朱竑、○"紱"之誤。周永徽、楊琳、金極、張集、呂諒卿、蘇昞、鮮于綽、黃策、高漸、王右、張夙、王貫、葛茂宗、曹益、趙天优、袞○當爲"袁"公適、洪羽、柴袞、劉謂。邪上：梁寬、曹興宗、謝潛、許安修、羅鼎臣、于肇、黃遷、劉吉甫、王公彥、万俟正、楊朏、許堯輔、胡良、李修、黃安期、梅君俞、沈千、張居、黃才、寇宗顏、曹譽、林膚、葛輝、逢純熙、王交、張溥、胡潛、劉勃、陳唐、董祥、陳師錫、王守、蔣津、高遵恪、王陽、張裕、王拯、侯顯道、周遵道、宋壽岳、扈充。邪中：趙越、朱光裔、王忠恕、劉質夫、鄧允中、王岐、謝悰、蘇處厚、高公湜、吳偉、江洄、劉沖、蕭刓、劉羰、宋勛年、吳文規、張悰、狄瑾、郭時、楊令、劉憲、張寀、任寶賢、任伯雨、蘇大本、沈街、王篋、陳師錫、○陳師錫重出。王發、呂陶、李浩、王履、陳師道、上官公裕、劉天啟、張來、史彭年、梁俊民、黃秙、李廌、李昇、楊垣、薛逢、梁景初、李露、張諟、耿毅、劉涣、李平、劉廓、李孝迪、陳中夫、張永弼、張戭、李良翰、竇誦、黄安期、孫大臨、張恕、宋許、李寀、馬衷、高定、唐秬、富開、鮮于綽、韓英、范鍔、陳象古、王天常、甯祖武、李幹、翁升、邵伯温、張上行、韓安、岳商、師申、宇文譓、李知遠、吴瓌、潘見素、蘇之悌、張蘇、李閎衡、石祁、彭年、陳喆、葉世英、孫琮、毛随、楊敦仁、檀固、許廣淵、李雲從、夏侯景仁、唐廣仁、許邵、高徽、楊明、郭簡修、黎延、孫秉義、陳昇、朱曾、陳琰、段察、武仲荀、姚諷、王望之、李由頤、蘇迥、段虋、馮伯藥、陳良能、王迥、趙孝立、宋之珍、楚興宗、陳鄴、李晋裕、馮千里、高士鄙、韓晞、王彦昇、張確、劉弈、王由師、范植、賀昌辰、張及、張鐸、鞠士復、曹公裕、裴迪祖、王祐、梁安國、晁説之、王奥、劉經國、倪直孺、王夷約、楊天惠、劉覺、陳策、李處仁、朱恪、路昌衡、周鼎、李圭、陳縝。邪下：王萃、朱肱、錢昇、楊忠信、王收、李庚、劉端彦、梁光、張叡、傅耆、王偉、趙茂曾、楊致祥、董丕、竹璟、鄭綱、党鈞、任日新、趙齊賢、蘇堯臣、高復、任仲奇、閭邱陞、陳琰阜、成彭作、梁嶷、陳琳、王腴、喬天錫、丁執善、何宗翰、卞衷、李知章、范子修、李援、徐瑛、王覬、毛叔度、吴倚、方适、林定、譚極、黄同、傅希龍、王彦若、王師正、劉知至、劉寀、李程、馬收、任廱、竇護、黄汝方、宋適、張譽、杜之邵、王時、馬恕、孫發、李彦弼、倪直侯、王箴、楊韶、鄧安正、黄正一、吕公美、徐公亶、李公寅、楊伯、聶敏修、吴昞、崔陟、徐説、謝諸、周邠、高臨、李士忞、蕭景修、徐俯、李孝常、范百億、何權、宇文輝、俞次契、甯宗傑、魏鐣、季義叟、蘇之悌、時君陳、張照、李茂、安譚、章諷、魏价、江窾、陳雔、林宗直、陳京、陸涣、張保淳、程之才、余卞、吕蕡、魏當、陸彦述、支詠、劉勃、陳京、費勉中、馬永逸、董乂、辛春卿、毛撝、黄叔靖、陳竑、楊恂、鄭子淵、傅列、蓋士宏、耿居正、毛完師、薛睿、黄諷、聶思孝、楊明、甯鳳、舒升中、洪芻、武仲洵、向湜、徐愈、王驥、陳力、閻建、孟道、張友、劉跂、汪忱、李燾、邵樞、胡盤、熊浚明、崔鷗、向詢、黄應求、劉仲昕、司馬宏、孟宗直、張元矩、黄熙、唐嘉問、曾嶧、范子舟、江汝言、馮正卿、王濤、劉思、徐大經、吕元中、吴文規、杜穎、柴義、卜義、歐陽昊、尹翊、胡沔、孫大臨、葛敏修、葉擬、錢大中、燕景賢、任唐毅、張碩、陳海、李庭堅、史君、陳楊居、陳并、黃子蹇、趙晞、張沆、王彥、富純、江洵、劉溥、吳環、史保躬、趙丕遠、王璉、姜蹈中、朱繪、西門聿、趙襄、馬洙、張濟、朱恪、李黯、文嘉謀、上官彝、孫曾、潘瑤、黃瑾、胡庶、程俱、馬待問、李蓻、國希尹、燕默、傅寀、鄭少微、王知常、赦〇當爲"郝"宗臣、林駢、鄭語、劉寬、施邁、楊容之、高公淲、何景甫、范埴、張廷玉、唐靖、趙衡、王適、曾驛、劉蒙、先才、蓋薦、李敦常、張直、楊懷寶、李處晦、晁詠之、宋由正、陳中、張琪、史彭年、李機、楊禾、梁鼎吉、高公傑、張子渙、家願、陸表民、楊傑、白鎮、袁公適、蘇象先、高漸、趙伾、郭永年、楊傅、朱行中、王注、滕友、侯晉升、周諤、毛友直、范世文、苗蓁、王景下、王景行、謝舉廉、李世基、陳愨、竇卜、趙渥、孟長民、周檸、閆崇、郭奉世、薛及、任有功、徐商美、宇文湛、劉之美、上官均、張沔、王公彥、賈休復、宋直方、喬甫、高士丕、江煒、劉鼎臣、常徽猷、何爽、韓升卿、何大受、陳修己、賀霖、張彥逸、俞唐、馬希道、蒲俊、劉爽、秦憲、蔣琳、方鼎、胡謹修、馮正雅、張宇、張材、勾居體。

十一月二十三日詔："元符下詔求直言，蓋欲廣朕聞見，裨益政治。比以所上章疏付之有司，考其所言，內有附會姦慝，誣毀先帝政事者，總五百四十一人。然惡有淺深，罪有輕重，取其詆譏謗斥言之尤甚者三十八人，覽之流涕，弗忍再觀，得罪宗廟，朕不敢貸，可責逐遠方。次等者四十一人，其言亦多詆譏，各與等第降官，責遠小處監當。以戒爲臣之不忠者。"勘會邪上尤甚繫范柔中等三十八人，內郭執中已除名勒停，朱紱老疾。邪上次等繫梁寬等四十一人，內陳唐、扈充、許安修已身亡，劉吉甫繫承務郎致仕。奉聖旨：范柔中等並勒停，永不收叙。朱紱免羈管外，餘分送逐處羈管，于肇至王公彥二十九名並衝替，繫私罪事理重，仍不得改官。〇《永樂大典》佚卷數引。

**集：**

《過方子通惟深》：白日苦易晚，我懷多隱憂。憂思劇春浸，浩漫不可收。出門欲有適，舉步且復休。塵中等膠擾，念此將焉投。駕言城東北，閭閻即巖丘。是中有幽人，厲志凌霜秋。寸田荆棘盡，不假斤斧修。門無雜車馬，一飯乃見留。虛堂芝朮香，下有百尺虹。蒼陰匝平地，老幹森下樛。堂中羅酒漿，耿耿燈燭幽。四天黯無光，萬籟蕭以搴。炯然坐相向，更僕語益遒。我身動乖迕，夢寐喬松遊。常恐在泥滓，永爲天所囚。會當從之子，濯足萬里流。○是詩據集《秋夜寫懷呈常所往來諸公兼寄吳興江仲嘉八首》詩注，繫於壬午，方子通與楊彝父並家吳郡，集《承奉郎致仕楊君墓銘》云：吳郡有二老焉，或仕或不仕，皆隱者也。居城之東北曰方公。居城之東南曰楊公。余少壯客吳下，獲交焉。此云“駕言城東北，閭閻即巖丘”，則先生時居吳下可知。

《罷吏客郡城已數月滯留忽已歲暮浩然興歎作一首》：一行作吏向吳城，五見娵隅上薄冰。魏覬三章堪自約，殷源百尺敢言登。揶揄祇送人爲郡，嚘媚墨音初非我負丞。鞅掌棲遲俱害性，不知鬚鬢欲侵凌。

《松江賦》：鴟夷子皮既棄越相，乘扁舟，携西子，溯東流。方將家五湖以長邁，屣萬鍾而不留。放若巨魚縱大壑，脫若六驥馳坦道而挾輕輈。時則八荒收雲，千里一碧，狂瀾不興，遠岫凝色。目盡意往，雲天出沒。引風檣以悲嘯，趣煙波而不極。於是遇亡是叟而問津焉，曰：“三江之湊，實爲五湖，地脈四遠，衍爲松江。洶洶渾渾，溶溶洋洋。孤岑連嶂七十有二，眇若散螺黛於微茫。五湖之中，大曰包山。風穴晝瞑，霜林夏寒。暮煙屯其疊翠，冬寶縈其錯丹。麟鶴之所憩，蛟黿之所淵。山中之人，忘世與年。條桑縹緲之下，採石明月之灣。包山有縹緲峰、明月灣。草衣木茹，泊若追羲盤而與還。江流之窮，是則歸墟。王百谷於一吸，環齊州於一區。大鵬奮翅於泱漭，燭龍洗光於咸虞。由江而下二百餘里，布帆無恙，尚可以朝海門而暮方壺。雖然，善賈者據其會，善博者扼其吭。方趣南則遺北，既畫圓而失方。今子將攬眾物之會，莫若迓觀乎中央。惟是江湖之接，二州相望。散荒墟於垤塊，識斷岸於毫芒。嘗試與子至中流而四顧，陰霾鬱興，不辨雲水，天高日出，萬頃在目者，五湖也。岡岫相屬，如走如伏，溟濛突兀，乍見乍失者，包山也。擁松江之上流，窮海道於一葦。時矯首而斯盡，固可以訪漁樵而種魴鯉，亦優游而卒歲矣。吾子以謂何如？"子皮曰："然。務外游者有待，樂內觀者無窮。吾方以日月爲燭，六合爲宮，參天地以爲友，從四海之諸公。乘雲氣，御飛龍。指包山於遺礫，視五湖於一鍾。松江之勝，又安能芥蔕於胸中乎？"

《後松江賦》：程子既爲《松江賦》，假鷗夷子皮，設亡是叟以爲詞。是夜，夢有夫頎然而長，黳色而脩髯，叩舷而稱曰："松江之勝，吾子之詞侈矣！然子亦聞吳越之遺事乎？"唯而答曰："長橋臥波，截江之衝。飛欄疊架，排霧行空。萬景所會，而垂虹屹立乎其中。吾嘗登垂虹，顧二渚，尚想夫霸國之爭雄。方其踐忍鳥喙，差耕石田。禍起腋下，謀箝悟先。則吳陣江北，越軍江南。殺氣朝合，軍聲夜嚴。銜枚北渡，奮爲兩翼。方風馳而霧障，頓雷轟而電擊。吳卒麗潰，江流赭赤。畢夫椒之世仇，償會稽之膽食。於此蓋夫子之雄績。乃自太湖過橫山，亂越來之溪，登姑胥之臺。弔亡國於游鹿，指血化於黃埃。挽餘艎以凌江，卷旌旗而南歸。則夫子於此退身行意，揖勾踐而長辭，蓋與夫咎犯之貪天，子推之獨賢，歌龍蛇而激憤，塊然與槁木而偕燔者，不可同日而言矣。閒者五季棼亂，錢鏐崛興，蘇據都會，乃淮浙之必爭。徐約先拔，孫儒繼焚。彼得之不能以歲月守，我守之不能以歲月寧，則江之兩厓，相爲二城。鎮威武之右境，遏淮南之寇兵，實用武者之所憑。吳江，錢氏時謂之"南北兩城防遏所"。版圖入朝，置爲縣治。畫井疆，設群吏。皋畝棋別，居廬鱗次。帶以千尺之橋，捍以百里之塘。舟輿所通，樓觀相望，曾城邑之幾時，翳喬木之蒼蒼矣。吾嘗歎曰：一江方東，雖逝不流。閱事之萬變，去莫知其所遁，而來莫知其所由。今之松江，其昔之松江邪？抑夜半之藏舟，失萬世於俯仰，盡賢愚於一丘？夫子亦嘗弔抉眼之忠魂，而訪伏劍者之靈游不乎？"子皮不對，顧謂西子，援琴而歌。歌曰："霰雪紛兮雲霏霏，帶長鋏而佩寶璐兮，子安適而不歸？歲晼晚而將暮兮，路既壅而中迷。嗟二子之不返，折疏麻而搴杜若，羌搖搖其遺誰?"餘音未息,蒙然而覺,掉頭載歌,付千古於一笑。

## 二年癸未,二十六歲,到官。

集:

《王八侍郎祭文》:及官太湖,公鎮龍舒。顧睞歎息,刻畫吹噓。借重培塿,比之衡廬。肝肺開示,底蘊無餘。○案:王八侍郎,王渙之也。據集《寶文閣直學士中大夫致仕太原君開國侯食邑一千四百户食實封一百户贈正議大夫王公墓志銘》:"崇寧二年,以寶文閣待制知廣州,道削職,知舒州。三年初,立黨籍,罷,提舉南京鴻慶宮。"證知先生固以崇寧二年到官也。

《高郵旅泊書懷寄淮東提舉蔡成甫觀兼呈鄭使君夆三首癸未》:久客頗自厭,長歌胡不歸。束書方自適,捧檄定焉依。塵裏音容改,山中信息稀。十年長漫浪,深覺負荷衣。　命矣周南滯,時哉冀北空。居無刮目視,動有轉喉窮。泛宅如蠻蜑,淫書伴蠹蟲。飄蓬故人念,賴有繡衣公。　長夏熱欲死,迎秋氣已清。蚊蠅任來往,螟螣尚縱橫。行止厭人問,棲遲真自驚。使君高義在,解榻見深情。

《喜雨呈鄭高郵》

《癸未秋金陵懷古三首》

《到官兩句四走山野作詩以自勞云》:上山傴伸如望天,下山傴仆如深泉。胡爲持此不貲寶,來試萬丈懸崖巔。前人見踵後見頂,反足鳥道相攀牽。欻然置我章貢上,水激石罅奔雷填。荒塍曲澗無遠近,渺渺不見墟中煙。土岡鑿路狹如隧,蘇壁藤薜蛟蛇纏。寒風颼颼失白日,上有萬木蒼陰玄。航溪之深揭其淺,碎石齧足聲號川。茗山發我一長喟,彼有吳市人中仙。飛瓊練玉存故處,祇有井竈無霜鉛。我今正坐五斗米,悔不辟粒從期佺。向來吳松厭羈旅,三歲半逐鴟夷船。故教笘庫著疏嬾,坐守兀兀聊窮年。安知求逸得奔走,豈異避挺蒙戈鋋。咄嗟萬事無必計,努力惟有歸園田。○按《圖經》:茗山有梅福鍊丹竈,故有"飛瓊"之句。

《太湖沿檄西原道即事三首》:司空山頭朝出雲,西源渡口十里陰。

煙中鷄唱未及午,白雨作泥泥已深。　上崖下谷鳥道中,前屬後巾魚貫從。西山路暗光已夕,東山山頭餘日紅。　道旁甕盎如汝陽,石間黿鼉如吕梁。不知身世在何許,舉頭四山鬱蒼蒼。

《靈山○當是"仙"字觀》:入夢無黄石,收身賴赤松。濯冠臨皖水,執簡叩灊峰。司命開琳闕,明光下玉龍。高靈心拱衛,江海勢朝宗。清夜垂星斗,空山答鼓鍾。雲車來絳節,風馬上丹封。樓觀参差見,巖崖轉仄容。山川瞻勝異,蘋藻薦嚴恭。凡骨應難换,幽人豈易逢。他年華山藕,安用葛陂笻。是夕設醮,宿觀中,謁崔道士,值出。明日出山,遇諸道,崔走避茅舍,余下馬亟往見之,與語,不相酬答。頃之,衆中目余,袖間出藕一節遺余,且云勿覼縷,因逸去。

《宿海會寺》:萬杉堆青没山骨,雲埋七峰時出没。飛泉拂石瀉哀湍,下有萬古蛟龍窟。藏頭睡熟呼不起,地坼三年蝗蝻出。千山脈理漬清甘,一罅涓涓流石液。同遊況與惠詢輩,許主簿、遠首座。納屐振衣何勃窣。大門當前新築道,跨水曲欄攲突兀。舂鳴轣轆趁朝炊,水剛懸流機械發。揞笻對此自三歎,抱甕老人長搰搰。卻坐幽堂忽浩歌,回首已失西山日。

《山谷寺》:初,梁白鹿先生請以爲觀,志公飛錫先之,遂爲僧寺。今有飛錫泉,今靈仙白鹿所基也。常若無水,而山谷獨有餘。寺有太宗、真宗、仁宗三聖御書,歲度僧七人。竺法暨華土,出傳骨與書。金僊屹不動,坐使四海趨。山川第一勝,盡爲佛者居。蔥蔥灊之谷,蛟鸞互盤紆。一爲飛錫先,方士回雲車。顧眄榛楚地,翬簷涌層虚。英靈護泉脈,飲此白足徒。當年蓋國衆,莫挽碧眼胡。傳衣到三葉,此地滋焦枯。異氣生傑閣,宸奎動天樞。神龍盡傾向,寶此明月珠。三聖陟帝所,雲章久寧渝。餘霑及婆塞,歲復六七夫。堂中老沙門,古態幾皇胥。定知黄龍窟,不著點額魚。長老嗣黄龍南。門門兩山陋,萃然七浮圖。沙步對石麓,溪流清且徐。危甍隱深樾,間見碧與朱。寺前隔溪山上有亭林間。朝來雨腳斷,雲氣尚卷舒。懸知磴道滑,一水不復逾。州家有造請,上馬及未晡。

《石牛洞》:山上有左慈丹井,洞有荆公題。陽城山頭遽如許,金華山中

呼不去。癡牛失腳墮天河，共向空山飽煙霧。阿瞞安知眇道士，丹井
至今存故處。玎琤萬古穿石斷，峽束奔流鬧山塢。嵬峨上矗千仞勢，
洞下坡陁無塊土。文公古句驚舊觀，拂拭蒼苺增媚嫵。亦欲磨崖放楚
狂，掃迹正恐山神怒。

《故人張達明澄餉舒木將以古句次韻酬之》：憶官古龍舒，妙境開
禹甸。漱流探九井，曳屐窮四面。山名。借居龍谿上，窗戶列巖巘。客
懷劇棼絲，撩亂不可剪。時時出登臨，款段勝屈産。如持古神搥，破此
牢愁鍵。地靈多草木，灌蔓森秀軟。嘗聞左宮仙，藥笈發珍瓀。摘辭
叙山精，豐綺信無悮。幾尋青冥劇，時作芙蓉塞○"寨"之悮。雲琅未云
剖，月醴忽以泫。回觀豨苓輩，市積空巉嵼。至今阿連功，焜燿華陽
典。寧當神而藏，正恐知者鮮。豈同西河方，但取一笑筦○"莞"之悮。
力驅三彭仇，況比萬金腆。芳腴散靈柔，坐使百痾遣。故人山中來，雅
素過河○"何"之悮點。應知藜莧腹，豈復禁平茗盌。輕翔不可獨，分送
勤折簡。新詩出强韻，趣步不容挽。微吟復小啜，氣味清而婉。何須
養生論，樂○當爲"藥"石問中散。○此詩未詳何年所作，以言舒事，附於是年。


# 三年甲申，二十七歲，罷歸。

《行狀》：以上書論時政罷歸。時執政者方力持紹述之説以售其
私，凡持正論者斥以爲邪，雖被擯廢，人更以爲榮焉。

《宋史》本傳：坐上書論事罷歸。

集：

《朝散大夫行尚書司封員外郎致仕毛公墓誌銘》：崇寧初，當國者
取士大夫所上書舉爲二籍，余與彥時在邪籍中，皆罷吏歸鄉郡。

《衢州開化縣龍華院意上座塔銘》：崇寧間，余上書，罷吏太湖，歸
鄉邑，寓靈山寺之西軒。

《寶文閣直學士中大夫致仕太原郡開國侯食邑一千四百户食實封
一百户贈正議大夫王公墓誌銘》：三年初，立黨籍，罷，提舉南京鴻慶

宮。○案：以集中詩考之，先生罷吏亦在三年，故繫於此。

《人日書懷兼寄吳中三二友甲申》：東西南北走紅塵，又見江淮草木薰。小謝篇章成畫餅，臥龍功略付浮雲。孔明爲孫權畫赤壁之策及謝惠連爲司徒府法曹時，與予今年齒正同。棲遲枳棘今如許，嘯傲冰霜賴此君。太湖多竹，所居有脩篁千箇。俯仰折腰成底事，故交千里漫離群。

《許主簿見和過有推借再作奉呈》：身謀自昔須三窟，世味端能敗一薰。醉裏閑愁濃似酒，春來歸思亂於雲。松栽咫尺傳盧老，棗實方將訪許君。見許遠遊《與王逸少書》。卻喜雲孫共來往，扁舟時入白鷗群。

《過劉姓園居甲申》：負郭三頃稻，並田五畝園。人生如此足，安用華其軒。親戚居南陌，交遊在東村。有酒輒共醉，傾輸見情言。三徑雜桃李，九畦蒔蘭蓀。黃甘百頭奴，碧梧萬支孫。山供景無盡，石映溪不渾。桑麻中饋任，布刈隣翁論。下以活妻孥，上以奉清溫。時從赤松子，亦訪吳市門。嗟我抱此志，十年若朝昏。家山眇天末，松竹豈復存。茲園臨官道，坐笑車馬奔。前山復場圃，疏築隨坳墩。我來適春穡，亂眼紅青紛。恍然動鄉思，夢寄東飛雲。

《虞君明暮和劉氏園居詩再用前韻作因以叙出處之意》：靖節真有道，高懷俯黃園。翹足北窗下，超然詣羲軒。早悟俗中惡，歸老三家村。清詩有遺味，誰知本無言。回觀一世間，不辨艾與蓀。青黃飾斷木，冠裳裹王孫。當時甚寒餓，聲利終莫渾。公今二千石，此事安足論。入當陪雋賢，峩冠宜與溫。出當仗漢節，登車金馬門。豈爲尚平子，但畢兒女昏。我今乃窮士，壯圖無一存。摧頹風埃下，坐見歲月奔。歸歟乃其分，卜勝如浮墩。他年有餘食，會見脫世紛。過我五湖上，一區同子雲。

《陪君明華藏燕集復用前韻》：華藏萬竿玉，何殊辟疆園。城中最佳處，時復過高軒。危亭望北郭，依依遠人村。露葉有佳色，桃蹊亦無言。縈縈古藤陰，附石如菖蒲。下有小衡霍，巉岏列兒孫。方池是魚樂，水作千里渾。座滿北海客，文追謫仙論。襟期樗散鄭，目擊忘言溫。斯須接棋戰,堅壁如轅門。不有覆舟慮,寧爲注金昏。越醫死更起,齊霸亡爲存。日入萬籟息,羈禽趣林奔。林間屹層臺,此豈蕭公墩。徜徉步松月,香霧時披紛。胡床興不淺,點綴無微雲。

《望九華甲申》:船發大雲倉五十里許,顧江南衆山中有數峰奇爽特異,一見即知其爲九華,問篙人,果然。因知褚季野於廣坐中一識孟萬年,正應如此。作詩一首。卷簾坐對江南山,掠眼送青來疊疊。雲泉肺腸久厭飫,挂〇"拄"之誤頗悠然聊復爾。奇峰遠澹忽四五,爽秀駸駸逼窗几。平生九華盛名下,一見定知真是矣。非關目力覰天奧,正覺辟山如聚米。好山如人有高韻,不獨江州孟公子。直緣佳處無仕逐,落莫道邊同苦李。大是忘年耐久交,藜杖青鞵結終始。

《登富陽觀去聲山亭三首》:游雲凝空日無華,煙江冥迷如眼花。觀山直南是秦望,不見高青天雨沙。　東吳山川少雄遠,此中形勢如江南。當年伯符亦浪出,三雄相視徒耽耽。　橋公宅中木參天,孫郎山前春燒去煙。大橋不向五湖去,建康宮深空歲年。〇案:據《壬子詩》有"回思二十九年事"句,知此三首作於甲申。

《同江彥文緯、江仲嘉褒度菱湖嶺,游三衢諸山,道靈真,出入巖谷,勝絶可駭,雜然有卜築之意。然此地寥閴,人所不爭,小隱不難致。顧吾曹出處何如耳?二公皆修真養氣,精進不衰。予晚聞此道,又爲憂病頓挫,志倦體疲,每思益友,儻得静舍安餘年,資二子以待老,豈不樂哉!作詩叙游,且志本末。巖谷之勝,實自仲嘉發之,予嘗聞而賦詩,所謂"武陵迷漢魏,妙喜斷山川"者也。甲申》:我昔未省事,伥伥如病狂。仰規結繩初,下歷漢魏唐。謂此紙中語,卷舒在行藏。功名戾契取,有志要必償。趼足方不暇,何由放洪荒。行年冠而字,世故頗已嘗。試窺竺乾書,出入應帝王。丘軻有妙蘊,合處如宮商。形骸乃塵沐,笑唾卻老方。蹭蹬過二紀,身如浮海航。風濤浩無際,寄命蛟黿鄉。外爲萬緒嬰,内以百慮戕。摧頹不一偶,病骨無由強。初心益乖迕,始覺計未良。擬追赤松遊,補我黥劓創。惟時子真子,青衫尉南昌。亦有虬鬚翁，種桃擷春芳。不求飛霞珮，肯受紫錦囊。至言無旁午，照用寂以忘。爾來又十年，前卻方彷徨。何殊一日暴，正坐多岐亡。虬鬚彼幽人，物化不可量。子真日千里，似欲窮扶桑。安知阡陌間，共此暇日長。廣文今稚川，腹有雲笈章。黃金儻可成，綠髮不復蒼。養生百千門，一一登奧堂。相從巖竇間，笑傲無羲皇。衡山甚奇峭，不數三石梁。嶔崎盡中空，玉室聯珠房。九日濱未落，洪波怒懷襄。泂流蕩沙壤，靈構忽以彰。至今衆玉聚，山骨堆琳琅。峩空怒猊踞，出谷驚龍翔。委蛇青童轍，散亂初平羊。懸崖勢欲墜，植筍森分行。晨光乍映發，紫翠雲霞張。攀蘿趙公巖，九土何茫茫。豈無太平酒，浣此膏穀腸。側身棲真洞，踟躕仍蹌踉。深行得穹窿，陟降殊未央。舉頭見空圓，欻若來飛光。翠巖衆山底，恍蕩疑無旁。故應卻塵污，九疊蒼屏障。斯遊固足樂，質象不可詳。要之大洞中，太山一毫茫。回鞭靈真路，林碅森相望。窮幽得巖谷，高青對崢嶸。蛇行九鑱中，宛轉流泉聲。琤琮瀉哀湍，力與亂石爭。懸瀑或尋丈，勢洶洪河傾。泠泠赴深竇，或如環珮鳴。或於薈蘙中，琴筑時丁丁。或穿嵌巖下，泂洑儲深清。或如鐵堂硤，絕壁飛猿驚。龍蛇走根幹，薜蔓懸珠瓔。或如鈷鉧西，竹樹春冬榮。低昂牛馬飲，偃蹇熊羆登。或如袁家渴，長陰晝冥冥。草間蘭茝香，石上梗○"梗"之誤楠青。或如灃谷中，陂陁負崩騰。或如三峽底，仰見匹練明。聯綿道林麓，左右臨洮城。行行川谷開，藹藹皋原平。冥搜已復失，巧語未易名。不意天壤間，雲關敞金庭。向來保幽邃，不挂世俗稱。輪蹄固無迹，樵牧或未經。吾屬豈神悟，權輿摽地英。昏嫁會當畢，衡茅茲可營。二子早聞道，勤行得貞寧。要收十年功，不止九府卿。二樹結佳實，五腴練飛瓊。處靜已超靜，留形要遺形。我懶百不堪，寸田方力耕。會從浮丘伯，及此洪崖生。乘風御倒景，出入撫八紘。下窺冰炭士，擾擾盤中蠅。三人笑相視，事願良難并。此志不可負，無爲滯塵纓。清泉聞此言，白石相與盟。作詩紀勝絕，亦須銘吾膺。○據此詩，證知先生是年固歸鄉邑矣。

《江仲嘉書稱去常山靈真洞半里許得林壑殊勝予記昔過謝原道中亂峰峭壁間竹樹薈蘙今仲嘉所稱得非此耶因寄百二十字》：聞説靈真路，旁開小洞天。蒼蠻○當爲"蠻"閟清境，陸地接飛仙。壁立驚猨挂，松枯老蔓纏。攢空永亭石，漱壑定林泉。煙磴盤三徑，玄窗屬五便。武陵迷漢魏，妙喜斷山川。勝絶端如此，經營欲老焉。烹魚幾折屐，命駕擬加鞭。易禿三千丈，寧辭四萬錢。把茅應早計，拱木歎流年。鴻鵠須塵外，鵷鸞自日邊。人生各有在，雅志共超然。○此首不知前於甲申幾年，以其爲前詩所引，故即附前詩後。

# 四年乙酉，二十八歲。

集：

《懷居賦并序》：士而懷居，弗可以爲士矣。蓬桑之志，見於始生，誠以歲月不可以坐失，力命不可以偏廢，此古之聖賢所爲汲汲遑遑者已。余轉徙四方，實自始生之年，今兹二十有八年矣。上不得謀道，下不得爲貧，内外無所營，如病狂東西走者又三年矣。旦暮將適東，慨然有疲薾之數○當爲"歟"。夫天地之大，眷○"春"之誤直而冬冥。昆蟲之微，晝動而夜息。余人也，役役曾不得少休，則其懷一日之安，亦人之常情也。賦曰：

歲作噩兮招搖指辰，戒予舟兮東征。抱衾兮夜唱，接浙○"淛"之誤兮晨興。逐飛櫓兮無蔕，擁敝裘兮懸鶉。山之連兮蒼蒼，水之駃兮潾潾。我初來東兮芽甲始拆，今之還兮甲者奮而芽者榮。顧四時兮幾何，嗟汲汲之圜清。天閟余兮不釋，亦馳驅而靡寧。余生魏而長吳兮，間蓬轉乎四方。既僑食乎岐隴兮，又薄遊乎宋梁。躡龜峰之奇兮，酌桐江之清。弔采石之英兮，叩灊山之靈。由襁亂以迄今兮，與日月而競馳。曾謀食之不遂兮，豈云道之敢營。異匏瓜兮可繫，羡休儒之太倉。懷鉛刀兮一割，感二鳥之寵光。耕兮不足以卒歲，仕兮不能以安親。徒遑遑兮羈旅，操危心兮若零。

亂曰：稟氣不嫵，命不偶兮。進以分寸，退尋丈兮。三年以仕，七年飢兮。齒髮日長，將及壯兮。才非卧龍，誰三顧兮。名謝文虎，無三書兮。孔明相玄德及韓愈登弟時，皆年二十八矣。退之登弟，時又謂之龍虎牓。笑長年之貧賤兮，悼道德之初心。託妻孥於昏友兮，奉親闈以北南。悵宇宙之浩莫兮，茫不知乎安止。仰浮雲之蒼漭兮，望白日之駸駸。吾窮死其無憾兮，豈爲余而呷唶也。

《黃魯直有食甘念慈母衣綻懷孟光之句用爲韻作五首以寄旅懷》：據梧不必席，裹跰不必舄。飢來太倉陳，飽勝列鼎食。願言伏嵁巖，保此稼穡甘。正使能已百，寧當籠暮三。　凋林如白鬓，色變不可染。招提據木末，清凜絶浮念。俯窺群啄雞，仰見烏哺兒。斂手不敢嚇，無爲傷彼慈。　吳山視諸山，聳秀若諸母。上有一段雲，使我屢回首。瀫水向浙水，涼飆生遠漪。中有一雙鯉，爲傳我所思。高堂有華髮，游子行當歸。歸歟不可緩，霜露沾人衣。　棼絲不可經，百結不可綻。吾今成放浪，豈復事編簡。羈游無好懷，坐看西日頽。壯心正不已，亦復何爲哉。　伯鸞未山棲，俯首愧賢孟。一朝相告語，矯首謝三聘。謝公卧東山，故有經論興。夫人勸之仕，擁鼻作偕詠。終然爲時須，起覽晉國柄。古人重行藏，二士聿有光。吾志屬有在，姑安此糟糠。○案：此詩不能實指其年，以類附此。

《何蒙聖挽詞二首》註云：乙酉歲歸里中，始獲交蒙聖。蒙聖時年五十。

《紀夢》：我夢異人，云善相者。其所稱道，飛仙真人。而其結盤，乃祖師意。手循我頸，揣相骨法。後至我頂，云囟門開。此是禪定，及修真效。復引我手，自挃其頂。如指面大，如小兒囟。虛而微動，我大歡喜。歸語室家，令挃我頭，虛動如鼓。此何因緣，而夢斯事？　崇寧乙酉，寓衢之天王僧舍。時方專氣辟穀，夜夢如此，記之藥方册後。它日忽見末後增四句云：“説此夢已，知是妄想。以手挃頭，堅實如故。”蓋江仲嘉竊見書之以相戲也。今三十六年矣，念之慨然。

《衢州常山縣重建保安院記》○後署“崇寧四年某月日，北山程俱記”。院在常山縣之謝原，江氏之祖吳越侍御史景房所建，院僧文雅所重建。

《照堂記》：有大圓鏡，縱廣正等。彌十方界，乃至微塵數蓮華藏世界海中，一切所有，青黃赤白，小大長短，種種色像，於中示現。如水如眼，如摩尼珠。彼種種者，有是色像，而大圓鏡，實無種種。彼色像者，有去來相，而大圓鏡，實無去來。萬像俱隱，寂即是照。萬像俱現，照即是寂。非作故然，無所受故。無取捨故，無分別故。一切眾生，各具如是大圓鏡。以業習故，事理取捨，爲自障礙。識塵分別，爲自蓋纏。譬如有人，以諸泥塗，種種糞垢，埋裹古鏡。又復有人，以旃檀末，和雪山泥，裝校鏡面。是二人者，垢凈不同，其於圓鏡，等一蔽塞。諸無明者，是糞垢喻。諸小法者，是香泥喻。皆失本來，真精妙明。有一情念，墮凡聖邊，無復是處。諸來佛子，採集緣影，是死生本。勿認此塵，作圓照解，剎那剎那，森羅現前。勿妄思惟，亦無斷滅，當如我説，大圓鏡照。崇寧四年六月庚辰，北山程某爲謝原山照堂比丘作如是説。

《常山瑞相記》：常山縣西馳官道十二里許，居人張超飾齋舍道傍以憩往來客，其嚴潔如阿蘭若。元祐三年十一月十五日，直齋南壁現觀音菩薩像及種種物相，初儳忽莽蒼上，久之如水墨然。八年四月八日，復現齋內壁，四十日乃没。凡壁間觀音像一，居中，最大，坐石上，見半面，合掌，疊一足，一足下蹋蓮華。大石立座後，有物挂其上，如珠瓔，如衣帶。身光周之，上有圓相，圓相中樹三，比丘二，其一合掌立，其一拂袖行。觀音前獼猴一，舉手向蓮華下，若欲有所掇者。稍前，師子一。龍鉅細四，皆奮拏上騰，其二吐雲氣，又一龍衡身矯首下顧。龍首蛇身者一，亦蜿蜒趣上。人首而異物一，大龍爪足一。又稍前，壁端袍笏而立者一人。錯人物間狀雲氣者九。觀音後菩薩一，合掌而立。居士二，對坐盤右○“石”之誤。其一舉手若談話，其一若合掌聽。稍後，師子一，花草株一，獼猴在旁舉手若欲摘花者一。龍二，皆妥身衡行，其一印首若欲奮者。野人一，若持藥草者。稍後，壁端菩薩二，異處，其一若奉物供養他方者,其一合掌立壁之下陬。魚五。其他脉理屈曲交互、如雲如水者不勝數,而下居多。紹興〇"聖"之誤四年八月八日,又獨現菩薩像。某衢人,少走四方,間歸省先隴,又率舟行,未始瞻敬其下。崇寧四年冬,客開化縣之靈山寺。十二月,縣佐崇仁彭君揮上謁郡治所,道張氏齋舍。時超已死,得其事梗概,持墨騰本歸。他日以示某,某稽首已,説偈讚曰:

葦竹以爲幹,塗塈飾其外。是中無自性,復非鏡止水。云何照他方,現此勝境界?普門天人師,法身無有邊。海岸孤絶處,久示常住相。魚龍共游戲,草木助法音。而此墻壁間,照現恐如是。得非妙明發,直見補陀聚?又豈善逝者,斷取彼境界。擲過三千刹,影落此土中?將非佛神通,於一彈指頃。化易殊勝境,納此墻壁間?是中雖塊陋,同一法海空。其於照他方,正自無障翳。其於納大地,亦復無留礙。不可思議故,法爾亦如然。我作如是觀,如幻人説幻。

《衢州開化縣院法華閣記》:衢州開化縣之北原壽聖雲門院有比丘曰寶聲,早受具戒,從義學師指授演説修多羅教。晚歸山中,於海商所得倭國金書《妙法蓮華經》,爲七寶函,莊嚴承事。又建寶閣,上有諸佛及大菩薩、阿羅漢像,旃檀髹采,金銀丹堊,繒幡珠網,種種莊校,以作佛事。前榮敞明,可布法席。後楹曠深,可以宴坐。四楯周匝,可以經行。作於元豐之辛酉,成於紹聖之甲戌。後十一年,寶聲比丘從里人程俱説如是事,請記以文。因隨喜佛事,以偈讚云。〇案:自紹聖甲戌數後十一年爲四年乙酉,證知文爲是年所作。

《謹追和諸父留題雲門聲閣梨經閣詩一首》:傑閣護真文,金僊妙大雲。風林終日説,露柱一時聞。谷暖春先到,山高日易曛。經行復宴坐,華雨任繽紛。〇案:此詩不知何年所作,以類附此。

《衢州開化縣龍華院意上座塔銘》:崇寧間,余上書,罷吏太湖,歸鄉邑,寓靈山寺之西軒,始識師。頎然衆中,麻衣芒屨,韻孤而兒寂,固異之。與之言,蓋明道眼飽叢林者也。余方幽憂塊處,往往日至其廬,語必移晷，相對蕭然，忘其身之窮而世道隘也。○案：此寓靈山寺不著年，據《常山瑞相記》定爲是年云。

《朝散大夫行尚書司封員外郎致仕毛公墓志銘》：崇寧初，當國者取士大夫所上書舉爲二籍，余與彥時在邪籍中，皆罷吏歸鄉郡。彥時固邑子，至是始識面，與游歡甚。時年皆未壯，平居相與言，必天下所以治亂興衰之概，與夫出處去就之宜。所從游往往一世英豪。○案：與彥時識面未必在是年，以類附此。

《山中對酒乙酉》：秋容澹青山，爽秀雨皆足。清溪照千仞，空翠疑可掬。何年顧兔窟，桂子墮山腹。老香散深林，屑玉綴黃粟。朝來客衣動，一葉下空谷。客心如梦絲，日月共煩促。胸中尚磊塊，陶寫賴新渌。要當酒千鍾，澆我愁萬斛。顧有獨醒人，脩○"脩"之誤然倚枯木。

《謝江仲舉惠酒乙酉》：山城無物可忘憂，但有平原病①督郵。知我囊中無白水，煩君若下出青州。苦甘未謝三年醞，傲兀能消萬古愁。會待東郊春意動，鳴鞭乘興草堂游。○案：是年冬先生在開化，故有"會待東郊春意動，鳴鞭乘興草堂游"之句。

《有美一人乙酉》：有美一人在昭君○"君"字疑誤，藕絲爲衣蘭作裙。君初顧言淑且真，直欲載以黃金輪。人心變化如浮雲，明粧覺暗笑作顰。何當還之承華茵，令君宴寢凝清芬。　有美一人在煙汀，朱顏朝滌玉壺冰，素手暮理朱絲繩。語言窈窕丹鳳鳴，坐持紈扇睇秋螢。何當還之翡翠屏，爲君把鏡整衿纓。　有美一人在南浦，日月采珠光照渚。瑤衣被體金索縷，獨抱幽寒沬煙雨。何當置之白玉宇，爲君歌《陽春》《激楚》。"有美一人在南國"以下四首亡。時鄒志完在昭州，曾子開在汀州，陳瑩中在合浦。

## 五年丙戌，二十九歲。

---

① "病"字原脱，據徐裕敏點校《北山小集》，北京：人民文學出版社，2018 年版補。

集：

《衢州開化縣靈山寺大藏記》：壽聖靈山寺，在開化爲大僧坊。崇寧元年，其徒從演始建轉輪經藏，奔走勤事，五年而後成。下固上壯，爽博宏緻，校飾衆具，煒弈嚴好。聖像法籍，儼如化成，屹如寶聚。邑人程俱來至其所，竦仰正竚，說偈稱讚。演故具石宇下，來請記矣，遂以文其碑云。其詞曰：

世界無盡如虛空，是故諸佛亦無盡。佛既無盡法亦爾，與諸緣起而出生。我觀清净法門海，十方導尊常演說。一一念中一一說，如是展轉難思劫。正使衆生無數量，皆獲三昧聞持藏。於此導尊所說法，不能共記一品義。設復筆高須彌聚，濡以萬億恒河水。等三千界大經卷，不能書佛所說法。那由他中一少分，況此五千四十卷，何異大地一塵末。人中師子無畏者，於第一義安不動。如斯清净法門海，一言演說盡無餘。正使一切諸衆生，皆獲智慧三昧海。不能了此一言者，思惟究竟云何說。設復毛端滴海盡，此諸水滴可知數。乃至微塵悉可知，叵思議此甚深法。則是五千四十卷，一字一句法無餘。我今普願群生類，皆獲摩訶法寶藏。真如實際以爲地，覆以喜捨慈哀宇。清净平等之大輪，貫以忍力金剛軸。無礙機關極明利，運以解脫神通力。菩薩心珠飾其上，一一常放大智光。種種方便爲華鬘，妙行繒綵爲幡蓋。七净之華以爲網，梵音深妙爲寶鈴。塗以大願功德香，布以覺分菡萏華。護以方等調柔帙，百千三昧爲寶函。中有無盡陀羅尼，非生盲人所能覩。如我今者如是說，所說如幻說如響。若人於此一大教，初心回向如來藏。是人已獲無礙智，是知諸佛秘密說。

《安養庵記》：河沙刹中有一世界號安養國，其國有無量壽如來、應供、正遍知、明行足、善逝、世間解、無上士、調御丈夫、天人師、佛、世尊。其國境界皆以七寶裝飾，成就廣博嚴事。其國衆生皆是宿具福智，化生蓮中，住不退地。其國壽命無有邊量，一日一夜，此土一劫。

其國六時皆有天樂微妙音聲，及雨寶華，而共娛樂。其國花木皆是蓮華，如車輪大，及寶行樹，交映周徹。其國鳴禽皆是如來變化所作，於一切時，演無量義。以是種種希有之事，故名安養。從是安養國東方過十萬億國土，有世界號曰娑婆。諸國土中無數伽藍，有一伽藍曰靈山聚，復有精舍號安養庵。是中有人衣壞○當爲"壞"色衣，净除須髮，處乞士衆，名曰修意。是庵無有七寶嚴事，但有墻壁棟宇、山溪丘坎爲其境界。是庵無有化生蓮中，但有胎、卵、濕、化諸有情類爲其衆生。是庵無有無邊壽命，但有五十、七十，乃至百歲爲其壽限。是庵六時無有雨華及諸天樂，但於晝夜餐飯食粥撞鐘擊鼓。是庵周匝無有寶樹及大蓮華，但見山中草木華茂。是庵無有變化衆鳥演無量義，但聞蟲鳥自鳴自已。以是現前種種之事，亦名安養。是乞士者，遊諸國土，親事知識，得法藏已，受用自在，還歸北山，結庵安居。時北山中有一居士適游伽藍至安養庵，謂大衆言："現前種種，如上所說，與安養國，爲一爲異？若作異見，斷佛種子。若作同見，是魔眷屬。安養世界，在一切處，而一切處，非安養國。若作斷見，彼釋迦文寧爲虛語？若取法相，汝則孤負無量壽尊。咄諸男子，各依位住，坐大道場。如不信承，請詣毗耶離城，當俟螺髮梵王爲汝解說。"崇寧五年八月甲子，北山程俱記。

《山中秋夜丙戌》：夜氣挾秋至，颼然驚户庭。空山答清漏，客夢忽以醒。林梢月未墮，流光委疏櫺。冷露濕山桂，寒蕤動幽馨。整衣坐蒲團，破屋呈稀星。我身本無涯，寒暑飽所經。以彼泡電境，勞此草木形。吾猶昔人耳，不與寒暑并。蓬然返初枕，人境已兩冥。

《静虛堂銘》：義興丞舍有堂曰"静虛"，信安江褒仲嘉始名之，其里人程俱致道從而銘之：一切不受，致虛極也。寂然不動，守静篤也。惟致與守，道之梏也。萬境紛陳，硋即通而動即復也。泊乎休哉，莫覺屬也。我言之珍，妄見者之毒也。

《爲宜興鄭主簿賦寓軒一首》：物生太空中，巨細同一寓。機緘固有待，舟壑本無住。土○當爲"二"儀立毫塵，萬化失朝暮。要之儻來寄，正自墮形數。滔滔人間世，俯仰若泡露。浮遊皆適然，蚊睫漫來去。著身方丈室，聊作槁梧據。了觀諸幻境，內外絕欣惡。須知五蘊山，今我聊託附。回頭主人翁，妙住兩無處。

《劉朝散長源淮夫劉先生彝之子孝悌有賢行年六十一旦致仕侍其親義興爲賦詩一首》：劉侯六十衣綵衣，上堂娛戲如嬰兒。慈顏華髮顧之笑，坐令寒日生春暉。折腰歛板三十載，晚登名籍黃金閨。緋衫裹束不料暖，況坐笇庫窮刀錐。古心古貌乃天與，雖欲嫵媚將安施。一朝拂袖不回顧，擇隣問舍荊溪湄。人言家徒四壁立，如君四壁初無之。我知劉侯有至樂，視世五鼎同糠糜。分陰不博雙白壁○"璧"之誤，啜菽自作羔豚肥。有兒教飭知禮節，不以口耳傳書詩。應門侍坐走前後，翼翼相見名家規。天恩優老命之仕，俾繼禄食安其私。古人未必兼有此，篤行知足如君稀。聖皇側席思厚俗，詔取八行登前騶。向來蒲輪走四海，有賢如此誰當知。冥鴻一舉不可挽，道路仰首空嗟咨。○此詩未詳其年，以類附此。

《泊義興長橋》：俠骨久已朽，南山長上於莵。當時老蛟窟，遺種今有無？我來適秋成，場圃收刈初。年豐似足樂，薄酒當可酤。田家復何事，父老仍愁吁。滔滔五濁海，所向誰當娛。長年得強健，且食清溪魚。

《遊善權寺》：放舟荊溪上，溪水清且徐。雲中離墨山，慘淡初有無。捨舟並松麓，下直浮屠居。碣來東軒上，爽氣已有餘。飛來定何年，無乃與此俱。奔流漱庭下，比竹梁寒渠。山深絕凡境，物物清以臞。蕭森倚巖秀，夭矯懸崖枯。幽禽發寒嗥，響振高林疏。我行亦良苦，卻步計已迂。解衣臥清晝，尉我十里劬。余自衢來姑蘇省女兄竟，欲歸，卻行二百七十里，訪江仲嘉於宜興，故有"卻步"之句。

《善權洞》：嘗聞包山境，中有林屋夭○當爲"天"。旁通號地脉，嶽瀆潛鉤連。茲山豈其類，潁洞皆中穿。二巖岌山足，玎淙激奔泉。牛羊走大石，吐受無窮年。金堂下石液，雪積如烹煎。從來米鹽稱，浪播俚俗傳。一洞啓山腹，穿窞亦聯綿。誰題九斗字，大篆仍深鐫。中藏文○當爲"丈"五石，屹若龍騰淵。回頭問主人謂仲嘉，我輩定不凡。云何逐宦牒，常得我所耽。向來共幽討，九鑰藏芝巖。○案：此崇寧三年甲申事。而我自林屋，翩然游皖灊。洪崖儻可俯，不在南山南。

《白馬洞》：披榛不知疲，詰屈巖下路。俄然見深竅，偶步入巖户。一泓窈而澄，百步清以騖。人言紫髯仙，白馬從此度。磷磷盡赤石，丹竈遺滓污。收藏已兒啼，効速勝麻護。固知世盲聾，荒怪雜疑誤。虛空如許大，長嘯可平步。胡爲萬山底，躑躅向煙霧。

《神魚泓是日與諸公流杯水中如西丘故事》：柳州固奇士，戲好亦幽絕。遠懷西丘飲，千古清興發。徜徉恨無所，盤俎對羈紲。聊爲五里行，邂逅一壺挈。神魚伏山根，渟湛初一穴。侵侵決寒溜，沙石助清越。披莎得盤石，離坐若天設。實觴競乘流，眩轉亦飄瞥。爭持或三醊，遇坎時一蹶。歡來朱碧亂，笑罷巾帽脫。相望西丘游，詎易議優劣。

《九斗壇善權山中》：萬族同一垢，齊州集微塵。高靈不來下，厭此濁惡薰。從來築壇處，往往清無鄰。腥羶遠人迹，庶或來仙真。兹壇崵○"崵"疑"特"幽絕，尚有古制存。龜圖布八隅，彷彿數兑坤。黃冠道中寒，寓址今祗園。遊人躡其上，未覺大象尊。空令恨聃史，不使群聾奔。蓋公雖未見，豈乏樂與垣。

《張公洞》：昔年京江夜，飛夢投雲山。仍追謫仙老，嘯詠層巖巔。左盼俯無地，蒼巒生紫煙。當時賦幽賞，妙境竟莫宣。今我來自東，扶橈漾荆川。飽聞張公洞，怪絕駭所傳。聊從二三子，一結青山緣。北靈敞奇觀，下矚壺中天。恍然驚昨夢，了了墮我前。仄徑繚危棧，重扃護靈淵。奇僵玄○"互"之誤坂倚，側洞時鈎穿。初疑天台聚，納此一室間。夸娥運神化，不隘亦不顛。又疑清都客，翩然下雲耕。幢旄儼行立，導從森蟬聯。丹梯香霧濕，玉室珠瓔懸。撐虛一柱屹，戴重三能鶱。鉛竈久已冷，青騾那可鞭。香壇望八景，東晨開五便。坡陁忽度險，宛轉漫無邊。或深如列厦，或连纏容肩。高躋乍捫頂，偶步欲墊泉。不知行遠迎，一步目九遷。噫嘻此天設，端在太古先。恨無少陵手，寫之黃絹篇。聊書夢中夢，投筆一粲然。《公羊》：粲然皆笑。○此七題並因訪江仲嘉於宜興而作。據《善權洞》詩云“向來共幽討，九鑲藏芝巖”，必作在甲申後。又據《祭江仲嘉褒文》云“訪君宜興，過我市區”，亦必作在丁亥前。姑繫之丙戌，以俟考實。

《神遊賦記夢》：恍予躡乎石嶺兮，羌人陟乎山巔。揖崔嵼之重嶂兮，睇崖谷之陳前。曾草毛之無有兮，削蒼玉其鉤聯。望芝巖之中窾兮，錯幡幟之駢懸。與器御而皆迸兮，匪髹繒而攻鐫。迺回眄以下屬兮，蔽穹崇之洞天。萬山攢屹乎其中，倚怪玉之瓏欒。色零壁而翠澤兮，質壺口之鏤穿。發紺采以眩目兮，靄冲融乎紫煙。前予瞻乎峭壁兮，下欲墊乎重淵。既駭視而芒督兮，神懭惚而連卷。旁一人之山立兮，若骯髒之儒先。意飄飄而振衣兮，欸珠玼之微言。更矯眇以冥索兮，顧謂余而口傳。余方若觀伯昏之不射兮，已蘧然其默存。“旁一人之山立”，蓋夢中所見東坡蘇翰林也。後五年，游宜興張公洞，巖洞境物了如昨夢，時東坡去世累年矣。據《張公洞》詩稱“昔年京江夜，飛夢投雲山”，則此夢五年前在京江所作。此注與上七詩當是同時，今并錄於後。

# 大觀元年丁亥，三十歲，監常州市易務。

《行狀》：大觀初，監常州市易務。

集：

《衢州開化縣龍華院意上座塔銘》：大觀初，余迫於禄養，又出而求仕。

《祭鄒侍郎文》：公歸一年，某仕蘭陵，始以姻故，膺門是登。○案：據《宋史·鄒浩傳》“尋竄昭州，五年始得歸”，證知公歸一年為大觀元年也。

鄭作肅《北山小集後序》：頃又嘗見大參毗陵張公，言先生嘗為毗陵筦庫，因見鄒忠公。與語連日，奇之，謂人曰：‘程致道，所謂北斗以南一人而已者也。’忠公德名甚重，不輕許可，則其所取又有出文辭之外者矣。

集：

《書壽昌驛丁亥》：歲暮白日速，風高黃葉稀。歸心與寒雁，一夜向南飛。

《借居毗陵東門四首》：客去不能寐，脩○當爲"脩"然清夜闌。樓居俯長川，仰視天宇寬。長川濯雲漢，錯落星宿秀寒。青燈故可親，且還對塵編。其人骨已朽，千載與我言。掩卷三太息，虛簷清露溥。　急景不可挽，吾生豈無涯。吳中十年舊，鬚鬢亦已華。嗟我壯且老，方知當爲"如"失林鵙。欲歸巷無廬，欲駕塗無車。而子亦羈滯，心事如蓬麻。人生無巧拙，命耳將如何。"吳中十年舊"，謂傅冲益。　猗猗隔河樹，羃羃綠○當爲"緣"楷草。時當長養候，顏色豈不好。萌芒忽柯葉，茂大旋枯槁。滔滔不自知，但見壯而老。人生亦草木，萬化迭侵擾。朱顏日夜變，素抱豈自保。　借居臨官道，堂陰俯長河。前車接來軫，後棹紛相摩。我獨居其間，超然嘯而歌。頗從故人語，安用高軒過。旁有五畝園，不知主誰何。時能曳屐往，豈異吾山阿。

《小山賦爲鄒至完侍郎作》：何○"何"字不全，據明鈔節本補崔嵯之千嶂兮，曶森萃乎中唐。厝灝廬之峭極兮，納○"納"字不全，據明鈔節本補浩漫之湖湘。仰炎曦之翕翕兮，俯霧雨之滄涼。微風過而淪漪兮，激珠琲而漱琳琅。擢含冰之令姿兮，氣已蓋乎千章。灑江籬與叢桂兮，蔭草樹之幽芳。喝禽顧而下息兮，游鯈鼓鬐以洋洋。儼高堂之隱几兮，一與之爲徜徉。望磴道之回折兮，轉陰岑而入杳茫。念平生之遠游兮，寄一戲於何鄉。或曰：先生其猶未耶，何樂此一簣與坳堂？彼烏知夫子之達觀兮，固已行天壤而臨八荒。以百世爲旦夜，以千里爲尋常。濯足洞庭之波，晞髮南衡之陽。眇雲海之變幻，弔蒼梧之有亡。曶曳履而徐歸，朱顏渥而瞳方。撫環堵之大囿，味藜藿之牛羊。視拳潨與溟岱，等微塵之集毫芒。顧何有而非幻，又奚小大之足量哉！

## 二年戊子，三十一歲，八寶恩，遷通仕郎。

《行狀》：八寶恩，遷通仕郎。

## 四月，季父建德君卒。

集：

《儒林郎睦州建德縣丞程君墓誌銘》：君諱天秩，字秩宗，姓程氏，衢州開化人。開化之程，自都官府君以學行奮，乃始大其門而芘其宗。然位不償德，莫克大施。唯其治行于官，行尊於鄉，惟德惟義，刑于有家。是生六子，是訓是似，英特循雅，各濟其美。君則都官之季子也，幼以任爲太廟郎，穎悟秀發，見者屬目。甫冠，調杭州新城尉，縣老吏不敢弄以事。嘗部盜詣府，時盜實狗鼠偷，府君擿其具獄，謂當强盜，君論其不然者。府君一時名人，氣辨甚偉，至變色折君，君不爲動，益理前語。丁內艱，服除，爲撫州司理參軍。治獄審盡，平反者衆。用其餘力，又爲一府所賴。江西飢，縣官捐倉實以食流氓，所在常失料理，往往老稚相蹂躪，至日暮不得粒米去，而狡胥惡少相狃，錮其利。州以委君，君纖悉條理，逆室其弊，濟以勤察，惠用均一，蓋所活數萬人。使者下其目，一路交口譽之。遷婺州武義令。縣故繁委難治，君至累月，遂終日庭無人。會崇寧新舉庶政，大抵椎輪積微，倚鄉縣爲根柢。亡狀吏非駑不及事，則顛擾失法意。君既爲邑人信愛，一發言，皆奔走從事，事用前集，初不以威督也。其大要出言以誠，使明見利害處，又爲規畫，不使有意外之費、難及之約，要以便人無弊爲本。邑人安樂之，皆曰："君愛我。"君常以謂賦役不均，則貧氓益困，其害雖緩實深。然戶計概治，則下必大擾。於是因人之愸，産竭而稅在，與輸割之不當實者，輒窮根索脈，毫析縷解，至於均而上，○當爲"止"里胥不得一措意。居四年，其所釐正殆無遺，以是去而人思之不忘。舉睦州建德縣丞。建德難治，又出武義上，時闕令彌年，君能益明。發運使故嘗使二浙，道武義，見其縣治斬斬，無一不當理法者。既出，使從事廉君政實，田野譽之如一,固異之。方辟以爲屬,檄到,君斂三日矣。君之以疾不起,實大觀二年四月某甲子,享年四十有五。君問學甚優,屢試不得志,益讀書。平居馳論數千載間,如指諸掌。中間官江西,與佛者游,超然有自得者,然出與事接,乃明辨如此,蓋未可以世才吏論也。其孤偉既卜葬開化雲臺鄉吳村之原,將以三年某月甲子襄事,舉君夫人鄭氏之柩祔焉。先期以書抵某,曰:"先君不幸阨於無媒,才不用世以没,其所已試,雖小足以明大。兄知先君治行實詳,又先君愛重莫如吾兄,葬當有銘,謹以告。"某飲泣失聲,則伏而思曰:"昔者朱司農,桐鄉一嗇夫,卓太傅,密令耳,皆以循良吏顯名一時、垂後世,不以公卿故傳也。士顧所立如何,仕小大烏足論哉! 季父才能甚高,内行修謹,又飾以問學,不慊良吏稱。賢卿大夫故有知其然者,顧勢未便,不果進其身,使發其所有。而君數適窮,且君子樂進善,生不克振之,死豈不能顯之後世耶? 則幽堂之銘,固可以請。"然窀穸既有期,使一往返,輒數百千里,懼不及事,無以識諸幽,則職某之故。又偉之語某者甚哀,其敢辭不能? 如其墓上之表,則以俟所謂賢卿大夫之知吾季父者焉,故於兹不敢略。偉舉進士。二女嫁江陰杜居仁、鄱陽黃忏。都官府君諱迪,以尚書都官郎中致仕。凡三娶,俱之先考貴谿府君與季父皆天水縣君出也。若族氏世伐,則有先都官之銘在,亶叙其治行,而繫以銘。銘曰:

　　士貴於學,繫其有施。豈其誦傳,而用莫知。有敏建德,何施弗宜? 其特不亢,其同不淄。有彼君子,智盡心勞。惟才之求,才或不遭。才之不遭,肉食者謀。年止於斯,其孰之尤? 人者惟人,其致則天。尚載嘉實,銘之九原。

　　《常州新修市易務壁記》:熙寧中,始置市易務於通邑要郡。常州以編氓居十數間,粗更門户墻壁,榜爲市易務,及今垂四十年,不知先爲編氓居又幾何年。中間再廢,益不治,棟宇故庳隘,歲加摧腐,每大風雨,岌岌將遂顛墜。規製又甚淺劣,平旦側肩庭中,無所旋足。吏坐

兩壁間,與之爭席。按察時至,門不容車蓋,率步以入。余初至,謀撤
其甚者而新之。則會凡匠事之材用上郡,爲錢十二萬有畸,凡再裁損,
乃上使者,使檄下郡,又再裁損,宣爲錢八萬六千。時久闕常平使者,
又八月,會提點刑獄盛公兼行常平事,則具狀走其府,又以記道不可已
之故。即日檄下,予錢。先是,以書與所會之材抵張渚鎮官田,渚與江
南接,多山木大竹,幸爲我期於市取足焉,錢至則取之。又以告堙埋
者,畢具。又移晉陵、武進,鳩衆工。蓋檄下十日而庀工即事,二十五
日而完。木之工二百八十,竹之工百有九,瓴甓之工百三十,塗飾之工
百五十,凡爲工六百六十有九。募於市者十之一,晉陵之所集者十之
九。其畚除運負之工又四百五十有畸。以負重出納食其力於務者七
夫,與警守之卒供其事。警守故十卒,前十日兵馬司取其三,其所留大
抵軍營小兒,占尺籍而名廩帛耳,其爲力不足以半一夫。是三十日間,
率寅入酉出。公○"公"當爲"功"察其勤惰,時其難易而均督之。暮休,面
賦其直,不容吏下隱刻,故其赴功也力。材審其良窳,因其舊新而材用
之,下至竹頭木附無棄物。凡爲屋十五間,堂三楹,極高故屋五尺,挾
以二舍,引以二廡惟稱。廡舍爲庫六,其題曰懋、遷、有、無、化、居。門
高三仞,庭倍前日,其爲址盡是無餘隙矣。深不能八丈,前官道,後人
居。廣不能十丈,左右皆人居,故技止於此。它日,使嘗見故區者視
之,則固以爲廣厦爲難能矣。如其不然,以爲陋可也。昔叔孫婼羈於
晉,其所館雖一日必葺,去之如始至,君子紀之。況任其事、食其禄而
爲三年淹者,其可鄙其居而苟於事哉!且乘田委吏,聖人之所不忍,余
何敢苟?然余賤有司也,出納貿遷之爲職,若其市材供事,鳩工董役,
則故有任其事者,非吾任也。余不忍坐視,越尊俎而代庖,是亦泰多事
矣。厥既訖工,則誌本末,刻諸石。而材用工役之事加詳焉。蓋使來
者知余之勤且艱如此,而其所建立止如此。余不負市吏,而市吏負余,
亦足歎也。大觀二年八月十五日,信安程俱書。

《常州州學奬諭敕碑》:皇帝臨御之七年,實大觀元年,詔班學令于

天下。教養之數，勸沮之方，有目有凡，畢協理義。簡大如江漢，明信如四時，灝灝恢恢，咸出天翰。於是郡縣百吏奔走厥職，宣達聖志，小大丕應，荒陬絕徼，一變鄒魯。二年，辟廱會試，郡國貢士無慮數千人，其升諸司馬、命于天子者百四十人，而常州得士之多爲天下最。皇帝嘉之，詔三省覈論功加賞焉。十月制下，知州事若蒙進官朝請大夫，州學教授處以宣德郎充職如故。於是諸生侈上之賜，相與言曰："進賢之詔，載在令甲，播之天下。豈惟一邦寵休，凡士與榮焉。若具石表刻明詔，列詞其下，祇頌上德之萬一，與夫勸學報功之意，惟明有孚，郡國諸侯儫承不怠，師儒之官訓率有叙，惟允惟公，迄有成績，以飭稚昧於無窮，豈不益顯？"咸曰："唯唯。"則繫以詞曰：

　　惟古有學，惟治之原。何以先之，德教是宣。《泮水》之詩，有據有游。六藝具焉，以文厥修。秦漢以來，倚吏爲治。本之不圖，繩其已至。天肇神考，見道之賾。斡神之機，鼓舞群物。作我多士，一開其天。以澡以摩，今三十年。於穆皇帝，通廣聖猷。淵躍鮪鮞，山有杞樞。聲教溥漸，窮日所照。目睨指摽，萬邦是傚。惟邦有常，士子之多。都試辟雍，俊造是羅。論定而官，莫與常多。皇帝曰都，承宣有勞。實惟師儒，乂我俊髦。是達是化，以禮以文。奉我新書，以迄有成。惟守暨師，既受上賞。天語有嘉，四方是仰。倬彼宸翰，雖在四方。揭之龜趺，俾人不忘。士之不忘，惟上之賜。潭潭學區，大烹以飫。豈惟養之，擇師以教。車服稍徒，以酬有造。豈惟官之，于以旌之。顯示萬邦，以勸厥來。上德之懷，惟稱厥求。惟克有爲，有守有猷。多士之修，有邦之休。洋洋德音，萬世由之。

　　《祭徐申典樂文》：嗚呼！治世輕士，惟理之常。蓋失一士不足爲弱，得一士未爲有光。故公侯先達，鮮以士爲先後，而守節之士，揣執○"執"之誤度力，亦忍窮於四方。然則樂善不倦，屈己下士，豈不曰河千年而鳳朝陽乎？公在毗陵，百廢具張。惟厥郡吏，冠弁相望。公冰鑑在抱，如別驪黃。俱也羇窮，竊祿于市，視價低印。於公之門，實昧平生，引分自藏。公於衆中，惠然察之，以短爲長。某也狷陋，公曰是人，惟志之彊。某也寡徒，公曰高才，衆嫉奚傷。某效一官，拙以勤償。公曰是人，不愧太倉。某不自揆，學爲文章。公曰斯文，莫掩其彰。某匪公事，莫升公堂。言不出位，禮不巽牀。人以爲簡，公以爲莊。譽不容口，毀言莫創。必起塌翼，使之騫翔。必駕蹇蹶，使追驌驦。惟公之意，其可斁忘。公之溢言，非愚敢當。匪我是私，公德允臧。不茹其柔，不吐其剛。故此羈窮，不抑而揚。惟公少年，譽騁文場。及出試吏，更所未嘗。爲尉則能，盗走出疆。爲令則名，有乂有康。晚佐戎幕，陳義慨慷。白首見帝，爰始爲郎。帝作韶濩，前無舜唐。公爲樂卿，鈞土弦桑。自守毗陵，至於歷陽。遺愛具存，有如甘棠。脱屣殊庭，四壁皇皇。嘗聞公言，死生之際，弗震弗惶。屬纊安坐，果如平生，如適故鄉。豈其直心，泳而不溺，卞而不戕？竈奥無交，篚篋孔修，不叨不攘。造物報之，出入崑崙，其果不亡乎！有形必休，穿土新岡。顧北○"此"之誤匏繫，矧紼莫將。有慚古人，千里會喪。寫哀蕪辭，有涕浪浪。徐公自言遇異人，得養生術，囟門已開。故云"出入崑崙"。○案：此文言"自守毗陵，至於歷陽"，又云"脱屣殊庭"，則徐典樂守毗陵，後又守歷陽，而殁於爲祠官也。以其守常於北山筦庫同時，故附諸是年。徐申卒於何時，今未考得。

《常州會三從官致語胡、鄒、陳》○案：《致語》中稱知府典樂，則爲徐申無疑。

王明清《揮麈餘話》：徐幹臣伸，三衢人。政和初，以和音律爲太常典樂。出知常州，嘗自製《轉調二郎神》之詞，云："悶來彈鵲，又攪碎、一簾花影。謾試著春衫，還思纖手，薰徹金虬燼冷。動是愁端如何向？但怪得、新來多病。嗟舊日沈腰，如今潘鬢，怎堪臨鏡？重省。别時淚滴，羅襟猶凝。爲我厭厭，日高慵起，長託春酲未醒。雁足不來，馬蹄難駐，門掩一亭芳景。空佇立，盡日欄干倚遍，晝長人静。"既成，會開封尹李孝壽來牧吴門。李以嚴治京兆，號"李閻羅"。道出郡下，幹臣大合樂燕勞之，喻群娼令謳此詞，必待其問乃止。娼如戒，歌至三四，李果詢之，幹臣蹙頞云："某頃有一侍婢，色藝冠絶，前歲以亡室不容逐去。今聞在蘇州一兵官處，屢遣信，欲復來，而今之主公斬之，感慨賦此。詞中所叙，多其書中語，今焉適有天幸，公擁麾于彼，不審能爲我之地否？"李云："此甚不難，可無慮也。"既次無錫，賓贊者請受謁次第。李云郡官當至楓橋，橋距城十里而遠。翌日，艤舟其所，官吏上下望風股栗。李一閲刺字，忽大怒云："都監在法不許出城，乃亦至此，使郡中萬一有火盜之虞，豈不殆哉！"斥都監下堦，荷校送獄。又數日，取其供牘判奏字，其家震懼求援，宛轉哀鳴致懇。李笑云："且還徐典樂之妾，了來理會。"兵官者解其指，即日承命，然後舍之。曾仲恭云。○案：此徐伸當即徐申。惟徐之出知常州必在大觀初。而云政和初，以知音律爲太常典樂，出知常州，則未免於前後倒置，蓋亦傳者之誤也。

集：

《常州華嚴教院上梁文》○此以常州事附此，實不知其何年何作。

《衢州溪橋記爲王八侍郎作》○後署"二年夏四月辛巳，顯謨閣待制、荆湖南路安撫使王渙之記"。以其代人所作，又事不在毗陵，故又第之于後。

# 三年己丑，三十二歲。

集：

《和柳子厚讀書己丑》：事賤及多暇，居卑適無虞。人間不争地，聊此謝畏途。豈無營營子，熟視付一吁。廛中亦何有，坐聽日月逾。展卷閲千古，置書忘萬殊。不妨權子母，亦復商有無。平生僅識字，乃與憂患俱。持此游學海，層臺漸積蘇。年來但遮眼，頗覺心恬愉。囊錢足自飽，肯怖驕朱儒。起卧一塌○當爲"榻"間，兀如檃櫽株拘。涼風北窗下，不減愚溪愚。誰能三萬卷，懸頭苦劬劬。小極正當寐，睡魔不須驅。

《秋日市區作》：火壯亦已老，朝昏發微涼。高梧逼秋枕，曉夢不得長。區中了無營，起卧在一牀。時時忽忘我，徑至無何鄉。是身亦何爲，萬化詎未央。竭來蘭陵市，三見草木黄。頗欲索其身，窮年就庚桑。臨淵故有羨，説食誰能嘗。尚有平生懷，嵚崎類癲狂。佳時坐自失，恐復墮渺茫。有生浪營營，有志終遑遑。胡爲自前卻，坐待兩鬢○

當爲"鬢"霜。

《西漢詔令序》：右《西漢詔令》四百一章。舊傳《西漢文類》所載尚多闕略，吳郡林德祖慮實始采括傳志，參之本紀，凡斷章析簡，掇之無遺。方薈蕝在紙，未遑詮錄。間以示余，余因取其具稿，以世次先後，自高祖至平帝，人別爲篇，又差考歲月，纂而成書，且叙次其末，曰：古之盛王與道爲一，故其酬酢之間，理言遺事皆足以爲萬世法。是以事爲《春秋》，言爲《尚書》。而《書》之所傳，自唐、虞、夏、商、周上下千數百載間，而其存則今之五十八篇而已。由秦、漢以來，置學官弟子誦說研究，至有白首没身莫能詣其極者。大哉王言！蓋聖人之防表也。自五十八篇而後，起衰周至五代之末又千數百載間，其爲詔令温醇簡盡而猶時有三代之遺法者，唯西漢爲然。其進退美惡不以溢言没其實，其申飭訓戒皆至誠明白，節緩而思深。至叢脞大壞之餘，其施置雖已不合古道、當人心，然猶陳義懇到，雍容而不迫，此其一代之文流風未泯，顧猶不可及，又況文實兼盛哉！昔者文中子以聖人之重自任，乃始斷自七制之主，列爲四範，以續典、謨、訓、誥、誓、命之文。然其書世不傳，莫得而述，故備載如彼。德祖以學行名搢紳，方將以文詞爲時用。方今昭回之章、絲綸之美，固已軼絕中古，陋漢唐而莫稱。是書也，雖未能比唐、虞、夏、商、周之隆，庶其或者亦足爲王言之斧藻、《尚書》之鼓吹云。大觀三年歲次己丑十月壬申朔，信安程俱序。

《建除一首酬林德祖慮癸丑》：○案："癸丑"疑"己丑"之誤。癸丑爲紹興三年，德祖殁已久矣。建旟撫方面，簪筆登雲衢。除書無虛日，念子何躊躇。滿堂羅經史，問字無停車。平明户外屨，接迹叩所需。定坐爲詳說，從周述唐虞。執經退食罷，貝梵頗卷舒。破魔無堅壘，解髻皆明珠。危絃寡知音，寂寞空居諸。成詩遠相寄，尺鯉來東吳。收之巾十襲，永好不可渝。開緘歎奇決，已作東歸圖。閉蓄著空舍，誰辨公車書。

# 四年庚寅，三十三歲。

集：

《用德祖韻送毛彥時二首庚寅》：往者玉樓客，棲遲感秋蓬。龍鍾江海士，屑屑悲窮冬。孟郊有"暮天寒風悲屑屑"之句。今我亦羈旅，號寒思祝融。故鄉邈千里，胡馬長斯○當爲"嘶"風。平生飲最少，亦復賢聖中。其誰共談笑，無乃志所同。伴宮○疑有誤備文質，梗楠飾雕櫳。毛子亦好古，摛辭麗春工。飄然適我願，一舸來自東。明時獵英奇，備問羅皋忽○"忽"之誤逢辰若公等，附鳳雲從龍。遙知賦伐木，相望有梁鴻。梁鴻東遊，思其友高恢，作詩曰："鳥嚶嚶分友之期。" 斷港冰未泮，海風起蓬蓬。君行亦良苦，浮家秋復冬。故人一相遇，醉覺心形融。道舊有深樂，班荊餘古風。可可疑爲何當度楊子，起視東井中。未應迫期會，促步佐一同。況當萬燈燃，流光煖疏櫳。胡爲即言別，繫書憑鳥工。空令千里月，團團出天東。解舟動棲禽，破曉啼忽忽。酒闌城西道，已失銜燭龍。振衣一回首，瞥去如驚鴻。○案：此詩蓋冬夜送別所作，據集《朝散大夫行尚書司封員外郎致仕毛公墓誌銘》遷文林郎爲江寧府司戶曹事，詩云"未應迫期會，促步佐一同"，當指此言之。

《適軒庚寅歲郭慎求見邀同作》：厭苦常從樂未央，不如要足兩俱忘。當飢糲食遺三鼎，便一平體綈袍勝五章。夜雪扁舟千嶂净，午風高枕一窗涼。飄然自適非人適，肯受轅駒六尺韁。

《朝議大夫郭公宜人周氏墓誌銘》：後二十餘年，公子三益慎求以承議郎令武進，而余官毗陵市，相與遊善也。

《江氏小山祖墓記》：開化縣治開元鄉，故常山縣地也。縣宇之北，有丘墟隱然，域以垣塹，族葬其中，望之松檟蔚然者，江氏之祖歲郎之墓也。按《江氏家譜》，系出濟陽，統之八世孫曰世源，官信安，留家不去，實始爲信安人。又五世孫歲郎等五喪，葬常山縣開化鄉○後之開化縣，因前之開化鄉而名之。之萬歲里小山村，其地四十畝，則此墓是也。縣始葬及今十六世，子孫益蕃，屬益遠，又散處郊邑，或仕或遊，藉今歸且處，歲時祭掃，上不過四世而已。小山墓地既廣，近族之貧者往往寓著其間，歲且久，因以爲己產，稍斥賣之。又四域之外，耕藝者相接，歲攘日蹙，莫之誰何。大觀三年，鄉豪汪氏遂欲葬墓域中，縣又取西北隅地構丞舍。會諸孫之官學者皆在里中，大駭且懼，則相與愬于縣，未得直。乃出康定、皇祐二牒以爲證，其一太常少卿釣任兩浙轉運使日具墓地界，俾宗子迺等主之，歲一補治垣墻，則宗司白、宗長凡、宗人共其事；其一尚書郎鉞以鄰人之侵其地也，言於縣，縣按所侵地歸之，俾宗人祐主之。既出二牒，争者語塞，縣即日徙丞舍，凡違法之契盡毁之。於是子孫乃始周域其地，爲垣墻，稍樹松檟，揭其阡曰"江氏皇祖之墓"，然不能四十畝矣。余友仲嘉褒既與其族父兄子弟事其事，它日一二語余，且曰："余懼來日之無窮也，事寖遠而寖忘，則其不爲前日之戕敗者幾希。余將列其事於石，揭之墓道，然非文不傳也，莫如子能。"余曰："古人以謂君子之澤不過五世。先王制禮，必以遠近戚疏爲之節，凡祖子孫上下不能十世，而服則五等而已。蓋先王所以教天下之中，其制不得不然也。先王之制則有節，而人之恩性顧豈有量哉！今而以世觀之，則雖近而已疏。即吾身以推之，則雖遠而益恩。是何言也？且吾之生者爲子，子之孫爲曾孫，曾孫之曾孫則已不能名矣。夫吾之委蜕適數世耳，而遂至於不知何人，豈非雖近而已疏乎？夫安得不悲？然今吾視聽食息於是者，父母之遺體也。求生之所自生，則由祖而上百世可也。使人而無祖，則乃今安得視聽食息於是者哉！以是推之，豈非雖遠而益恩乎？夫安得不思？思且悲，則其惙惙不忘於心者豈有窮耶？然則制雖有遠近戚疏，而恩性則有至於不能忘者，何可奪也？且江氏小山之祖至太常府君十三世，至仲嘉又四世矣，而其族父兄子弟不忍其墓地之不除而途人皆得以攘蹙耡刈也，相與出力而營，以爲庶幾神靈之復安而後世知所本也，豈非所謂中有不能忘者故耶？今子碣於是，俾後之人過是者知敬戒，豈唯江氏之子孫。人孰不生且死也，思所以奉祖先、訓子孫、保墳墓者，人情均也。繇是而思之，則雖已暴之骨，無名之丘，有不忍易而戕之者矣。其爲利顧不博哉！然則余其敢愛荒陋之文而無以成子之善也？"四年四月壬午，北原程俱記。

《題米元章墓》：嗚呼，是唯元章米公之墓。公少名黻，後更爲芾，常自號襄陽漫士，蓋襄陽人云。中年樂南徐山川風土之美，因家焉。歷官州縣，入朝爲書學博士、太常博士，至尚書禮部員外郎。出守淮陽軍，卒。生於皇祐之辛卯，卒於大觀之庚寅。將没，預告郡吏以期日，即具棺槨，置便坐，時坐卧其間，閲案牘，書文檄，洋洋自若也。至期，留偈句，自謂來從衆香國，其歸亦然。舁歸，葬丹徒五州山之原，遵治命也。公風神散朗，姿度瓌瑋，音吐鴻暢，談辯風生，東西晉人也。其爲文詞與立言命物皆自我作，故不蹈襲前人一言，元次山、樊紹述之流也。其書奇逸飛動，法本二王、虞、楮○“褚”之誤而下不論也。爲吏所至有名迹，簡静愛人，人皆歡樂之。其政事了無俗吏常擒，陽亢宗、元紫芝之流也。東坡蘇公謂其文“清雄絶俗”，謂其字“超妙入神”，世不以爲過。公樂善，喜推下後進。紹聖丙子，余初識公南徐，貽詩謂余李太白後身，非所擬也。如葉少藴、關止叔方以英俊居下僚，公一面知其爲國器，見當路有氣力者輒言之不置，忘其身之窮也。公既没，余他日過南徐，便覺招隱、鶴林爽氣都盡。顧嘗哀其所遺詩帖，帙而藏之，爲之贊云：珠璣玉石，璀璨兀硉。卮言之出，風雲蕩潏。變化融液，惟心之畫。是千載人，不可無一。○案：此文作於何年，別無明據。以元章卒於大觀庚寅，故即繫之是年。《困學紀聞·考史》云：“張融風止詭越，齊高帝曰：‘此人不可無一，不可有二。’程致道贊米元章云：‘是千載人，不可無一。’”

《宋故德興縣君宋氏墓誌銘爲王侍郎彦舟作》：夫人宋氏，鄭州管城人，故吏部尚書贈太尉諡文安公諱白之曾孫，奉寧軍節度副使檢校尚書水部員外郎諱良臣之孫，尚書比部員外諱保孫之女也。母崇德君吕氏早喪，夫人哀慕如成人。及長，端嫕通敏，事至迎解。奉繼母建昌君趙氏，得禮之宜。比部每奇之，擇所從，年十八，以歸信安江氏，爲尚書職方員外郎諱楫之冢婦，故朝散郎諱汝明之妻。宋氏世望族，内外姻大抵將相通顯家。夫人少長貴富閒，○當爲“間”。而江氏世儒，被服寒素，土著山谷中，聚食數千指。夫人無毫髮驕氣，承上撫下，盡得其歡心。至烹飪蠶桑，若素習者。諸子勝衣，則口授以《孝經》、《論語》，群兒教戲處，輒屏不使近。望衆中衣服端潔、詞貌循衎者，則知其爲德興兒也。自朝散君喪，事其姑壽安君周夫人益謹。周夫人治家嚴整，鮮可其意者，獨以夫人爲能，飲饍、藥劑不經手不以進，至屬纊猶咨其勤孝云。既就養諸子，處門内事明白簡直。朝夕坐堂上，子婦從侍，孫息走前，怡怡如也，僮使訴訴如也。大觀四年閏月四日，以疾卒於其家，享年六十七。夫人常曰：“吾自念平生無貪罵戕暴一可悔事，期於死生之際如覺寐者。”既疾，屏董味彌月。少間，起居如平時。一日夙興，復就寢，若將寐者。候之，形神離矣。將斂，飾無珠玉，篋無新衣，其於樂施予、尚純素，又過人遠甚。蓋爲江氏婦垂五十年，見其夫以進士決科，繇州縣吏至二千石。身被命書，爲德興君。諸子皆好學有立，又相繼登第、與鄉舉，族人欽慕之。卒之日，來會哭，皆盡哀。夫人生五男六女：曰袞，宣德郎，勾當在京都茶庫；曰褒，宣德郎，知越州餘姚縣事；曰袤，曰表，曰褒。袤舉進士，表幼卒。女長適朝散大夫、知蔡州軍州事陸階；次已嫁而歸，皆前卒；次適從事郎、知潭州湘潭縣事王居仁；次適宣德郎、知睦州建德縣丞毛寬；次適宣德郎、知泗州臨淮縣事程俱；其幼在室。孫男四人，女二人。其孤將以明年正月乙酉，葬夫人於常山縣定陽鄉菱湖之原。前期，以其族人狀來請銘。余惟朝散君居鄉爲篤行君子，仕爲清白吏，繄必有内助，故能遂其志焉。嘗聞鄉人云然，考狀益信，乃爲之銘。銘曰：女子之正，惟輔惟從。其覆則仁，其承則恭。有如德興，能婦能母。不汰不嬉，績我桑杼。卒相夫子，既遂既成。生靡恔行，没有榮名。内德則懋，不顯其儀。我銘昭之，彤始之資。○案：此文已稱宣德郎知泗州臨淮縣事程俱，則臨淮之命固不始於政和元年也。

《宋故中散大夫知虢州軍州管句學事兼管内勸農使賜紫金魚袋李公墓志銘為傅冲益作》○案：李公，李誠也，以大觀四年二月壬申卒。越四月丙子，其孤葬公鄭州管城縣之梅山，從先尚書之塋。據《誌》云：“某初爲鄭圃治中，始從公遊。及代還京師，久困不得官，遇公領大匠，遂見取爲屬。”則庚寅之歲冲益方仕於中朝也。

# 程北山先生年譜卷第二

蘭谿 葉渭清 編

## 政和元年辛卯，三十四歲。改宣德郎，差知泗州臨淮縣事。

《行狀》：政和元年，改宣德郎。差知泗州臨淮縣事。

《宋史》本傳：起知泗州臨淮縣。

集：

《客舍寫懷呈王八文侍郎五首辛卯》：君門如雲漢，可望不可攀。地上挾冰子，肉身無羽翰。豈無國士知，勢有不得言。空懷激揚意，歸坐自長歎。此意重千金，寧論官九遷。所媿誤賞音，賞音從古難。　長安窮居客，一日一歲長。況乃夏方半，迢迢良未央。頹虹駕瓊車，萬里飛炎光。冰崖不可見，仰視峰雲翔。蝸蟠兩壁間，跂想深夜涼。一喝非死所，念之熱中腸。其誰臥清晝，雲構羅千章。　束髮營五斗，飄然落江湖。當時尚癡絕，秣驥初問途。去國十五年，俯仰同朝晡。心隨澤中雉，官作竿上魚。及茲財一遷，名實初未殊。且當百里地，磨研城旦書。　一室不可掃，陰晴兩非宜。朝繩○“蠅”之誤汗簡編，暮蚊入裳衣。爾來三日雨，門有一尺泥。所喜庭戶間，新涼洗餘曦。貧賤無造請，閉關良不癡。　白雲浮東南，下有姑胥臺。去家桃始花，欻見溫風來。久無萬金書，一使羈懷開。倚門有華髮，扶床有提孩。雖無凍餒憂，百慮不可排。何當放雙槳，黃流入清淮。

《君明出留題吳江詩次韻辛卯》：包山水脉通西垠，森然林屋開東晨。飛仙下視三萬頃，豈異滴水陶家輪。時時餘浸被吳楚，赤子鱴鱴哀漂淪。松江一支東入海，海道今者皆揚塵。遂令洪波泂不吐，禹迹莫辨偽與真。滔滔利往橋下水，省照黃綬孤吟身。月輪行空萬籟息，尚記此境清無倫。當時苦恨無好句，空負歲月臨江津。得公新詩妙入理，羊酪敢方千里尊。公言慎勿作境會，取捨過咎由來均。

《鄒侍郎挽詞二首辛卯》：蠻貊人無間，鄉閭行益尊。芝蘭有餘化，桃李竟無言。遠日來千兩，它年歎九原。死生如可作，安用百身存。

夷跖雖殊趣，彭殤共一歸。投荒萬里再，乘化百年非。細行皆無憾，常言亦造微。秖應存信史，千古有沾衣。

《祭鄒侍郎文》：嗚呼！天之所靳，惟德與名。取之既多，則嗇其身。有如鄒公，外粹中淳。孟子之氣，顏氏之仁。其剛也無孑孑自賢之色，而其和也則有合乎挫銳而同塵。故純誠見於面目，孝友行於閨門。行義信於鄉黨，操識推於搢紳。惟德之富，莫之與論。巖穴之下，荒徼之濱。與夫捍卒武夫，孺子庸人，莫不知公之名。惟德與名，公取實多，竇困顛隮，非天則那。萬里生還，鄉閭舞歌，公曰上恩，其言靡它。公歸一年，某仕蘭陵，始以姻故，脣門是登。徒見公姿度晬整，渙如春温。聽其言也，則莫非尊君愛物、孝友忠厚之經。至於脫粟之飯，每甘於列鼎。雞栖之駕，無異於華軒。此固公之優爲者已，而能使閨門千指，莫不意滿，欣若養三牲而食萬錢，則知公之道非不行于世，而世之所願莫得兼其全。斥久窮極，可以忘言，所可必者，既獨善而居約，則庶幾於永年。名則不朽，德則不愆，身則不偶，而命復不延，又莫知其所以然者，豈其難諶不測所以爲天乎？遠日云卜，靈輀既陳。絮酒隻雞，百里來奔。升公之堂，如有話言。寂聽無聞，淚如河翻。我豈不知，公固超然。其已出六合而無礙，與星漢而長存矣，何去來之足論？然安有折長松於盛夏，埋玉人於九原，而見之者無失聲而涕漣者乎？臨其穴，惴惴其慄，言有既而情不能宣也。英爽實在，尚其鑒旃。

《贈別吳忱宣德并序》：余客都城，邂逅河南吳誠伯，偕寓興國僧舍。其爲人樂善嗜學，練熟世故。徙居蘄春，適再世耳，而蘄春人至都下者，無賢不肖必來問訊其廬，所傾下往往知名士。故舊有以急告，隨所厚薄賙之。誠伯自言尉光山時，捕得强盜十許人，賞應第一等。獄具，部送府，盜親戚望哭道旁，或扶老携幼，號戀不忍聞。誠伯顧盜非素猾賊爲人害者，一旦迫飢寒，適爲盜，乃陷重辟耳，因以盜還送縣，稍緩其獄。久之，皆得不死。賞固不論也，凡此過世俗遠甚。今茲同寓僧舍者至數十人，乃獨見親厚，此又何也？余調官東歸，誠伯從余索詩爲別，匆匆不暇，還家作此寄之。

　　吳公河南守，薦士得賈生。偉茲天下士，何止千人英。吳公失名字，功業曖不明。要非萬頃陂，莫著橫海鯨。當時好賢意，豈愧勃與嬰。蔽賢如面墻，自使兩目盲。好賢如力穡，穰穰嘉穀成。至今餘慶在，望著河南城。如君豈其裔，樂善莫與京。高門二千石，世德故可評。平生周旋士，往往陵青冥。作吏今十年，讀書不求名。向來光山政，何異古所稱。嗟哉士營己，寧使我負人。聊須借汝頭，一用朱吾輪。今君乃能爾，所棄如毛塵。故知古賢世，尚見風俗淳。猗予一畸士，落落良可憎。折腰務求合，俗眼竟不青。憧憧九衢內，邂逅蓋一傾。何從乃知我，頓有交舊情。相隨若形影，出語見肺膺。長安速化地，頑鈍終無營。中宵起歸忌○當爲"念"，樸○當爲"襆"被東南征。投林無擇巢，促步無安行。寧嫌蕞爾邑，要是衆不爭。紛紛同舍客，聚散兩不停。毛子去山邑，哦詩對峥嶸。想見薄○"簿"之誤領間，炯如九秋鷹。毛世高倜。深州戢脩翮，題輿重廬陵。胸中若懸鑑，圭角不自呈。上官閎中恢。石老故游倦，飄蕭數星星。崇山古惡地，無乃煩答榜。音"彭"。石興宗振有子忞，有時名，早死。程翁頗專嘿，兩版晝夜扃。時時繫烏帽，匹馬挾二黥。安知刹那間，一臥不復興。程興之。其餘復誰在，誰與交忘形。去駕雖結轍，來檣競揚舲。懷君尚留寓，京塵染裾纓。其誰念久要，佐子飛且鳴。況君縉衣後，世故飽所更。會當力推挽，橫絕非階升。卻顧五湖上，有人方耦耕。


## 二年壬辰，三十五歲。

集：

　　《和江仲嘉見寄壬辰二首》：蓽門蓬舍不知春，車似雞栖甑有塵。千里傳情望雙鯉，一杯和影祇三人。交親離合同巢燕，身世羈危獨繭絲。
四體不勤心擾擾，擬將玄旨問吳筠。<small>江修練，故有此句。</small>　　寒谷應殊尺五
天，鹽車無復望騰驤。至人未免填溝壑，大隱不如居市廛。長笑呼鷹
思上蔡，獨令留石在平原。茅茨欲作終焉計，未有滄浪四萬錢。

《秋將穫水行田中不復留因窾塍通溝引水過堂下小兒以茫葦作車
其上晝夜決決不休戲書<small>壬辰</small>》：水行山原溉平疇，時當斷壺穫且收。功
成則退逝不留，去彼甽遂來清溝。測之深咫淺可捫，循除瀺瀺環一丘。
堆沙纍石隘厥流，勢激瀰澦吞黃牛。誰持機械設中洲，折芸○<small>當爲"芒"</small>
斷葦駕兩輈。置之不汩亦不浮，六輻眩轉無時休。推行作止莫可諏，
孰居無事供其求。迫而後動真無尤，眩轉自彼非吾謀。屈伸臂頃一萬
周，我無欣厭何名憂。孰能觀身與此侔，衆假合集成堅柔。沈輕燥溼
交相仇，逝川洞泆更春秋。滔滔南北東西遊，死生壯老休王囚。形骸
流運我則不，物境萬變何其幽。


## 三年癸巳，三十六歲。召赴審察，以前上書報罷，尋主兗州岱嶽觀。

《行狀》：三年，召赴審察，以前上書報罷。尋主管兗州岱嶽觀。

葉夢得《北山小集序》云：政和間，余自翰苑罷領宮祠，居吳下。致
道亦以上書論政事與時異籍，不得調，寓家於吳，始相遇。則其學問風
節，卓然有不獨見於其文者。即爲移書當路，論以言求士，孰不幸因此
自表見，其趣各不同，若概論其過，一斥不復錄，天下士幾何，可以是盡
棄之乎？倂上其文數十篇，宰相見而驚曰："今之韓退之也。"亟召見政
事堂。會有間之者，復得閑秩，然宰相知之未已也。宣和初，復召入
館，稍遷爲郎，議者翕然，始恨得之晚。自是二十年間，卒登侍從，爲天
子掌制命，文章擅一時。

集：

《復古編序》○<small>案：此序爲吳興張有作，後署"政和三年九月朔，信安程俱序"。</small>

《賀方回詩集序》：鑑湖遺老詩凡四百七十二篇，其五字八句詩，鍛練出入古今，爲集中第一，其餘大抵名家作也。余少讀《唐實錄》與會稽石刻，見賀季真棄官本末。方開元天寶之交，天下號無事，文學士見貴重。季真出入禁省，冠道山，友儲副，極當世華寵，然一旦不顧去爲千秋觀道士，使人望之超然如雲漢。過秦望，行剡川，未嘗不悠然遐想也。季真去後四百二十載，建中辛巳歲，始識其孫方回五湖上，蓋“鑑湖遺老”也。方回落落有才具，觀其詩，可以知其人。中間罷錢官，及通守兩郡，轍○當爲“輒”謝病去，爲祠岳吏。又一旦掛衣冠，客吳下。窮達雖不同，其勇退樂閑，故有鑑湖餘味。然余謂方回之爲人，蓋有不可解者。方回少時，俠氣蓋一座，馳馬走狗，飲酒如長鯨；然遇空無有時，俛首北窗下，作牛毛小揩○當爲“楷”，雌黃不去手，反如寒苦一書生。方回儀觀甚偉，如羽人劍客；然戲爲長短句，皆雍容妙麗，極幽閑思怨之情。方回忼慨多感激，其言理財治劇之方，亹亹有緒，似非無意於世者；然遇軒裳角逐之會，常如怯夫處女。余以謂不可解者此也。余奇窮，抗髒可憎，方回多交遊，乃獨以集副授余曰：“子好直，美惡無溢言，爲我評而叙之。”此亦豈其不可解之一端耶？政和三年癸巳歲十月朔，信安程俱叙。○《宋史·文苑五·賀鑄傳》云：“其所與交終始厚者，惟信安程俱，鑄自哀歌詞，名《東山樂府》，俱爲序之。”

《故武功大夫昭州團練使驍騎尉徐公行狀》○後署“政和三年十二月日，宣德郎新差知泗州臨淮縣管句學事兼兵馬監押程狀”。不出岳祠，疑改爲祠官或不在本年也。徐公諱量，字子平，衢州西安縣人，有子徽言，見《宋史·忠義傳》。

《戲呈虞君明察院暮癸巳》：三仕三已心如空，一壑一丘吾固窮。門施雀羅正可樂，車如雞栖良不惡。胸中九華初欲成，綵衣玉斧雙鬢青。世間何樂復過此，不失清都左右卿。　　長安陸海知○當爲“如”洪爐，五金出入無精觕。平生椎鈍堅重質，一往融液隨流珠。請觀五石大瓠種，正以濩落浮江湖。環中何者爲榮辱，一錘何如三釜粟。坦途緩步東方明，大勝跨虎臨深谷。

《君明見和再作》：十年接淅家屢空，門無八關延五窮。誰言浩浩有餘樂，世故撩人工作惡。君不見韓非白首終無成，至今《說難》書汗青。要之賦命默有制，巧拙安知司馬卿。　羨公腹有金丹爐，凡泥六一何其牥。棗梨扶疏荊棘盡，夜半北海收明珠。爾來問舍浙江曲，正以畫筍觀西湖。我生抗髒今耐辱，貧病欲貸監河粟。他年公伴赤松遊，遺我刀圭固玄谷。

《出北關再以前韻作寄》：從公十日羇愁空，超然似欲忘途窮。神遊八極共天樂，浮白不應嫌客惡。元次山以不飲者爲惡客。中年偃蹇百無成，唯有見賢雙眼青。狂歌時有眇道士，擬賦臞仙非長卿。　平生青夢遊香爐，雲巖犖确衢山牥。不應近捨武林秀，僧寶況多滄海珠。勝遊屢約不成往，白雨連日翻平湖。公如二疏方不辱，我亦三吳甘脫粟。會當乘雪叩當爲“叩”公門，正恐鳴騶還入谷。○案：此云“我亦三吳甘脫粟”，証知是時寓家於吳也。

《秋夜寫懷呈常所往來諸公兼寄吳興江仲嘉八首》：秋聲不關人，倦客偏入耳。蕭蕭舞黃葉，策策振疏葦。明知壯則老，搖落固其理。如何石心人，嘅歎中夜起。　蓬蒿沒三徑，藤虆上瓜廬。時聞步屧聲，欸關問何如。定坐無雜語，文章較精麤。馬融辭東觀，抗髒與世疏。顧此窮巷士，華顛空著書。屬王元規防。　外監嗟已遠，吾猶識其孫。森然見孤韻，辯作縣河翻。低頭向螢窗，有類鶴在樊。讎書五千卷，字字窮根源。頗攜未見書，過我樵無煙。屬賀方回鑄。　向來霜秋句，俯仰歲一終。人間有寒暑，方外無窮通。青青千丈松，不改冰雪容。坐閱蒲與柳，飄蕭隨雨風。寒松老益高，薄柳老益衰。流萍況無蔕，復與飛蓬期。卻掃計不早，出門欲何之？屬方子通惟深。余壬午歲常過子通，賦詩有云：“是中有幽人，厲志凌霜秋。”又云：“會當從之子，濯足萬里流。”俯仰十二年矣，愧此高人。○案：自壬午至癸巳正十二年，証知此詩爲癸巳作。　剝啄驚牛當爲“午”枕，軒昂見長身。蒼髯如脩竹，定非俯仰人。德公臥襄陽，不踏官府塵。此老頗似之，酒酣見天真。結廬甚幽獨，已辦老圃隣。披榛時一來，數面久益親。屬楊彝父懿孺。　二士出吳下，諸生有楊王。相從寂寞濱，無乃計未良。縱橫三千字，坐可致玉堂。詞章乃糠粃，不直粟一囊。我愧菲子雲，文書昧偏旁。窮居似韓子，草樹亦荒涼。時能出佳句，慰我秋夜長。屬王、楊二貢士。　物色一如此，淒風薄人衣。遙憐卜山客，增歎雉朝飛。固知難爲懷，舉餐念齊眉。勿使梨棗間，纏綿生繭絲。　清霜掃蕃廡，豈爲一草木。方春萬物遂，苑籞及冰谷。乾坤本平施，憎愛豈有屬。不應懷偏慳，獨遇吾黨酷。奇窮坐迂疏，此事計已熟。如何半世間，生理常刺促。二篇屬江仲嘉。仲嘉有氣節，多難，比有伉儷之戚，故云。○案：江仲嘉妻曾氏以政和三年大月某甲子歿于湖州官舍，正與此注“比有伉儷之戚”語合。

《癸巳歲除夜誦孟浩然歸終南舊隱詩有感戲效沈休文八詠體作》

《北闕休上書》：說將且不暇，干時真自疏。深慚叔孫子，未辦茂陵書。正自飢欲死，敢言忠有餘。平生覵畝志，本不羨嚴徐。

《南山歸敝廬》：故廬今茂草，新構羨茅茨。久負泉石約，空令猿鶴悲。一廛端可共，三徑復誰期。會結忘年友，耕雲茹紫芝。

《不才明主棄》：沃壤有多稼，良工無廢材。固知時不棄，正坐老無媒。病驥終難駕，寒花不易開。古来天下士，取次沒蒿萊。

《多病故人疏》：雁足慵難寄，鷄栖出厭頻。路長時有夢，人遠邈如新。膠漆唯窮士，雲泥隔要津。囂囂亦何病，懶放任天真。

《白髮催年老》：轉眼過三紀，搔頭見二毛。先秋同柳弱，早白誤山高。種種從渠落，青青竟莫逃。形骸故置此，痛飲讀《離騷》。

《青陽逼歲除》：顓頊身仍健，崢嶸歲又窮。天寒春未應，臘盡雪初融。萬化豈有極，一生常轉蓬。誰知元不動，日月自西東。

《永懷愁不寐》：腷膊南枝鵲，鏗宏半夜鍾。遼遼數寒漏，唧唧類吟蛩。馬革思强仕，牛衣慕老農。此身何處是，展轉聽朝春。

《松月夜窗虛》：透隙風號屋，翻簷雪灑窗。遙知迷九澤，似欲卷三江。引睡繙書秩，澆愁泥去酒缸。無因踏松月，癡坐對清釭。

## 是年遊吳與。

集：

《懷忠並序》：顏公之節，不待淮西而後顯，此中人以上曉逆順立然諾者概能之，非公之所難者。而其忠義之性，乃至在於從容食息之間，常有愛君憂國之心，不以顛沛易其操，蓋所謂"招之不來，麾之不去"，如古社稷之臣者。方開元天寶時，天下久無事，縣官自視有泰山之安，獻替可否之論，不復至於朝廷。一旦有緩急，相與北面臣賊者，皆前日高車大蓋出入廊廟都俞和附之人。而伏節死義之臣，顧出於疏遠無聞之地。其隱然以孤城抗賊鋒者，顏氏弟兄，而明皇未之識也。向使數人者用於朝，峨冠緩帶，而胡人不敢謀矣。惜乎，公之壯不得爲彼以名一代之良臣。不幸白首至大官，更肅、代、德宗世，政益紊，憂益深，雖搶攘版蕩之際，而常持憲秉禮、尊王守官，曾不爲少貶其惓惓之意，豈惡安佚而樂羈危？誠忠義激於內也。公之言行益危，而疾公者益急。自乾元後，連斥醜地，歲歷十二辰，走半天下。中間還之朝，席未及煖，又樸○"樸"之誤被而南矣。觀其愛君之心，如伯奇、申生孝於親，逐之不忍去，讒之不知避，之死而無二也。忌者知其流離窮餓不足以懲也，則委之豺虎甘心焉，其勢必至於此，蓋無足驚咤者。《詩》稱仲山甫"既明且哲，以保其身"，又曰"柔亦不茹，剛亦不吐。不侮鰥寡，不畏強禦"，而漢唐末流至假明哲以自便，方以柔順緘默爲賢，烏在其剛不吐也？且《詩》胡不曰"既柔且默，以保其身"哉！夫唯明不足以燭理，哲不足以知人，而當山甫之任，其得全身者，幸也。若公之見善勇義，殺身成仁，其於輕重取舍，不既明且哲乎！其所以保身者固存也。不如是，則是關播盧杞之全，合於山甫之美而賢於顏公之節矣。余游吳興，拜祠下，肅然想其餘烈，退爲文以頌之，名曰《懷忠》。上言公窮而無悶，故能從容是邦，適其適而紓其憂，遠而不忘君，故其憂未嘗不在王室也。中言不能與世浮沉，卒放棄窮極，見笑於頑佞之夫。下言公之精誠當與天地長存，雖死而不亡。庶幾千載之下，幽人志士尚能薦芳洲之蘋，酌苕霅之水，歌此辭以祠公云。其辭曰：

返吾輈兮巴山，釋吾櫂兮揚瀾。歲晼晚兮道阻脩，望長安兮未還。聊駕言兮出遊，攜美人兮山之幽。撫雲霄兮遐觀，恨長莫兮淹留。誅蓁菅兮出秀，寄雅志兮巖丘。搴春洲兮白蘋，擢青桂兮冬榮。野無人兮誰芳，君不御兮安薦予之潔誠？抱沈憂兮永歎，障西風兮夕塵。其一

辟食兮侯居，朱輪兮塞塗。世以是爲得兮，胡不能飽妻子而全軀？狙利兮抵巇，鉤時君之囅笑兮於睫與眉。世以是爲才兮，胡獨徑行而不回？豈形群而情異兮，何惡逸而幾危？紛肩摩而轍結兮，誰不乘君車而衣君衣。奚獨好乖而多事兮，耻時之不堯舜與皋夔？羌以生而易義兮，幾何而不謂縶之狂癡？其二

狐蠱兮蠅營，夜慚景兮晝畏人。生奄奄兮悵悵，怱無知兮窅塵。展伊人兮超然，何虎兕與甲兵。忠爲骨兮，義以爲軀。元和生而血爲碧兮，信前修之不誣。髮之鬒兮蒙茸，顏如丹兮渥腴。雖錮九泉而壓嵩岱兮，亦將馭飛龍而撫八區。與日月兮齊光，極河漢兮爭流。左吾飆兮洪崖，右吾歙兮遠遊。尉我人之思兮，儻復過峴山而稅蘋洲。悵神交兮千載，覽陳蹤兮夷猶。其三

《宋奉議郎孺人曾氏墓誌銘》：政和三年，仲嘉爲湖州司兵。到官之三月，實六月某甲子，夫人以疾卒于官舍，享年三十五。

《戲贈江仲嘉司兵》：君不見謝公栖遲樂東土，起作司馬征西府。莫年談笑有穰孫，鶴唳風聲走强虜。又不見子猷剡川高興闌，肯隨鶴書落人間。不知騎曹底官職，朝來柱頰看西山。平生清真翠巖老，泉石膏肓偶同調。歲寒落落見孤松，不忍低眉寧枯槁。年來無米繼朝炊，聞説吴興富魚稻。不妨來作古同○"司"之誤兵，土卒投醪止梟藻。美哉洋洋雪溪水，秋塘百里荷花繞。當年釣徒放浪處，醉目悠然送歸鳥。斯人不死世不識，往往凌波弄瑤草。君方參同構龍虎，我欲治平荒種梨棗。會當月夜見庬眉，一笑超然凌八表。張志和自號爲江湖釣徒。

《空相僧舍書事癸巳》

《雨霽同仲嘉小酌久之雲開月出光照席上頗發清興戲作此詩癸巳》

《過吳興城北超覽堂》

《同江趙潘集以鍾監博山爐黔硯石屏爲題，予得鍾監分韻得金字，鍾監蓋響板也，形製如鍾背作雲雷紋面可監。我曹創爲之銘曰：癸巳作鍾監子子孫永保用。張有篆甚奇古》

《再分題得易分韻得醉字一首》

《與江仲嘉褎趙叔問子晝潘杲卿杲分題賦詩以顏魯公裴晉公賀監陳希夷畫像爲題以我思古人爲韻余得裴晉公我字韻一首》

《同叔問諸人以橘栗柿蔗爲題以東南之美爲韻余得橘美字韻一首》

《仲嘉分題得詩分韻得經字是日仲嘉以事先歸代作一首》

## 四年甲午，三十七歲。

集：

《奉陪知府内翰至卞山有詩五首甲午》

《玉德泉》：卞維吳興鎮，傑出衆山外。晴朝自生輝，韞玉見奇態。新阡表南陽，獨據山水會。青松三萬本，已復出蓬艾。靈泉發道左，天遣資灌溉。初無一線溜，泛濫欲浮芥。披榛佇方空，餘浸忽河澮。清踰金沙泓，甘比中泠湃。朝涵卞峰雲，暮作雪溪瀨。豈惟洪百須，旱歲亦多賴。殷勤五大夫，隨喜奉微蓋。有松出偃其上。嘗聞瑜瑾姿，德與君子配。茲泉爲人出，固是神所介。當令玉德名，相與流千載。

《庵居》：幽亭名思洛，寒潭俯澄虛。回頭三百年，勝地成荒墟。公今草堂址，無乃昔所居。環之碧玉蜂○“峰”之誤，帶以清泠渠。流泉響琴筑，松竹皆簫竽。妙哉無盡藏，一一爲我娛。東岡作蘭若，鍾梵鄰樵漁。亦有桑柘村，旁開蔬菓區。何煩引三徑，故自與世疏。主人去霄漢，夜直承明廬。斯遊入清夢，儻寄空中書。

《朱氏山居》：嶔崎竇山麓，亂石如鬥獸。雲根盡中空，噓吸弄昏晝。茲山頗似之，無乃共靈構。如何在人境，有此泉石囿。深巖隱薈

翳，竹樹兩森秀。坡陁接煙磴，足力恣所究。恍然天地開，遠目千嶂
驟。中營五畝宅，何必封石帘。朱公死，其妻與諸子守之。桑麻無外求，茶
果供日富。夭條列僮奴，花草更黼繡。生生所應有，取足謝奔走。嗟
余四方忠○"志"之誤，老大無一就。對此寸心驚，無因記圭竇。

《西庵》：是公固麟鳳，入獸不亂群。吳儂欲爭席，但見一幅巾。藍
輿從去逋客，上下寂寞濱。卻行共談笑，媿此禮意親。行行得西庵，杉
竹含清薰。解衣靜盤礴，虛窗蕙煙紛。濡毫散珠璣，咳唾不自珍。曳
屣轉山足，長林蔽浮雲。旁連眾迤邐，上有高嶙峋。穿窾見深洞，劃如
敞重闉。往者王京子，翔空駕飇輪。于今蛻骨在，堅重踰蒼珉。頗欲
窮其源，燃犀問蛇神。鈎穿忽無間，信有仙凡分。卻尋招提路，松風亦
隨人。潺潺石橋水，洗盡荊吳塵。胡牀興不淺，已覺千山曛。

《夜歸》：日入三籟息，群山鬱蒼蒼。巾裾濕煙霧，宛轉度澗岡。涓
涓暗泉鳴，冉冉松筠香。林梢吐纖月，露葉瑣碎光。歸來叩禪扉，幽燈
對繩牀。相羊有餘適，笑詠白雪章。翰林是日有詩數首。

《與蔣子有道丁丑相從吳下之適感而賦詩甲午》：三徑旁臨招隱谿，
子真池館叩林扉。篝舟夜雪多乘興，步屧春風每醉歸。居舍相望一牛
吼，宦塗常作二梟飛。試尋邀月持杯地，共覺勞生四十非。

《朝議大夫郭公宜人周氏墓誌銘》○案：郭公諱璞，元祐中嘗通守信安郡。
夫人周氏，以政和三年九月甲子終于京師。明年十一月乙酉，葬于宜興縣君山鄉橫澗
之西，祔朝議公之域。以大理朱丞袠之狀來請銘云。

# 五年乙未，三十八歲。

**集：**

《葉內相赴淮西》：向來英妙壓鼇頭，去國三年白鬢秋。蕭傳豈煩
更吏治，賈生元自贊皇猷。高文已得江山助，遠業寧爲管晏留。聞說
云亭已除地，正須搛筆紀鴻休。○《宋史‧葉夢得傳》："政和五年，起知蔡州。"
唐淮西節度使治蔡州，故繫是年。

《次韻葉翰林見寄乙未》：雅望清班亦醉翁，暫令槐閣曳鈴空。更評

它日歸賢守,畫諸何人稱治中。蔡州今爲汝南郡,故得用汝南故事。便合追鋒來就日,已知投刃有成風。貽詩千里兼金意,俎豆常憐断尾雄。相望千古一涪翁,還向江湖四壁空。病木自甘桃李後,野麇難著鳳麟中。未成下澤還鄉里,且寄窮閻蔽雨風。舉世知音常契闊,悲歌沉抑为誰雄。

《葺蝸廬吴下用葉翰林見寄詩韻作》:四海無廬置此翁,故營松竹盡囊空。明知計出柏馬下,正擬身全木雁中。東郭易成生草舍,南村先怯卷茅風。向來豪氣今如此,敢與元龍較長雄。張志和結廬東郭,茨以生草。余結廬皆竹椽松柱。故有"松竹"之句。

《遷居城北蝸廬》:有舍僅容膝,有門不容車。寰中孰非寄,是豈真吾廬。不作大耳兒,閉關種園蔬。茅薝接環堵,無地可灌鋤。不作下榻翁,一室謝掃除。平生四海志,投老河魚枯。願從素心人,不減南村居。蕭然冰炭外,傲睨萬物初。坐視蠻觸戰,兼忘糟粕書。聊呼赤松子,伴我龜腸虚。

《九日寫懷》:節物驚心兩鬢華,東籬空繞未開花。百年將半仕三已,五畝就荒天一涯。豈有白衣來剥啄,亦從烏帽自欹斜。真成獨坐空搔首,門柳蕭蕭噪暮鴉。高適《九日》詩:"縱使登高秖斷腸,不如獨坐空搔首。"○案:集有《丁巳九日携酒要叔問登通道門樓而江彦文寄玉友適至因用己未歲吴下九日詩韻作》一詩所稱己未歲吴下九日詩韻,即此詩也。"己未","乙未"之誤。元豐二年己未,先生二歲,此己未必是訛文。

《蔡州葉翰林寄示近詩次韻八首》

《浚治西池》:世間潢潦生科斗,聞説西池歲時久。不應朝滿夕已除,秋至先衰等蒲柳。知公旁觀久技癢,聊試它年膏去苗手。泥塗不忍海波臣,畚鍾○當爲"鍤"故煩牛馬走。嘗聞汝水行地底,出没川源無不有。濺濺忽作寫盤珠,盎盎俄承注牀酒。清涵荇藻更姿媚,明燭鬚眉見妍醜。巢蓮永無龜曳尾,雨花定有魚頒首。使君佳政盡如此,説尹遥知不容口。何由步屧逐春風,作社慇懃就田叟。

《諸葛菜》:二雄未辨誰朱紫,秖有群狙聊作使。卧龍偃蹇正躬耕,一飽但知藜藿美。平生習氣故難盡，品藻蕪菁傳錦里。投醪飲河真有味，置薤留根何足比。要知茹草可終身，肯作染羹摇食指。公今嘯諾坐堂上，方丈盈前寧少此。戲持微草調諸傖，筆勢滔滔下南紀。云亭漫吏食不足，幾欲送窮煩鬱壘。拔毛蒸瓠當家鶩，漱石枕流徒厲齒。因公始識武侯鯖，蓋地何當似芣苢。芣苢，車前也。退之詩："榆莢車前蓋地皮"。

《九日雨中對菊忽忽塊坐用雨中對花韻三首》：胸中有大○當爲"天"游，一室未爲迫。永懷東籬翁，那復有此客。重陰敗佳辰，長去雨不爲澤。堆脰對黄華，草色被臧獲。黄華亦蕭條，伴我雙鬢白。猶能相呴濡，嫩葉供小摘。　去年蛾眉山，痛飲真得計。新蟾繼秋陽，明潔謝點綴。今年坐蝸廬，簷溜落空砌。花開信多雨，會少苦分袂。茫茫大塊間，游子況無蔕。百年能幾何，行復驚改歲。　危心如危絃，未斷先凛凛。風庭忽知秋，中夜不安枕。力行無遠途，積縷成重錦。男兒未蓋棺，雅志安得寢。榮衰未所念，身世固已審。亦復羨久生，聊爲老饕飲。魏文《與鍾繇書》云："屈平悲冉冉之將老，思餐秋菊之落英。輔體延年，莫斯之貴。謹奉一束，以資彭祖之術。"

《卞山信至三首》：公昔舉阡隴，二毛不勝簪。扶杖事耘植，呻嗚雜呻吟。耿耿霜露感，遑遑蓼莪心。浮雲爲愁容，鳥獸亦哀音。徘徊動行路，下比元與任。宿草今已長，新松鬱森森。尚有五芝秀，熒熒爛如金。爲公賦南陔，凱風吹我襟。公廬墓，之○"芝"之誤生廬次道旁，故有"五芝"之句。　行雲本無心，虚丹但乘流。主人非逋客，不使芳杜羞。鳴騶入山谷，黽勉赴所求。明知廊廟具，豈爲猿鶴留。朝來尺素書，聯翩自巖丘。平安喜筠栢，寧論橘千頭。豈無木石居，吾非若人儔。既與世同樂，那容不同憂。　往客霅溪上，舒娥幾虧盈。深窮卞山境，勝概不可名。柴車逐公游，登皋復臨清。夜役○"投"之誤阿蘭若，松窗待朝明。濟勝劇許掾，評詩陋鍾嶸。靈滋初可抔，龍籜忽已萌。斯游今幾時，坐想飛泉鳴。尚應几杖間，隱隱金石聲。"金石"見杜子美《寄聲事蘇大侍御書》詩。

《衢州開化縣新學記》：開化縣學，故在縣治之西，其址不能五畝，旁無墻地，右倚山足，因高接廡以布講席。大成之殿，顧在平地，齋宇趣完，未中程度。自初構迄今，更十數令，顧地勢不可復廣，莫能易而大之。今縣令李侯旬視學區，退則大懼。以謂自大觀學法行天下，西被氐羌，南踰牂牁，嶺海萬里之外，荒漠不毛之地，皆爲郡縣置學官，師、弟子絃誦之聲相聞。三尺之童不談天人之道，詠頌功德以志榮名、取顯仕者，輿臺樵牧知笑之。今開化雖小邑，僻在山谷間，當句越之窮處，然在輿圖，尚爲次近地，奉詔令、蒙教養猶轂下也。縣之造士秀人，歲不絕於賢能之書。又今天下賓興士群至于王廷，與備臣使於中外者，必自縣學始。則學法之行，繫鄉縣爲根本，顧不重哉！而縣學舍乃不稱，縣令安所逃責？則相方繩址，得縣南臨溪爽塏之地而營之。乃狀其事，請於郡，郡言上使者，得錢四十萬。取人屋之籍於官者十四間，益以故學之材與亭觀之廢無用者。厥既藏事，工徒赴功如治私舍，邑豪里氓亦底其力，蓋不三旬而衆工釋用。高門有嚴，面埶端邃，廟象宏顯，巍然有臨。命教之堂，師長之舍。周廬廣廡，若承若翼。基堅材良，皆倍於故。士氣舒豫，雝雝洋洋。行道之人，過者袚軾。於是李侯走書與圖至吳下以抵俱，曰：“開化，子之鄉邑也。新學成，宜有文以記歲月，固願以請，而衆亦以爲子宜。”俱生晚，不及熙寧、元豐之初，以與諸生齒。今兹壯且老，顧以飢寒走四方。而學校益隆，又不得預養士數，以相與燕間揖遜於其間。今得託詞新學以紀侯之績，其又何辭？若夫道學之序，飭勵之端，所以開示於方來者，則學法粲然，皆聖上所建立也。又辟雍奬論之書，八行之碑，與凡詔札具在，俱不敏，勉記新學之成云。李侯名光，會稽人，好古强志。起諸生爲吏，而所立皆不苟。奉法愛人，文檄不妄下，廬里懷之。新學之成，實政和五年八月甲子。十月丁酉，通直郎、管勾岱岳觀程某記。

《寄開化李令光四首》：我行阡陌間，苗麥已復青。茅茨間新稿，鷄犬有和聲。不見吏索錢，田家得其生。鷄犬亦肥字，不遭無事烹。於

斯可觀政,豈在赫赫名。父老亦相語,歡然就春耕。官租及時了,卒歲
樂無營。　李侯諸生秀,峩冠論玄虛。安知俗吏事,小試已可書。瘝
心究人瘼,要使安田廬。慨然有奇趣,耿耿非世儒。乃知百里間,亦足
寄所攄。誰當索幽隱,置彼九達衢。　山間古梅林,有鴉集其端。不
飛亦不鳴,彈射莫敢干。下窺群雀雛,啄顙刳其肝。欣然舐兩爪,意得
良自安。飛來多凡鳥,助此凶且殘。安知萬山曲,亦復鳴棲鸞。相咻
固不可,見嚇技亦殫。衆鳥既有恃,相期在歲寒。　平生四方人,惰○
當爲"墮"地隨蓬桑。故鄉二頃田,秭米寄太倉。從渠雀鼠耗,敢計松菊
荒。未能思計然,錐刀折○當爲"析"氂芒。十年乃一歸,歸席不暖牀。
吾廬正如寄,縣府固相忘。偶聞賢長官,邂逅尉所望。吾寧媚之子,故
是衆所臧。○案:是詩未詳何年所作,然必作於乙未之前,故附《學記》後,庸俟考定。

## 六年丙申,三十九歲。

集:

《次韻張祠部見示丙申》:大滌先生不諱貧,鬢髯雖白臉長春。三江
魚美東曹後,二柳○當爲"泖"泉甘慧曉鄰。《南史》:張融與陸慧曉並宅云云。
懷組歸來無長物,挂冠誰復並清塵。自怜出處俱違性,旋結衡茅寄
此身。

《京西北路提舉常平司新移公宇記》○爲信安余侯作,後署"政和六年夏
四月甲子,具位程俱記"。

《江仲舉墓誌銘》:政和六年,會吳興仲嘉官下,君益癯,骨見衣表,
然劇飲大笑,疏爽猶昔時也。別吳興西境上,仲嘉來京師,不幸死。仲
舉歸里中,病益固。

《祭江仲嘉褒文》:去年之秋,過我而西。子神雖昌,而色其釐。送
子西郊,匆匆語離。劇飲大笑,無復向時。曰老則然,余竊異之。誰謂
此別,無相見期。嗚呼哀哉!

《通直郎湖州司刑曹事顧君墓誌銘代江仲嘉作》○案:顧君諱復幾,翰林

學士顧臨之仲子。以政和四年四月八日卒,六年二月八日葬會稽五雲鄉化鹿山之原。

《嘉興周君墓志銘代江仲嘉作》○案:周君諱抃,烏程丞綱之父。以政和六年五月壬子卒,以九月丙午葬烏程縣永新鄉菁村之原。

《宋奉議郎孺人曾氏墓誌銘》○案:曾氏,曾布之女,江襃仲嘉之室,以政和三年六月卒,至六年七月葬於烏程縣道場山之原,求銘於先生。

## 七年丁酉,四十歲。差通判延安府,以侍親非便辭,改通判鎮江府,俄除編修《國朝會要》所檢閱文字。

《行狀》:七年,差通判延安府,以侍親未便辭,改通判鎮江府,俄除編修《國朝會要》所檢閱文字。

集:

《江器博墓誌銘》:器博姿淳壹,與人無町畦,口不道世故。衆座談説是非如不聞,亦不省。顧嘗爲余言:“少遇道人,授以内丹訣,當立静以月日時下,不以毫髮累心,養之數年,庶有成。今日有飢寒迫,未可也。”余歎曰:“公且老,歲月逝矣。使我得官南徐,治一室如公言,爲任衣食事,丹幸成,其授我訣。”明年,余得倅鎮江,私喜曰:“器博之言,庶有合乎。”未到,有改命,後五年而公卒。○案:江器博以宣和二年卒。上數五年,江公蓋以政和丙申語先生也。

《臨芳觀賦》:政和七年春,蔡州作臨芳觀于牙城之上。太守,翰林葉公也。俱爲之賦云:覽飛霞兮罷丘,翩乘風兮下游。觀豫俗兮安舒,弭霓旌兮少留。衷天孫之錦裳,戲毫端兮組繡協。驅陳前兮萬象,付心宰兮錘鈞。撫曾城兮坐歡,睠山川之廣脩。矗連雲乎蜚觀,免翬檐兮上浮。席沈息兮南榮,帶汝穎兮雙流。仰晨宵兮閬闓,寄心馳兮北眸。俯動植兮欣榮,縈童蚩兮休休。眇桑麻兮牟稷,藹平皋兮廣疇。嘯臣力之何有,歸鴻厖乎帝猷。方青春兮浩蕩,落斯成以旨羞。揭臨芳之高顏,聊託物兮優縟。面柴潭之滴衍,被璀錯兮華洲。森號風之僵木,訾豐艷兮敷柔。知造化之神駿,寧與物兮爲謀。等孤荄與叢蔓,何此恩兮彼仇。紛游鱗與翔羽,亦乘和而出幽。搴鵜搗兮將鳴,見有生之王去因。閱芸芸於過目，澹無心乎獻醻。念千古兮一晌，經向來之樂憂。笑東門兮黃犬，異晉國之青油。映奇功兮劍首，謝醏寢於矛頭。想平輿之二龍，匪罝罦置兮可菟。豈嵁巖兮無伏，羌莫挽兮誰佾。要平曳塗之靈介，勝泣河之鮑臕。緬句吳之旅人，守冰墟兮海陬。聞凌虛之傑觀，怳夢寐兮將求。憖贏糧而即之，嗟道岨其奚由。儻從公乎嶤廓，挹浮丘之長衰協。覽熙熙兮無外，同春臺兮九州。寫登高之遐素，斯可以補《由庚○“庚”之誤》，而賦何尤也。○據《宋史·葉夢得傳》“政和五年，起知蔡州”，于今三年矣。

　　《晁無斁將之録示近詩有和其兄以道説之詩次韻以致區區兼簡以道》：往登妙高臺，千嶂如聚墨。煌煌化人宮，屹立斷鼇足。題與亦不惡，嘯詠此浮玉。粃糠空在前，不謂公肯辱。竟乖南州望，聊作信都福。吹竽定誰真，抱璞安忍哭。高情禦外物，不計處與出。端如屋間雷，障以千步築。我窮居城南，甕牖藩援禿。華裾每來過，煩語如帛粟。洋洋填箎音，珍重同結綠。吟毫久不濡，辱贈不敢獨。所慚春蠶股，持抗不周觸。余初除潤倅，會召入書局，無繼除潤倅，改冀倅，故有“粃糠在前”、“聊作信都福”之句。○案：“無”下奪“斁”字。　談詩如談禪，練性如練墨。以道深於名，理順喜造墨。壯心悟龜毛，少去作豈蛇足。平生甚元龍，未信今伯玉。十年得投閑，高卧謝寵辱。定知貧勝富，固自平爲福。著書著名山，會使山鬼哭。結廬近三休，爲米時一出。猶嫌佛塲選，肯問燕臺築。俗人難與言，鏡鬒遺盲禿。前言客長安，正覓三釜粟。塵中一傾蓋，爽氣岷峨綠。別來更崎嶔，寡陋嗟我獨。塵埃篋中書，有手不暇觸。

　　《復次韻酬葉翰林見寄》：渭川十頃青，上谷千竈墨。縣河供拂石，濡筆應未足。公初入承明，神采映冰玉。孤芳信難群，廉士故可辱。虛懷得逢蒙，泛愛近籍福。終然翟公題，正墮楊朱哭。于今十年後，猶作一麈出。何當還宣温，不用求釣築。遥知西湖柳，蔽芾誰敢禿。應餘金石文，會使天雨粟。留連借三輔，夏木今再綠。斯文詠公歸，悵望非我獨。羈懷老無堪，覽卷百憂觸。○據此詩，葉少蘊以是年移帥潁昌府也。

《次韻寄謝公表韓公朝請》：世人如鯛魚，自蔽鬣吐墨。猩熊亦何罪，不衛脣與足。要當時木雁，安問定石玉。向來休休翁，老去稱耐辱。迹高名自污，卒享清净福。肯爲接輿生，叩木妄歌哭。韓公早聞道，垢濁久已出。終成九層臺，不棄一簣築。長安列戟第，桐影將缺秃。寧辭治中興，且食祠宮粟。胸中荆棘盡，華髮當更綠。抗塵我何庸，勇退公所獨。何如善刀藏，聊放虛舟觸。

《次韻寄謝存之曾公學士》：往居闇廬城，有客面如墨。論文口瀾翻，嗜學苦不足。時稱曾校書，秀句示珠玉。今晨塵眼開，來贈忽先辱。風騷窮乃工，投閑詎非福。言音關感動，妙比韓娥哭。此道久荒蕪，名家亦時出。五言古長城，屹若萬夫築。何如丹鳳棲，樸斲千嶂秃。雖然皆戲劇，渺甚一毛粟。付之兩忘情，蘭蕙等茨綠。聞公會西游，顧我陋而獨。掃齋待清談，奮塵或相觸。

《次韻和潁昌葉翰林》七首：《泛舟溳水》《目病廢讀書》《生第三兒》《月飲杏花下》。

《同許學士亢宗幹譽泛舟溳水》：高雲下甘澤，膚寸即有餘。瀛波納牛迹，無復鱣鯨居。翰林補天手，妙語追三閭。聊從潁川借，似厭承明盧。坐令嘯諾地，不異畏壘墟。斯人樂佳政，欣若飽稻魚。恢恢雲夢胸，中有幾石渠。時來溳水旁，敖倪萬物初。　嗟我一寸筵，登公五言城。時窺錦囊句，似發黃鍾聲。閉門得長哦，有酒或細傾。誰云千里隔，回薄萬古情。駕言從公游，上馬短策橫。塵纓縛我急，有足安得行。何當來上都，既見心始平。爲公賦三秋，竊歎空營營。　往者巾柴車，追游卜山村。今焉鎮三輔，鼓吹喧譙門。遥知手種松，浸有蒼苔痕。許下今樂郊，勝事亦復繁。但令足兵食，飽煖同君恩。長安翠頭見，煌煌太微垣。江湖與魏闕，一一寄默存。正恐受釐室，虛懷待微言。　許侯蓋静者，無乃祖遠游。著身朝市間，淡若無所求。命駕眇千里，西湖正涼秋。是中有真趣，軒裳何悠悠。溳水清且姝，仙舟度深

幽。徐行問疾苦,懷新想平疇。坐念方外樂,嘅涎麴車流。持觴會相
屬,我昌公當酬。

《目病廢讀書》:空華信無根,遺迹故非足。如公三萬卷,碨磊貯心
曲。中虛自昭曠,不必巖電目。納芥本無難,膠弦端可續。亡書共推
張,斷簡當問束。笑談針左肓,指顧命騷僕。豈知窮巷士,眼暗髮將
禿。短檠黯無光,默坐守幽獨。正當黜聰明,豈復分句讀。便便了無
庸,但有孝先腹。

《生第三兒余近得子,因及之》:生兒如班伯,絕業出金華。惱人如添
丁,索抱聲啞啞。人生各有分,豪末不可加。丹山無凡鷇,寒根無早
芽。如公翔千仞,衆鳥不敢譁。將雛一來儀,美瑞世所夸。嗟我困冰
谷,霜枝鬱盤挐。華顛有二女,爾爾聊自佳。今年熊羆夢,亦復來貧
家。平生坐著書,每笑括與奢。籃輿一幅巾,緩步可當車。儻學長史
掾,修真凌景霞。《真誥》:"散景霞以飛軒。"

《同許幹譽步月飲杏花下》:公不見,錦衣白璧誰家郎,春風得意尋
春忙。紅雲步障三十里,一色繁艷無餘香。又不見,玉川穤李正清絕,
夜携仙客通寥陽。連天剪刻萬株雪,縞裙練帨看明粧。古來勝賞不易
得,況乃花下延舒光。毫端頓挫役萬物,如彼棗葉持鍼芒。昔人曲水
詠觴處,茂林修竹空宮墻。蘭亭今爲佛宮。騁懷弔古賴何物,麴生風味安
可忘。自憐春色不到眼,歸臥北窗書滿牀。

《和葉翰林湖上夜歸古句》:琅玕一紙傳青桐,西湖默存清夢中。
遙知湖上發新倡,凡馬一洗煙雲空。翰林文章舊驚世,聊試三輔分符
銅。玉槃無聲轉清夜,水天交貫冰曈朧。況聞許下足名士,歡詠鼓舞
馮夷宮。擔簦獨欠此狂客,頯領企踵臨西風。朝來珠璧入懷袖,坐想
星宿羅心胸。自憐華髮烏帽底,俯仰正慚張長公。何當從公萬物表,
妙契不待將無同。展書三復更太息,但見缺月穿疏攏。俱初約造門當在
中秋。

《酬潁昌葉內翰見招丁酉》:觸熱西游泝濁波,京華旅食謝經過。年

侵鏡裏今如此，歌缺壺邊可奈何。賓閣遙知懸玉塵，直廬應許到金坡。唐孟浩然故事。須公一節趨環召，猶及昆明百步荷。

《和酬梅悅之大夫澤送行古句》：讀書何如事耕種，脣腐頭童得飢凍。半生塌翼墮江湖，仰視群飛困嘲弄。閉門誦說不知悔，時以聖賢資折中。飢來驅我向京華，爲米折腰隨所用。一官此固初不惡，浪以討論辭冗從。梅公據鞍殊矍鑠，滿腹精神比錢鳳。新詩借我快筆端，省向江南賦雲夢。向來高門邇衡陋，杖屨時來窺牖甕。今我三徑爲誰開，顧我五窮那易送。會當投檄復言歸，時訪祇園談不共。大夫丈時游僧舍，久欲奉陪，未果也。十八不共法是佛經。

《自仲嘉云亡未始見夢舟行夜入吳興境有夢如平生感而賦詩四首》：江子臨斯世，翛然向方蓬。一朝成千古，癙寐不復通。夜入雪溪境，胡然見幽夢。高標何所似，俯仰風中松。笑談如平生，炯炯雙方瞳。去年經行地，陳迹亦已空。故應玄真老，相與游無窮。　　諸人允不死，而使武子先。斯言太癡絕，愛惡無乃偏。君看雅正情，播在三百篇。秦人哀三良，百身寧可捐。相鼠有深刺，嗟哉胡不遄。此豈惑者歟，加膝墜諸淵。乃知孫楚狂，未必非公言。　　世以勢論士，君誠不如人。揚揚乘軒者，志滿氣甚振。外見七尺軀，中有萬斛塵。鑿枘固難入，鵷鷺豈相倫。炙手苟可熱，行路爲雷陳。高樓冷如鐵，骨肉不得親。誰能獨無死，榮辱久乃真。　　皇天非無知，伯道固有後。百年能復幾，僅比一昏晝。久知彭籛夭，不及殤子壽。向來簞瓢生，廟食至今侑。東陵雖飽死，千載有餘臭。梟獍得刳腸，苴折謾遺骸。試當問玄夫，此理或可究。

《承議郎信安江君墓誌銘》：政和七年，仲嘉甫客京師。夏六月，余自吳中來即其所寓舍，及門，聞哭聲，闖其堂，則斬衰者纍然號户側。蓋仲嘉殁十日矣。余失聲，爲一再慟，曰：“天乎，爲善者無所勸矣！”哭止，問其詳，曰君之殁以五月壬子，親故合賻乃克斂，且將致君之喪湖州烏程縣道場山之趾，卜以明年正月丙午，穿曾孺人之墓而合葬焉。

烏呼！仲嘉甫之賢，雖人善士皆知之。余不佞，知之特詳，不銘無以寫吾悲。君諱襃，字仲嘉甫，信安江氏也。故朝散郎諱汝明，以信厚廉平聞者，君之考也，以君與其兄通朝籍，贈朝散大夫。仲嘉孝友剛簡人也，自爲兒，嶷嶷不與群兒比，長則濩落有大志。未冠，入太學，群居商論古今，不爲苟且，常屈其座人。角其文，屢出諸生上。在太學八九年，乃登進士第。足未嘗一歷闤闠狹斜間，蓋持身如處子，曰：“毋貽親憂。”既登第，樞密曾魯公妻以女，禮錢三十萬，辭不受。調壽州司戶參軍，丁外艱，終喪，來京師，徑調餘杭尉。去，上官爭薦之，君辭焉，曰：“資格當爲縣令耳。餘無所用，毋妨寒俊之欲得者。”方是時，曾魯公在相位，君爲一尉。山谷間，樂職瘁事，若將終身者。及魯公去位，遷衡陽，諸子捕逮下詔獄，君自姑熟致其家南徐，又調護其家。至事定乃去，爲常州宜興丞。君固不求聞知，歲盡且代去，會一二使者、郡守有好善不爲勢奪者留君。踰冬，皆薦之，遷宣德郎，知舒州太湖縣丞。辟知越州餘姚縣事，邑人宜之，丁内艱。終喪，赴吏部，調湖州司兵曹事，遷奉議郎。代還，相府稍知其賢，入國門，政事堂傳召，未獲見而君病矣。仲嘉少年有時名，薄不自有，要以篤學力行自爲。流落不試，而故人同學生往往登顯仕，君絕不自通。中都貴公有聞君賢者，力能振之，然竟以不識面爲解。間調官至京師，掩關終日，時時出從道人、處士游。蓋仕州縣踰二十年，益老益窮，而志益堅，其特立自重有絕人者。其官餘杭、宜興時，母宋夫人德興君在養，二兄一弟更往來官下，聚口常數十，同有無，均啖薄，小大意滿，如享太牢之奉。閨門之内，雍雍如也。妻曾氏亦賢，余嘗誌其墓。觀曾氏之誌，則仲嘉孝友之概、刑于室家者可考而知。君儀觀甚偉，疏須眉，目光炯然，山林魁壘人也。其於讀書精甚，不爲涉獵者，少所過目，終身不忘。於爲吏寬而不擾，理有所在，未嘗爲苟隨。在餘杭，遇方外士授養生説，其要以虛一爲主，君性既靜重，又於世所犇競無一毫顧計心，得其説，力行之。接親賓、治公事退，則焚香宴坐，超然一室間。出而應務，視逆順之境、得失之數與夫俯仰趨揖之間，無所繫情，不知者以爲簡也。未嘗問生事、商貨財，間爲僮役欺，或以告，則笑曰："服冕而乘軒者，或不能飾簠簋，此曹何誅？"與人交，誠至言盡，非其儕，雖犯之不校。其於世大抵脩然也。顧嘗學書，獨傳楷法。以謂"自鍾、王、虞、褚以來，皆傳一法，以法求之，若合符節，非取其形似也。譬之正法眼藏，不以語言相似，唯傳一法。"云。篆隸皆入能品，其爲詩文，磊落有遠韻，然未嘗倡也，集其藁爲五卷。鳴呼！仲嘉天界之質如此，其修身立命所以輔其才者又如此，其志用豈小哉？然年不過四十九，官不過承議郎，卒窮阨以死，是孰使之然哉？雖然，世所謂壽且達者，其果然耶？若仲嘉，其於道則達矣。仲嘉無子，以從兄之子琛爲後。二女：長嫁登仕郎沈敵。幼在室。銘曰：

物不相物，莫尊匪生。愛其一支，晉楚爲輕。惟萬斛舟，不行沮洳。輓牛彊風，千里一鷁。載沉載浮，以我重故。未見剛者，惟物之遷。譬彼一壺，霍如轉丸。傳以鈞石，不沉則顛。惟仲嘉甫，高視物表。宴居超然，玉峙川浩。惟其尊生，則可用世。任重道遠，蓋亦優爲。豈其若人，利以喪義。世不我偶，我則何求。優哉悠"游"之誤哉，惟德之休。吳谿之濱，有岑其臺。彼獨立者，其可云○"亡"之誤哉。

《祭江仲嘉褒文》：嗚呼！事莫之致，則歸之天。夭善窮仁，天豈其然？如仲嘉甫，有美其質。完其所受，養之以直。平生色詞，莫爲利屈。脩然往來，皎皎獨立。其達似豪，其真似嫩。其淳似疏，其静似簡。不蘄乎高，蓋與俗反。矯如長松，節目磊落。迹其細行，畢中繩矱。孝于其親，友于兄弟。信于友朋，恕及僮隸。刑于室家，莫不蹈義。兼而有之，蓋亦鮮儷。我行四方，陰察士友。或持于初，而喪于久。或違其心，而誦於口。如端木賜，一出一入。如原巨先，遂行淫佚。維仲嘉甫，以表知實。躬行不言，終始若一。求之古人，百不六七。吾嘗誦言，是子必可。云胡不淑，萬事永畢？嗚呼哀哉！言念丙子，識君京師。語未一再，君以憂歸。歲在辛巳，我室君媚。論心定交,今十六歲。蓋無一年,不與子會。君解餘杭,面我于蘇。我將西游,君寓南徐。我省松楸,君在鄉閭。訪君宜興,過我市區。周旋吳興,俯仰歲徂。大滌之天,焦先之廬。荊谿之流,離墨之岨。巖洞相望,仙靈所都。衢山之奇,巖谷之墟。卞峰朝雲,苕水秋蕖。無舟不同,有駕齊驅。我唱子和,我文子書。別無幾時,猝然相遇。歡言酌酒,引滿道故。高談雄辯,出入精牾。神遊八紘,眇視千古。遺形忘世,奚復外慕。方其問○當爲“聞”時,書尺相繼。或真或篆,或草或隸。有言必酬,無遠不寄。舒其蘊懷,雜以詼戲。發吾狂言,動子長喟。開緘獨笑,千里面對。遠無虛月,近則旬至。牛腰積多,雞肋莫棄。今而觀之,忽若夢寐。嗚呼鼻斤,是事已矣。去年之秋,過我而西。子神雖昌,而色甚齾。送子西郊,匆匆語離。劇飲大笑,無復向時。曰老則然,余竊異之。誰謂此別,無相見期。嗚呼哀哉!君於養生,實惟其人。要若灰木,用之不勤。居屏世味,食無葷羶。出從百爲,志在三田。宴寂未久,其息兀然。不起于坐,可證初禪。我嘗謂君,骨强志堅。是巖窰人,必永其年。而病且死,如何可言?嗚呼哀哉!儒老釋道,所修者真。視此形骸,何異塊塵。脫然去之,如逆旅賓。如遺敝屣,如釋負薪。脩短共盡,亦何足云。孰如仲嘉,持身養神。無罪無悔,不著不淪。當與污漫,游於無垠。出入騰化,如臂屈伸。是必然者,非此其身。我視此世,相知幾人。如我與子,氣合情親。十六年間,義如弟昆。稽之竺乾,豈其宿因。君之嘉配,維古賢婦。葬之烏程,我誌其墓。誰謂今者,歲適一周。復緝吾文,銘君之幽。淚洒行間,泫然莫收。君喪還吳,我客轂下。送君襄陵,莫致奠斝。及兹東歸,取道吳興。雞黍之設,恍如平生。庶幾神交,來享余誠。

《江仲嘉仕吳興雅重道場山長老惠顏仲嘉之柩以八月十五日至山下顏以是日告寂》:道人非復世間情,居士空留身後名。共擬凌雲成一笑,不妨乘月話三生。桐鄉定有蟬衣在,葱嶺遥知虎錫鳴。耿耿幽懷無處寫,眼中泉石記經行。

《送林德祖致仕東歸並序》：壯而仕，老而歸，理也。士溺於仕，故困而知返，病而能休，老而知止者，世則猶然貴之。若德祖於斯三者無一焉，然去官如脫屣，是乃真可貴矣。德祖方未仕，以學行有盛名。四十起家，至爲部刺史，所歷皆儒官，入紏天府，於今爲要地。年始登六十，茹蔬飲水，神幹儼如也。一朝浩然有歸志，退自府舍，不謀於朋友，不告於妻子，夜半狀上府，晨朝可命下，斯亦奇矣。余行道南徐，過故人蘇承祖，出許振叔書，道德祖掛冠勇決之狀。余時冒初暑，向遠途，忽忽煩憒，聞之灑然，如挹寒流而濯清風也。而或者疑焉，余曰："子無異也。士溺於仕久矣，其視爵祿，猶飢者之羨膏粱，渴者之赴水泉，寒者之陽，而煬者之陰也。意若攀垂緪而上千仞，不可須臾置也。今乃有人負通博之才，居軒冕之會，非有宜去之年、不得已之事也，然且一朝云○"去"之誤之，彼以夸競之心計之，是豈不駭而疑哉？且仕不仕，何常之有。德相○"祖"之誤非爲亢者也，非要利者也，徒曰適吾之適以遂吾之性而已。雖然，自砥節礪行之詔屢下，所以愧責貪競者之辭實深，聖主之所聖，士夫之恥也。今觀德祖之去就重輕，亦足以振士風矣。夫仕者畢心力以奉所職，處者先廉退以風士類，是皆有益於時者也。德祖豈不賢遠於人矣哉！"既遇諸淮陰，舟翩然東，使人有冥鴻之歎，因爲詩以附諸公之末云。　　浩浩聲利間，靜躁同一區。排肩日中市，有類逐獸趨。中朝尺寸地，衆睇咸睢盱。安知大雲客，出與飛雲俱。翛然棄之去，初不計卷舒。紛紛軒裳士，瞠目口爲呿。茫然更歎息，不間賢與愚。乃知楊少尹，未足繼兩疏。時當老而傳，不失仕且居。非同會稽史，苦誓困簡書。不比狂季真，索身憂病餘。耆年了無事，方當騁亨衢。投簪逸湖海，沛若縱壑魚。雖無揮金事，日者誰公如。清風激多士，故是明時須。恨無采詩氏，儻有東歸圖。○據集《祭林德祖文》云："而公出我入，如相避然。"証知德祖以丁酉東歸。又據《丁酉有酬潁昌葉內翰見招》詩稱"觸熱西游沂濁波，京華回首謝經過"，與此序"余時冒初暑，向遠途"語合，亦德祖歸在丁酉之一證，故繫之丁酉。

　　《初到書局以萬七錢得一老馬盲右目戲作古句自嘲一首》：蹄間三

尋汗流赭,九逵雷雹争飛灑。我窮那得騁追風,正擬虺尵行果下。平生畏塗飽經歷,夜半臨深無馭者。故應造物巧相戲,卻比盲人騎瞎馬。李南知音當促步,廣漢騰嘲不相假。執鞭良稱塞翁兒,並轡聊從杜陵夏。厖然病顙豈其類,老矣問途那可捨。徑煩一夫事刷秣,似桂新芻不盈把。向來伯厚亦安在,結駟雞棲同土苴。他年束去把撩風,縱爾逍遥汴東野。

《過毛達可友給事覽壁間舊詩次韻二首》:當前清颸發,樹外赤日西。坐令天壤間,氣候忽不齊。解帶席嘉蔭,長哦壁間題。故應有神護,塵土不得迷。前年歆公門,鶗鴂亦已啼。今年復羈旅,庭莎欲鳴鷄。西游有底急,觸熱忘卑棲。似爲飢所驅,不計轍與蹄。綈袍意彌厚,槃餐洗羹藜。磊塊久不澆,醇醪代朝虀。襄陽乏新句,夜直難相携。　黃華非不佳,寒澹每見少。蕭蕭亦無言,懷抱不自曉。深嫌小桃夭,欲伴霜松矯。窺叢慰寂寞,時有南飛鳥。主人真賞奇,灌植勤便了。徘徊傍東籬,高興在塵表。座有白頭生,臨風百憂繞。

## 重和元年戊戌,四十一歲。兼道史檢討。

《行狀》:八年,兼道史檢討。

集:

《春日與會要同舍會飲西園》:今我忽不樂,駕言及陽春。西郊桃始華,未動車馬塵。名園開綠野,氣象淑且新。相從同舍郎,珠璧驚市人。垂鞭度長楊,和風拂衣巾。時花靚無言,草木含晴薰。迢迢西莊境,似與江南鄰。漾舟入天境,不辨水與雲。誰移呼猿澗,亂石瑣怪珍。奔雷轉三峽,可漱不可渾。止水照我心,流泉醒我神。終年九衢客,一洗聲利氛。歸來卧蝸舍,夢墮吳松濱。

《會要官集西池同舍翁挺作詩次其韻》:瓊構涌空碧,魚龍濯晴波。游人與春競,奈此西日河。緬懷散花洲,青笠委綠蓑。當年漁樵侶,問我何時過。依然五湖境,亂眼煙雲多。恍疑三壺夢,欲繼七字哦。恨無石心兒，慨慷叩舷歌。時英滿四座，自許皆隋和。翁子獨不語，詩源瀉懸河。不作杜陵老，眼寒驚綺羅。

## 宣和元年己亥，四十二歲，轉承議郎，賜五品服。

《行狀》：宣〇當爲"重"和二年，轉承議郎，賜五品服。

集：

《宣義郎知常州江陰縣朱君墓志銘》〇案：朱君諱耜，字元益。秘書省正字長文之子，先生之姊壻也。以政和七年四月四日卒。葬之日，實宣和元年二月三十日，其弟通直郎宗子學録發以狀請銘於先生。

《宋故南安軍大庾縣尉贈朝奉大夫南城鄧公墓表》〇案：鄧公，鄧景儁也，先生之伯舅，以熙寧八年七月五日卒。宣和元年，其子紹密託先生爲之表云。

《宋故安人戴氏墓志銘》〇案：戴氏，東陽郡守許德之振叔之配。宣和元年七月庚申卒，以其年十一月壬申葬於無錫縣開化鄉軍山之原。

《分題得舡子和尚一首同宗正江少卿緯彦文、周比部武仲憲之、趙編修子畫叔問》：洪波鼓溟壑，浩浩包神姦。安知五濁海，平地即九淵。此老獨安住，蕭然五湖天。勿言一葉舟，中有宇宙寬。我昔初吏隱，掌中視包山。垂絲月明夜，獨立無往還。當年夾山人，付此八尺竿。安知飜瀾口，終日本無言。〇案：集有《趙子畫墓誌銘》稱："宣和元年，差充詳定《九域圖志》所編修官。"此云趙編修子畫叔問，故繫之宣和元年。

## 二年庚子，四十三歲，除將作監丞，遷秘書省著作佐郎，賜上舍出身。

《行狀》：明年，除將作監丞，時論謂公以儒術世其家，今藝學績文之士鮮出其右，近臣亦推公長於譔著，於是以聞徽宗，即遷秘書省著作佐郎，賜上舍出身。

《宋會要》：宣和二年十二月二十四日，賜程俱上舍出身。《永樂大典》卷一萬六百五十三引。

《宋史》本傳：累遷將作監丞，近臣以譔述薦，遷著作佐郎。宣和二年，進頌，賜上舍出身。

**集：**

《夜宿丞舍即事呈蔣大匠存誠蘇少監元老》：群動夜方息，啾啾草間鳴。殘炎未云謝，遽作涼秋聲。秋風來幾時，朝暮氣已清。虛窗置方榻○當爲"榻"，境寂身暫輕。臥念平生懷，展轉不得寧。　王生一言善，從容水衡丞。無功樂佳釀，能令濁流清。顧我老且奇，微官代躬耕。正當急跨馬，問訊桶與楹。觀公成風手，一引朱絲繩。簡書可少置，頗哀此無能。

《以夜宿匠舍詩示晁以道說之乃以古句爲謝次韻酬之一首》：平生拙自理，不辦一畝宮。聊從斲輪扁，敢慕執戟雄。慚非五鳳手，正著雙鳧中。何言散騎省，難下青藜翁。相望一牛吼，有客方固窮。牀頭河洛書，瑩光吐長虹。時時發佳句，勁若萬折東。我詩出蚯腸，寒螿抱霜叢。誰當寫秋思，妙器無號鍾。相從無何境，曳履哦清風。來詩有"潘盧"之句，故云"何言散騎省"。

《酬葉翰林喜某除官東觀庚子》：冰谷難通杜曲天，淺聞那識絳人年。揮斤始免從輪扁，操牘寧堪佐史遷。正恐商樊譏浪仕，可令齊魯歎無傳。笭箵挂壁空回首，林有孫枝竹長鞭。　列宿羅胸妙補天，巨鼇峰頂號耆年。致君舊擬唐虞上，去國徒驚歲月遷。夢筆絲綸建瓴下，懇榮膏澤置郵傳。平生傾倒燕臺意，可使英豪慕執鞭。

《詩送趙承之秘監鼎臣安撫鄧州三首》：平生竹隱翁，胸次著千古。揮毫劇翻瀾，碑版照秦楚。十年屈僚佐，留使望天府。今年道山巔，士論乃深許。歌詞薦清廟，盛典更藻斧。忽持南陽節，聲動漢江浦。清班寄麟臺，雄職暫符虎。遙知佳政傳，召杜安足數。　往者南陽耕，相望鹿門翁。時來拜牀下，雞黍相與同。安知田舍中，鶵鳳友伏龍。我疑兩州間，地美物亦豐。故應釣遊處，清泉蔭高松。人英何伐無，儻有前賢風。弓旌恐難致，羔雁或可通。　潭潭內史府，侃侃東西錄。當年得一士，衆視驚刮目。何殊致洪造，初不羨博育。林侯忽東歸，懷寶媚幽獨。趙侯小騰驤，文采冠群玉。要之進退間，了不異蘭菊。因公懷若人，皎皎歎空谷。○案：林侯，林德祖處。

《暴書會和陳正字磷觀御製書二首》：龍檢金壺記子年，寥陽宮殿玉虛前。三元初識皇文秘，八法爭看御墨鮮。叢簡舊藏丹藥篋，群仙疑近白蛙泉。隆樓縹緲侵雲漢，神物撝呵衛九天。　七聖雲章秘紫清，睿謨神藻發長生。六爻妙盡○“畫”之誤超龍瑞，千里真修敘廣成。但覺煥文驚俗眼，何勞掘筆避書名。法宮涵演方無盡，玉海濡毫卷四瀛。帝鴻氏有硯名“玉海”。

《送葉善卷致仕歸吳衛尉丞葉勸庚子》：衛尉新除蓋次公，便抛簪紱向江東。秋鱸正與蓴絲美，夜鶴休驚蕙帳空。滿腹詩書元未試，會心林壑與誰同。自憐華髮無歸處，慚愧冥冥物外鴻。

《謝著作佐郎啓》：半世江湖，無復彈冠之意。薄遊都邑，居懷索米之慚。敢期瓦礫之餘，謬玷絲綸之渥。所蒙非據，以寵爲虞。竊以中古以還，倚儒而治，以謂用非所養，則遇事或難於任重。學優而仕，則立朝無愧於面墙。苟陵阿之育未加，則薪樞之圖曷繼。故有絶編已老，莫知經濟之方。素官稱賢，或出草茅之士。顧誰差之不預，豈才智之可誣？是故祖宗以典籍之司，以爲公卿與侍從之選，期獎成於望實，斯致慎於束求。以褒然晁董之流，猶試言而後授。雖卓爾軒雄之學，有陳義而力辭。人唯允諧，世則知貴。典墳具在，縱觀海宇之奇書，策牘兼資，多識朝廷之故事，抑磨礲其器質，且彌洽其見聞。或許從宴間之游，或訪以圖回之務。唯其養之有素，則亦用之弗疑。鴻惟上聖之臨，益著右文之效。股肱心膂，既相與立太平之基。杞梓珪璋，又兼收爲無窮之用。來英髦於數路，達遺滯於四聰。雲構百梁，屹天衢之左界。龍章八法，煥紫殿之中居。儼群玉之大開，仰奎文之下屬。合三館一時之彦，登瀛洲者十有八人。續六官九聚之書，紬金匱於數千百載。惟蘭臺之接武，實麟止之椎輪。文若孟堅，徒爲令史。博如束晳，僅得佐郎。然裁成漢代之陽秋，無出其右。比次汲書之科斗，可考而知。自非宏達之才,曷稱招延之美?如某鈍頑無似,孤賤數奇。早迷速化之方,幾成獨學之陋。束髮爲養,華首益窮。嘗聞君子長者之風,每盡乘田委吏之義。竊信簡編之載,妄興畎畝之懷。時非弗逢,事或大謬。一官不偶,遂將歸老圃之疇。二頃無田,又時爲禄仕之隱。實委心於窮達,聊寄適於藝文。若將終身,奚暇外慕。何圖名姓,誤辱搜揚。釋其州縣之勞,命以編摩之職。遽從匠屬,復厠英游。況舉袂成帷,時固多於俊異。而上車不落,獨何取於蠢庸。此蓋某官斧藻聖猷,胼蠓士類。索淵微於繫表,應事物於道樞。學該今古,而不忽於寸長。用周小大,而兼容於衆善。致兹連蹇,稍與選掄。念固窮難進之餘,粗知分義。當省官遴選之際,尤覺叨踰。敢不稍輯舊聞,益堅素守?仰副甄收之本意,永銜温厚之華褒。誠知背上之毛,何加於六翮。儻比管中之豹,時見於一班。過此以還,未知所措。

《江器博墓誌銘》○案:江器博諱大方,信安人,葬丹徒縣。

## 三年辛丑,四十四歲。除禮部員外郎。

《行狀》:三年,除禮部員外郎。

集:

《和同舍雪晴即事》:雪消晴沼漲微波,一局文楸比爛柯。塵外清霄三島近,日邊春色五雲多。不妨窈窕耽書癖,時遣槍旗戰睡魔。洶涌詩情何所似,九軍雷動伐靈鼉。

《和同舍上元迎駕起居辛丑》:瓊構浮空錦作山,五門遥北望金鑾。燭龍飛度崑丘曉,玉斧修城寶鑑寒。便覺冰荷回暖律,恍疑雲翼傅○當爲"傳"靈丸。都人喜色瞻鸞蓋,更擬交光雪未殘。

《雪中與禮部同舍過葆真宮》:朝來青霞城,洶涌爛銀闕。悠然晞天宇,晶瑩欲冰徹。虛空無表裏,白照混日月。九區絕纖塵,爽氣争栗冽。初疑騫林境,琢玉墮飛屑。人間出靈苗,頃刻皆秀發。不知皇季氏,羽衛森幢節。剛風振長空,襟珮劇飄瞥。真僊足按地,險穢盡平

潔。坐令三千界，一洗聲利熱。偉哉此遐觀，曳屐到濛越。池臺静相
照，頹洞失坳垤。仰窺乾坤大，未信東南缺。要須風露腹，始稱此清
絶。安得垂天鵬，一跨眇空闊。<small>濛翳、越衡，乃諸天名。</small>

《和翁秘監彦深喜〇當有"雪"字絶句四首》：朝來喜氣溢層霄，側聽
封人共祝堯。密雪正應歌九扈，疾雷先已破三苗。<small>時初殄睦寇。</small>　即看
新綠歸千畝，還見陳紅積九年。便覺雨暘如有意，不須花草苦爭妍。

九重誠意格天關，一夜風回萬壽山。銀闕瓊臺迷遠近，直疑群玉接
蕭閑。　風鈴相語紙窗鳴，拭縮饑鴉凍下驚。卻憶剡中高興盡，雪消
江草喚悲生。

《和同舍夏日四詩<small>辛丑</small>》：寒暑不到處，翛然天地中。夏冰聊善幻，
性水自真空。松壑凝寒露，荷燈障遠風。峨峨欲千仞，扇暍意無窮。<small>清
冰</small>　曉來風破睡，天外失參横。雨作刻漏下，人思江海傾。林塘回秀
色，廛市亦歡聲。漏屋吾無憾，聊蘇秉耒氓。<small>暑雨</small>　夜氣接平旦，微涼
生太虚。庭槐秋影動，簷月曉光餘。執熱寧無間，探湯固有初。斯須
衒燭轉，汗漬羽陵書。<small>晨夜</small>　赤日不可度，紅塵能許深。糞除知有意，
垢净亦唯心。葉落石門曉，花殘桃徑吟。安知煩溽地，擁篲卻流金。
<small>掃地</small>

《江仲舉墓志銘》：公諱褎，字仲舉，開化通德諸江也，故朝散郎篤
行君子諱汝明之第二子。母德興縣君宋氏，賢懿爲宗黨式。俱之大父
初昏孔步江氏，某於朝散公兄弟行也。朝散通判睦州，余初以童子見，
公與爲禮，待余猶成人。後十年，公之第三子仲嘉褎爲餘杭尉，余繼室
以公之第五女，親迎餘杭，於是始識仲舉。時德興在養，兄弟娛侍門
内，熙怡如也。仲嘉玉立鴻舉，落落有塵外態，仲舉愷樂蕭散，其在親
側，有戲綵弄雛意，相與友不厭也。自是別而復會，率不過數歲。每相
遇輒劇飲大笑，披肝膽，悦情話，久而加親焉。君幼得肺病，及壯大不
除，作則害寢食。政和六年，會吳興仲嘉官下，君益癯，骨見衣表，然劇
飲大笑，疏爽猶昔時也。別吳興西境上，仲嘉來京師，不幸死。仲舉歸

里中，病益固。宣和二年冬，盜起新定。明年正月，入信安郡，人皆避賊山谷，晝伏草薄間，夜出謀食。仲舉匿近舍黃茅山中，素羸，加惴恐，病無醫藥，食飲不時得，以上元日卒，享年五十六。是年十一月十一日，其弟仲長羨與其子俊葬公開原鄉馬汪村之原。仲舉少治經，讀書質甚美，顧肺病間作，不能勞。一再試場屋不偶，即棄去，然讀書不廢也。善鼓琴，棋品甚高，作字有楷法。晚益窮阨，然未嘗有不遇之感。每病作，則吒曰"會當更一世爲完人，吾視此身猶疣贅也"。亦以是爲談笑。病不作，則油然自適，不以一豪汩中局，余所謂愷樂蕭散者近之。公娶鄆郭氏，承事郎慇愿之女。一子，俊也。銘曰：

蜕和襲教，質則靈兮。光塵外合，中謂淫兮。悅親信友，惠且寧兮。背諼蕃萃，庭蘭馨兮。天歡熙怡，國爵并兮。隙駒一過，空頹齡兮。決疣潰癰，脫天刑兮。亦既艾耆，息幽扃兮。

## 四年壬寅，四十五歲，遷朝奉郎。

《行狀》：駕幸秘書省，特旨召觀書閣下，因賜御筆書畫，遷朝奉郎。○案：《行狀》上繫三年，據集《車駕幸秘書省口號》題注"壬寅"，改隸四年。

《宋史·本紀·徽宗四》：四年三月辛酉，幸秘書省，遂幸太學，賜秘書少監翁彦深、王時雍、國子祭酒韋壽隆、司業權邦彦章服，館職、學官、諸生恩錫有差。

《宋會要輯稿》：四年二月十九日，東上閣門奏勘會將來聖駕幸秘書省賜茶聽旨。如有旨賜茶合赴官赴坐外，所有本省監少赴坐取聖旨，詔秘書省官並赴坐。三月二日，幸秘書省，御提舉廳事。再宣二公○當爲"三公"、宰執、親王、使相、從官觀御府書畫。既至，上起就書按斜倚觀，設按御榻前尋丈許。左右發篋出御書畫，公宰、親王、使相、執政，人賜御書畫各二軸，十體書一册。公宰、使相有別被賜者不在此數。於是上顧少保蔡攸分賜從官已下，群臣環聚雜遝，肩摩迹縈，至或闖首人中爭先覩之爲快。少保攸手自付予，人得御書、行書、草書各一紙。又出祖宗御書及宸筆所摹名畫與古畫法書，令得縱觀，從官復還○當爲"環"聚雜遝，餘官有不得前者，捧所賜拱立人後，上顧見，詔左右益設書按東間，指畫所置處，俾皆得與觀，以示恩意。此四字聖語云。左右奔走，設案唯謹。上命保和殿學士蔡儵持真宗皇帝御製御書《聖祖降臨記》及宸筆所摹展子虔畫《北齊文宣幸晉陽圖》於所設按展示，既乃出御墨賜群臣。靈臺郎奏辰正，三公宰執已下逡巡請退。蓋辰正則將進膳。上命以墨付太宰黼分賜，皆拜庭下以次出。是日，再宣觀御府書畫，賜御書畫公宰至侍從已下凡五十六人，庶官特召者九人。初，車駕將軍幸秘書省，命提舉官選日以聞，宰相先朝按視，前臨幸一日，秘書省官提舉官屬習儀於本省。至日，開省西便門東御廊上，便門非臨幸不開。質明，提舉官已下至正字及貼職道史官以次班秘書省門外西向北上。車駕出宣德門，從駕官如常儀，車駕垂至西便門，在省官迎駕再拜。是日特宣太師至，亦迎駕秘書省門外。輦入，皇帝御道山堂幄次，俟班齊。群臣既班右文殿下，皇帝御殿。閤門奏宣太師致仕蔡京至，起居畢，在省官再拜起居。秘書少監少前，提舉三館秘閣梁師成以手詔授秘書少監致詞復位。在廷皆再拜，乃移幸秘閣，宣群臣觀書及古器。累朝國史、寶訓、御製皆設秘閣下。自宰執至在省官立庭下，班首奏聖躬萬福，再宣示手詔訖，以次陞，皆得以縱目。上再御右文殿賜茶，侍從官已上賜坐殿上，秘書少監已下用中輦坐東廡，太學賜茶止設席。起趨庭下在省官再拜謝恩退。在省官轉官賜章服者皆臚傳，謂之"喝賜"，時車駕已興。上御提舉廳事，別宣召臣僚觀御府書畫，傳呼置笏，皆置笏。及入，方罄折庭下，詔毋拜，喝"不要拜"。以次陞。既受賜，皆再拜庭下以次出，錫服者受賜殿門外。秘書少監翁彥深、王時雍、管勾彫造《祥應記》。劉潤提舉秘書省，管勾文字馮温舒、徐時彥皆改賜章服。進膳已，車駕幸太學。《永樂大典》卷一萬一千九百四十三所引。

**集：**

《車駕幸秘書省口號壬寅二首》：端門清蹕隱脩廊，麟省新開接建章。六玉虹飛黄道穩，五芝華聳赭袍光。風生凡腋天顔近，春入仙洲晝漏長。拭目訓詞成飽德，共瞻雲日仰陶唐。　　清塵膏雨浹人寰，金殿晴開瑞霧間。帝座騰暉臨璧府，飈輪紆景按蓬山。龍鸞初識昭回迹，麋鹿驚隨侍從班。再拜逡巡戴君賜，卻迎天仗款賢關。○案：第一首"春入仙洲晝漏長"句正與《賀駕幸秘書省太學表》及《春日之載陽》語合，故知詩、表是同時之事。

《賀駕幸秘書省太學表》：策府肇新，帝下紫清之馭。賢關再款，道光鄒魯之儒。君舉必書，事超古諜。化行自近，風動海隅。中賀。竊以外史掌帝皇之書，抑以辨四方之志。太學傳聖王之業，所由興三代之隆。用建邦家之基，厥惟政教之首。懷鉛抱槧，俾之周見而洽聞。句屨圜冠，於焉考德而問業。擢梗楠於拱把，致珠玉於遐荒。方當行堯行而誦堯言，識其大者。所與治天事而食天祿，不在茲乎！仰緊清宴之間，灼知當務之急。命乘輿而已駕，及春日之載陽。考古驗今，駐蹕右文之殿。尊德樂義，卻辇大成之門。既流觀於匭室之藏，復垂聽於《詩》《書》之典。遠矣鎬京之嗣服，陋哉天寶之元龜。細札有孚，群儒知勸。一游一豫，式王度於有邦。載笑載言，邇天顏而拜賜。共識丕平之盛事，益知幸會之非常。恭惟皇帝陛下允執道樞，深明治本。覆臨之大，象日月而配二儀。風化之興，先京師而後諸夏。以聰明睿知之姿，而尊素王於千載之上。以微妙元通之學，而遊宸心於六藝之間。至於小大之臣，咸蒙恩施之美。乃若雨師先灑，迎飈嶽之清塵。雩舞屈時，詠羲和之舒日。事皆神介，動與道侔。於既醉之盛時，見彌文之畢舉。洋洋盈耳，聿追周監之文。蕩蕩難名，莫盡漢臣之頌。

《謝賜御書御畫并宣召觀書畫表》：臣某言：今月二日，車駕幸秘書省。先奉聖旨，以臣兼修道史，繫提舉秘書省官屬，合赴省起居。是日，既與館閣官觀書、賜茶，謝恩畢，退。詔宣三公、宰臣、親王、使相、執政、侍從官別觀書畫，臣特蒙聖恩，俾預宣召之數。仍賜御筆行書、草書二紙，御畫《雀竹》一紙者。齒金蘭之衆俊，已冒殊私。踵筆橐之後塵，更膺特召。咫尺圭璋之睟表，從容翰墨之榮觀。載窺天縱之能，旋拜奎文之賜。禔心驚寵，浹髓懷恩。中謝。伏念臣疏遠下僚，頓頑末學，敢意草茅之名姓，誤叨旒扆之聞知。惟是群玉蓬萊之山，實應列宿圖書之府。六飛來止，七稔于兹。雲構百梁，屹天衢之左界。龍文八法，揭帝座之中居。及斯輪奐之新，下慰英髦之望。爰申闊典，可謂難逢。而臣濫吹朝紳，雖玷南宮賤奏之末，操觚道史，適由東觀著作之廷。在於提振之司，實與編摩之屬。荐遷嚴旨，俾篋清班。雲翼生身，遽翱翔於帝所。驪珠眩目，獲藏去於宸章。事匪常均，榮踰望外。此蓋伏遇皇帝陛下，爲仁由己，以德分人。游心萬物之先，高視百王之表。譬若堪輿之大，何所弗容。故雖昭倬之餘，沛然成象。發揮妙蘊，丕廣鴻休。靈篆結空，蓋禀自然之兆。神書出洛，復超副墨之初。至肆筆於丹青，蓋合符於造化。豈伊么麽，得被況臨。敢不仰服睿慈，時瞻天藻。冰霜是蹈，庶無易葉之凋。筋力雖微，儻類銜環之報。

《宣和御書贊》：靈交結空，秘瑛房也。大有在上，俯雲章也。義圖頡迹，寄明光也。臣俱寶之，澤莫長也。行書如龍行天，或游或飛。其馳不迫，其静不遲。蓋從容八法者，猶嚴恭而自度。其超忽萬變者，猶應物之神機乎？草書

《宣和御畫贊》：太虛混淪，滋象之先。無動而生，萬彙出焉。巍巍道尊，實主張是。芒乎芴乎，無擇巨細。是翾飛者，與彼有笂。如馬一毛，如地一塵。凡有形相，寄此筆端。造化之妙，毋以畫觀。

《賀收復涿易二州表》：皇猷默運，與神爲謀。王旅濯征，從天而下。遂舉平盧之壤，復還冠帶之區。遠邇交欣，威靈無外。中賀。竊以四夷之爲漢患，蓋莫熾於匈奴。九州之隔燕民，本失圖於襄○“衰”之誤晋。徯我至化，于兹有年。仰惟列聖之燕詒，蓋常北顧而深歎。故時巡耀武，壺箪迎興國之師。而夕惕賦詩，府庫揭元豐之志。逮兹神筭，潛授將臣。飭戎車於六月之初，見敵情於萬里之外。是絕是忽，肆興兼弱之兵。如雷如霆，繼上膚公之奏。此蓋皇帝陛下挈維二柄，嘉靖多方。式帝命於湯齊，詰戎兵於禹迹。孝思惟則，允懷葍穫之功。遹駿有聲，不逾樽俎之内。是用一月而三捷，豈非暫費而永寧。周索載

疆，宗祊見喜。臣等猥當國秉，徒仰聖謨。截海外而蹕龍庭，將日聞於吉語。成王孚而受天祐，當復播於雅言。○案：《宋史·本紀·徽宗四》："宣和四年九月己卯，遼將郭藥師等以涿、易二州來降"，故知此表在四年。

《朝散郎直秘閣贈徽猷閣待制蔣公墓誌銘》○案：蔣公諱彞，字子有，常州宜興人。祖堂，尚書禮部侍郎，始居吳，故今爲吳郡人。宣和四年，彞知明州，是年六月甲辰，以疾卒於州治之正寢。娶梅氏，政和四年六月壬申卒。其孤以八月戊申合葬公及安人於平江府吳縣至德鄉報恩山之原，使來請銘云。

《莆陽方子通墓志銘》○案：方子通諱惟深，世爲莆陽人。考軀年，終尚書屯田員外郎，葬吳，因留家不去。《叙》稱"宣和四年正月庚辰，興化方公卒吳下，享年八十有三，以三月乙亥葬于長洲武丘鄉汝墳湖西先塋之南。其壻奉議郎、親賢宅講書朱發請銘於史官尚書禮部員外郎程某"，又云"方元豐、元祐間，公賢益聞，以韋布之士閉關陋巷，躬行不言，而孝友清介之風，隱然稱東南。時朱先生長文隱樂圃，二人皆以學術爲鄉先生，士之往來吳下者，至必禮於其廬。朱公晚起爲太學博士，卒三館。公後死三十年，然世終莫得而挽也"；"崇寧某年，有司舉貢籍，以年格應補軍州助教者，就賜勑牒、袍笏於其家，公得興化軍助教。命且至，或覬之曰：'是其志視軒裳珪組亡如也，何助教云。是必辭。'公曰：'君命也。'拜受唯謹"。公無子，"二女，長嫁郟傑而卒，季嫁樂圃先生之仲子發也"。

《承奉郎致仕楊君墓銘》○案：楊公諱懿孺，字彞父，世爲建州浦城人。曾祖有證，贈太僕少卿。祖伉，贈光祿卿。父諱，尚書屯田員外郎。屯田始葬常州無錫縣，諸孤因家長洲，遂爲吳郡人。楊公之没，寔宣和四年二月丁巳，以九月辛酉葬於長洲縣武丘鄉祖興墩之原。其子友夔狀公行實，走書京師，請爲銘云。

## 五年癸卯，四十六歲。

集：

《延康殿學士中大夫提舉杭州洞霄宮信安郡開國侯食邑一千七百户食實封一百户贈正奉大夫王公行狀》○案：王公，常山王漢之也，以宣和五年二月四日卒，後署"宣和五年三月日，從表姪朝奉郎、尚書禮部員外郎、賜緋魚袋程狀"，証知先生母夫人固无恙也。

《宋史·本紀·徽宗四》：五年八月辛巳朔，日當食不見。

《宋會要輯稿》：五年八月一日，翰林天文局言："今月辛巳朔，日當蝕，其日蒼黑雲起，不辨虧分。按《天文占》云：日蝕陰陽相掩，有雲蔽之，即日不蝕。乞付史館。"從之。《永樂大典》佚卷數引。

集：

《禮部賀陰雲不見日蝕表》：伐鼓用牲，方致群陰之責。敕躬正事，實表衆陽之宗。屏翳呈祥，曜靈安舍，休嘉所賴，霄塏均蒙。中賀。竊以堪輿蓋體於陰陽，而大道統陰陽之用。躔次不離於形數，而聖人超形數之先。雖酬酢於環中，實彌綸於繫表。惟章蔀紀元之應，必於日月所會之辰。而疾徐顯晦之微，可見天人相與之際。苟九芒之或眚，繫六職之加修。古昔則然，欽崇斯在。曷若精神之運，默通賾隱之間。淒祁之景載瞻，淳丙之光自若。日之夕矣，言莫喻於初餘。人皆仰之，壤無分於內外。顧密庸之至此，豈瞽史之能知。恭惟皇帝陛下輔相物宜，嚴恭自度。固已斡旋於儀象，豈唯昭格於神明。二十四氣之循環，獨得帝鴻之紀。三万六千之並照，遠追龍漢之圖。眇焉珠璧之交，故在挈維之內。矧分同道而至相過，雖食非災。惟雲膚寸而雨崇朝，適符所望。臣等莫窺工宰，咸席照臨。周德如升，請歌松栢之茂。堯仁斯就，永同葵藿之傾。

《賀管押常勝軍郭藥師進嘉禾表》：豪酋內附，下周索於戎疆。嘉種效祥，表同文於異畝。露章來獻，案諜甚明。是知圠圠之鈞，無復華夷之間。中賀。竊以越裳修白雉之貢，九譯乃通。唐叔歸同穎之禾，千里而近。彼荒忽去來之服，政不及焉。若蕃維禮義之邦，理之常者。未有舉幽燕之絕壤，歸圖籍於攸司。風雷之號始行，天地之和已應。曾是方苞之美，蔚然寒露之區。采芑新田，當鞫旅涖師之際。陳常時夏，無此疆尔界之殊。瑞不徒然，理將在是。恭惟皇帝陛下祉由神介，道與天通。故有開而必先，蓋徯志而丕應。信順兩得，亦何爲而弗成。威德四施，實無思不服。惟厥幽荒之野，豈聞稼穡之饒。慈仁一薰，秀褒交暢，實邊積粟，豐穰何待於湟中。置吏除關，聲教方踰於漠北。

臣等無裨聖治，屢覩蕃鰲。史不絕書，將汗南山之竹。天之所覆，皆爲
壽域之萌。○案：此二表並在秋時，證此先生秋間未丁母憂也。

## 母鄧太宜人卒。

《行狀》：五年，丁母憂。

集：

《祭林德祖文》：嗚呼德祖！經可以振金華之絕業，文可以廣石室
之遺編。望實可以長賢士之關，博洽可以冠群玉之府。儻使典司編
緯，誰之不如？苟惟翊傅王侯，綽有餘裕。身雖肥遁，早遂止足之心。
世莫强留，以興貪薄之俗。此交遊所常竊恨，亦縉紳之所素期。永謝
白駒之維，迄成黃鵠之舉。在於恬曠，實適願懷。第於捐爵祿以收英
俊之時，不無營都邑而遺杞梓之歎。是皆儻寄，奚足置言。唯其孝友
著聞，行爲世楷。清白無纇，動守官規。仕必盡乘田委吏之宜，居則存
飯水食蘗之操。脫迹尸穢，懷寶艾耆。真挂朝衣，不入公府。乃若净
修梵行，諦服上乘。寶藏縱觀，固非薪於日益。明珠不昧，信有得於朝
聞。故於去住之間，了無愛取之累。某早辱忘年之契，實自忘○“志”之
誤學之餘，念日居月諸，老將至矣，而公出我入，如相避然。銜哀東歸，
中止北固。雖數通於音驛，竟莫覩於聲容。如何斯人，遂至永訣！道
義之交無幾，何有百身。孤危之涕易零，爲之一慟！惟是幽扃之刻，託
之垂世之文。少紓吾黨之悲，足示無窮之信。衰衣不弔，莫神坐奠之
初。絮酒斯陳，更深華屋之感。庶幾昭爽，來鑒忱衷。○據“銜哀東歸，中
止北固”二句，知此文作於宣和五年。

## 六年甲辰，四十七歲。正月，葬鄧太宜人于鎮江府丹徒縣五
州山之原。

集：

《先妣遷奉墓誌》：宣和六年正月，葬我先妣太宜人鄧氏于鎮江府

丹徒縣五州山之原，今資政殿學士、吳興郡公葉公夢得銘其墓。

《王八侍郎祭文》：維宣和六年歲次甲辰，七月丙子朔十一日丙戌，從表姪程某謹以茶菓素饌清酌之奠，致祭于表叔寶文學士太原郡侯之靈。嗚呼！天有間氣，是生公侯。剛柔愿栗，賦委異侔。公之所鍾，和厚純靜。大雅恢閎，德人之盛。雖則和厚，不可疏親。靜而不固，既純且明。風度凝遠，絕世垢塵。論議英發，出言成文。視此標鑒，神仙中人。惟初未冠，發策帝庭。拔出人上，譽走四方。爲郡文學，博士先生。葷鹽八年，泊若無營。棲遲三館，出佐一州。入未幾時，遂侍前旒。譬彼瓊異，爲世所求。不疾而馳，顧豈我謀。藹藹其華，秩秩其音。聖主所器，宰府所欽。名位之來，走避不能。公在天朝，寶璐明珠。照十二乘，和鸞九衢。亦猶靈囿，孔翠鸞鵠。羽儀絢粲，光動草木。公治省曹，通達政體。公司誥命，溫厚純美。輿言所期，必相天子。何以占之，惟德與器。庶幾前人，休養康濟。入則諷議，將美贊獻。出把將符，坐嘯輕裘。聊以華國，亦以鎮浮。竊嘗有言，物有定價，人有品儔。金玉之利，不如戈矛。騏驎之用，不如馬牛。較第等差，孰處其尤？世有如公，實第一流。某也不肖，頑頓朱愚。始以童子，拜公南徐。及官太湖，公鎮龍舒。顧睞歎惜，刻畫吹噓。借重培塿，比之衡廬。肝肺開示，底蘊無餘。華首游倦，願言卜居。庶幾親仁，環堵是圖。公聞此言，載色載愉。辱置懷抱，期通有無。孤窮不孝，尋遭禍罰。葬親五州，居計益決。承顏接詞，一日三月。如何不慗，不至耄耋？嗚呼哀哉！吾鄉多士，繼出更奮。公一輩人，凋喪遂盡。公沙五龍，松折山殞。風流醖藉，無復耆雋。昔者曾子，身被齊衰。子張氏沒，往哭之哀。賢哲是痛，弔也歟哉！惟俱不天，怙恃永已。得見父執，如痿暫起。於父執中，厚莫公比。從容話言，歷歷在耳。如何一朝，於此已矣？荒摧之言，顛沛叢委。登堂一慟，有淚如洗。嗚呼哀哉！尚饗！

## 卜居鎮江。

鄭作肅《北山小集後序》：作肅昔爲南徐學官時，偶先生卜居在焉。一日裁書問文於先生，先生翌日答書凡數百言。其要曰："昔之作者，自六經百氏之書、世傳之史、方外之書無不讀。非惟讀之而已，取舍是非，了然於心。其粲然者，我之文也。而資焉者，六經、百氏載籍之傳而吾自得者也，然而莫見其迹也。"嗚呼！先生論文淵源如此，則謂其文辭在司馬遷、班固之間，未爲過也。

集：

《答鄭教授書》：八月十二日，某叩首，教授恭老承事：某禍罰待盡，斬然哀疚之中，執事亟見臨。雖荒憒未能究所蘊，然嗜學不苟，有志於道，固已得其概矣。今者辱況以書與所爲文六篇，且告以讀書業文恨不及古人，爲文以示人，或過情面譽，又恨世之人莫可與言，而思先進於是者，出其有以警其所未至，而猥以見推。雖公之嗜學則然，而猥以見推，與夫稱借之辭，皆非所敢當也。然講學廢久矣。古者士相與處於燕間，其所謂切磨之益者，爲是故也，豈獨師長之任哉！然古之所爲講學者，行與文而已。蓋文之用於世尚矣！六經百氏皆文也，世之人有以經誼文辭判爲二，是既其文，未既其實也。且六經者，義理之所在也，文而不根於理，何是謂之文哉！文固不可以易言之也。昔之作者自六經、百氏、世傳之史、方外之書無不讀之，而後取舍是非了然於心也。探其原，撮其英華而摭其實，汪洋閎肆，充然於內也，而後時發於文辭，故不詭於聖人之道，經世而行遠者，皆是物也。其粲然者，我之文也。而資焉者，實六經、百氏之傳而吾自得者也。然而莫見其迹也，譬之飲食，稻粱、膾炙、醲醯、果蔬無不食也，所以養其血氣充其體膚者，不可以枚數也。而渙然漸漬於內，盎然浹於吾之身者，實飲食之滋也。若夫食飯一升則果然如飯者長於背，食炙一臠則塊然如炙者隱於面，則亦不可以爲人矣，非是之謂也。故知誦六經、百氏、歷代載籍之傳以發于文辭者，非一日之積、猝然之功也，是所以貴於學也。發而見於行已，一也。然則文固不可以易言之也。觀執事之文，如所示書及策問，比《下蔡縣門記》《毛內相書》，似有間矣。以歲月求之，適數年耳，而進之不已如此，其未可量也。誠愛吾子才質之美，於微言細事皆若不苟，又嗜學如此。既有意於是，從事之久，且知其不可以易言之也，蘄至於古人之所至而已。某空無有，辱吾子之勤，敢以鄙見陳於前，惟擇之而已。荒憒不文，得一忘十，不能卒所談寡淺，尚冀面款。前日所言文章以氣爲主者，非豪舉怒張高言急節之謂也，如柳子厚之所云殆是，不次。某叩首。

《次韻葉內翰游西余山用袁奉議韻甲辰》：平子愧明略，長卿真倦游。笭箵儻可佩，瑤玉豈復舟。舊聞西余老，猖狂白蘋洲。毫端寶刹見，塵起大地收。奮迅師子王，蚓蛙視蛟虯。向來大滌翁，晚節萬戶侯。襄陽一轉語，富貴真雲浮。此道久已微，碔砆混琳球。念昔過苕霅，尋谿亦經丘。同游今安在，十載一瞬眸。嘗與江仲嘉至西余。幾慾掛長劍，刻舟笑延州。焉知甕中人，寂默無春秋。香爐著古廟，一念萬劫休。安得五畝園，良苗接平疇。脫身飢寒外，結及高勝流。二邊無餘習，六賊可盡劉。誰能使危腸，一日一萬周。須公謝三旌，故事追羊求。青鞵一幅巾，來往山之幽。且復載明月，深潭戲垂鉤。

## 七年乙巳，四十八歲。復除禮部員外郎，以病告老，不俟報而歸，坐責。

《行狀》：七年，復除禮部員外郎，以病告老，不俟報而歸，坐責。

《宋史》本傳：除禮部郎，以病告老，不俟報而歸。○案：史傳，禮部郎除命，失於分書。癸卯略去，丁艱乙巳，不及坐責，均乖事實，茲依《行狀》正之。

集：

《閏唐待詔顧德謙畫入貢圖贊》：大道之行，人無斁懷。泊焉相忘，莫往莫來。逮德下衰，親譽畏侮。邇之不能，緊遠是務。招徠不足，求以兵旅。有服斯叛，無得何亡。我觀此圖，掩卷慨慷。"宣和乙巳八月，舟行道睢陽，趙叔問携此圖過河亭共閱，爲題此贊。"據此贊注，先生蓋以秋間歸也。

　　《寶文閣直學士中大夫致仕太原郡開國侯食邑一千四百戶食實封一百戶贈正議大夫王公墓誌銘》○案：王公，衢州常山王渙之彦舟也，以宣和六年七月四日病卒。越十一月十日，葬于丹徒縣長樂鄉馬鞍山之原，合諸碩人滕氏之窆。明年，其孤樵以狀請銘於先生云。

## 欽宗靖康元年丙午，四十九歲。

集：

　　《鎮江府鶴林天寧寺大藏記》：稽首正覺尊，最勝放光者。具足功德聚，智海如虛空。善達於一切，衆生心心相。似無塵垢輪，及無所行輪。無示無説中，而爲説正法。不爲有蘊故，有處及有界。無明至老死，故説如是法。諸法寂滅説，是名無姤○當爲"垢"輪。譬如大日輪，依空而不住。無礙無取舍，普照無有邊。隨三乘根器，宣説無所著。非有亦非空，非即色離色，非即離涅槃，而空無所有。是輪無取行，利樂於衆生。我觀諸如來，所説修多羅，乃至未曾有，優波提舍等，皆以一言音，而説無量義。皆以一文字，而顯諸言音。音中本無字，字中亦無聲。聲不爲字故，而作種種聲。字不爲聲故，而現種種字。有無玄莊嚴，生滅迭成壞。然非有無攝，亦復無没生。不即是字言，而有諸句味。不離字言故，而見妙法門。如是而出生，當處而解脱。一句攝一切，無盡入無餘。是陀羅尼輪，究竟叵思議。諸來四衆等，及補持伽羅，當觀是藏輪，與佛非一異。諸佛無住著，轉無上法輪。爲壞衆生道，煩惱苦業三。歷劫如河沙，而轉無所轉。是輪云何轉，雖以風和合。彼佛[1]大神足，無體無自性。轉處不可得，寂轉轉常寂。無以生滅心，墮彼顛倒想。我以法施已，次當述因緣。惟此朱方城，天寧大禪利○"刹"之誤，長老禪鑑師，其名曰道潛。來傳正法眼，於刹那婆那，牟呼栗多間，常轉如是事。游兆敦牂歲，紀元曰靖康。爲利諸有情，始作

---

　　① 　原書作"彼彼"，據徐裕敏點校《北山小集》改。

大經藏。無爲寶相中，示現有爲法。惟旃陁羅衆，再入朱方城。如彼波卑椽，更來作嬈害。而此禪鑑老，正念得自在。安詳若無見，和顏以軟語。徐説後世畏，摧彼憍慢幢。譬於火聚中，而出芬陁利。是阿蘭挐處，既不隨變滅。巍然法寶藏，迄成就莊嚴。屹如須彌盧，見者歎希有。城中有居士，氏名曰程俱。清净三業中，流出無盡藏。爲記如是事，説是諸伽陁。爲無量衆生，回向薩云若。○案：此記稱“城中有居士，氏名曰程俱”。證知先生其時固居鎮江也。

《宋故尚書吏部員外郎鄭公安人錢氏墓誌銘》○案：錢氏，鄭絳之室，作肅、作乂之母。靖康元年六月二十一日，以疾終於吳郡里第，以九月二十七日合葬於吏部之墓，實吳縣長洲鄉龍館山之原。前期，以狀來請銘云。

《何瞻聖博士兗新年八十口號奉賀三首》：懸弧嘉祐太平年，壽帙行開第九編。可但天公錫難老，棗梨仙樹植三田。　漆書行復開藏壁，金版方思得釣璜。何似懸車無一事，逍遙塵表壽而康。　四朝冠蓋三更變，萬國兵戈戰百場。屈指鄉閭數耆舊，幾人能似魯靈光。白樂天言時俗謂七十以上爲開第八帙，故是詩有“壽帙行開第八帙”之句。伏生年九十，漢文帝使鼂錯往授《尚書》。四朝謂元豐、元祐、崇寧、靖康。○“八帙”，當爲“九編”。

《同葉内翰遊南峰竊觀壬辰舊題詩謹次嚴韻》：道林彌天辯，妙譽傾斗南。山陰有餘賞，禹穴或已探。晚歲折舌笻杖，兹焉寄伽藍。呼鷹閱神駿，對客手自談。卻顧夸奪子，心兵戰方酣。當時蹇驢董，蹣踏豈所堪。斯人不可見，荒徑昔已諳。青鞵踏松月，幽燈照禪龕。尔來十五年，○案：自壬辰至丙午爲十五年，故以比詩繫諸丙午。身世猶朝三。羈游了無蒂，飛蓬轉毗嵐。愧此石窟人，堅持證那含。石庵間有道者坐禪。如公世所挽，明堂要樟柟。徘徊弭玉節，聊酌需泉甘。老乃澗底松，霜枝鬱粼粼。尚有蠹書癖，囊中密如薑。中年痼泉石，此外無餘耽。從公恣幽討，形疲意猶貪。安得五畒園，旁營二空庵。心游萬物表，曠若巨海涵。恨無買山具，撫境思犀參。郗超每聞高隱者，輒傾財資之。

《房太尉傳論》：天寶末，天子避盜劍南，房琯以憲部侍郎上謁普安，建遺太子、諸王鎮諸道。於是太子爲元帥都統，治兵朔方；穎王璬鎮成都，凡劍南、西川、山南、西道之師皆屬；永王璘鎮荆州，凡山南、東道、江西、嶺南、黔中之師皆屬；豐王珙領河西、隴右、安西、北庭；盛王琦領江東、河南、淮南節度。珙、琦皆不赴鎮，故云“領”。禄山在京師見制書，撫几驚咤曰：“誰爲上畫此謀者？吾不得天下矣！”自燕兵橫潰四出，天子戾馬走西南，二京遂爲盗守。方是時，天下不知屬車之在所，趙、魏、秦、鄭、梁、宋之吏不種族無類，則懷印易衣而走耳。甚則開關除道，扶服叩軍門。其郡縣之民所爲震心褫魄、驚動耳目者，非大燕之號令，則其旃旗兵甲與夫高車大纛爲賊媒者也，天下必以謂遂無唐矣。然於此時，諸鎮崛然聲治，兵問其帥，則皆天子之子也。夫以帝子之衆，名天下之兵，“名”如“名田”之“名”。據走集，張形勢，雖不與大盗角逐，而天下之心固已有所繫矣。則是懷忠殉國者有所恃而赴功，聞鷄夜舞、並驅逐鹿之人，亦有所憚而不爲矣。余嘗論之：天下之事，理近而功顯者，雖常人可與去知焉。至於無用而有功、言迂而效切者，非明於大而進於幾，蓋不足以權此。且亞父以楚心致民望，武信君以范陽令下燕趙，淮陰以赤幟殲趙軍。楚心非賢王，范陽令非國士，赤幟非利兵也，然三人卒賴以濟者，豈非所謂無用而有功、言迂而效切者類乎？夫諸王不足以鬬强虜明矣，而琯實以此繫天下之心，此琯之謀大識遠，所以越常情萬者也。然則中興帷幄之功，果孰爲大？而賀蘭進明徒以偏忿毀言激怒人主，反其功以爲罪，而肅宗遂信而疏之。使肅宗有君人之明，其思之矣。若曰：“吾既以元帥起北方，北方之重兵賢將吾有也。西綴關中，北俯賊巢，便利之地也，而誰忌乎？”雖然，天下大物也，非有道者不能遺物，非有公天下之度莫能達天下之大計。若肅宗，宜其怨而疏之矣。自天寶、至德後，名相不爲不多，而琯獨巍然有大臣之望，天下稱之曰“房公”，至名世立言之士，莫不斂衽改容，稱其道德，此豈私好而然哉？然琯之本謀言不見於編册，顧因進明之譖而後世知謀之出於琯也。至逆胡撫几之事，則史無傳焉，獨見於司空圖之詩。圖親仕唐室，司詞命，至大官，其言必有自，可信不疑。余觀德宗之幸奉天也，李晟請駐蹕邠梁以繫天下之心。僕固懷恩紿回紇以入寇，亦曰天可汗棄天下，中國無主，衆是以從。彼逆胡智宜足以知此，是其所以撫几而歎耶？○案：先生著《論》之年無考，據《宋史·高宗紀》：“靖康元年閏十一月，欽宗遣閤門祗候秦仔持蠟詔至相，拜帝爲河北兵馬大元帥，知中山府陳亨伯爲元帥，汪伯彦、宗澤爲副元帥。仔於頂髮中出詔，帝讀之嗚咽，兵民感動。十二月壬戌朔，帝開大元帥府，有兵萬人，分爲五軍，卒以此成帝業。”意先生此論或即感於是事而作，故即附之本年云。○《困學紀聞·考史》：“司空圖《房太尉》詩曰：‘物望傾心久，匈渠破膽頻。’注謂：禄山初見分鎮詔書，拊膺歎曰：‘吾不得天下矣！琯建遣諸王爲都統節度，而賀蘭進明讒於肅宗。以司空表聖之言觀之，則琯建此議，可以破逆胡之膽。《新唐書》采野史稗説，而不載此語，唯程致道著論發揚之。”王氏自注云：“晉以琅邪立江左之業，我宋以康王建中興之基，琯可謂善謀矣。”○案：王氏此注可見作意，故并録之。

# 程北山先生年譜卷第三

蘭谿 葉渭清 編

## 二年丁未,五十歲。夏五月,康王即皇帝位于南京,大赦,改元。轉朝請郎。

《行狀》:歲餘,今上登極,轉朝請郎。

集:

《寄潛老求菊栽丁未》:東籬終日對南山,三徑荒蕪十畝寬。正欲秋英媚幽獨,可令霜鬢苦高寒。○潛老,鎮江天寧寺僧道潛也。

《和潛老秋日山中三首》:夜漏初添數刻長,毛塵何足較牛羊。道人一念三祇劫,春草秋花自在香。《佛本行集經》云:"七羊毛頭塵成一牛毛頭塵。" 籛龍變化九天去,草木如空冀北群。竹林之游寧復得,邈若山河懷五君。《五君詠》,蓋竹林諸賢也。 琅玕摧空一葉下,塵鑑出枰南山高。臥看微雲澹河漢,佳句不復推亭皋。○案:此三首不注甲子,以類附此。

《得小圃城南用淵明歸田園居六首丁未》:城南美林麓,城上皆青山。山光照庭户,於此可盡年。穰穰千石區,化作魚蒲淵。秋菓渺無際,紅鮮間田田。○案:《陶集》"田"下又有"間"字一韻。邂逅得小隱,連山在其前。流泉帶其左,松篁挼風煙。它年營把茅,不待雪滿顛。寧圖五鼎食,坐失十載閑。願比小人腹,一餐期果然。 説難死韓非,法敝欺商鞅。當時軒冕計,肯作刀鋸想? 辰來陰影集,事過流電往。胡爲意無窮,機械日爭長? 俗中多局促,正覺斯道廣。斯道不可迷,荒塗闖榛莽。 年大百無味,區中故人稀。京江一都會,卜築行當歸。儻回故人車,雲關訪荷衣。時來吐情話,未覺世相違。 餘生甚窮獨,四海誰與娱。故鄉道脩阻,宛在太末墟。向來親仁意,正擬城南居。烏衣丈人行，玉樹珊瑚株。所冀隣里間，徜徉從所如。如何漳濱卧，使我恨有餘。會當悟杯蛇，靈府静以虚。且復陪杖屨，敢言通有無。　緬懷斜川人，勝日追隣曲。超然睇層丘，鷄黍聊自足。卻觀夸奪子，勝負一棋局。空懷千歲憂，晝短思秉燭。○案：《陶集》"局"作"屬"，"燭"下尚有"旭"字一韻。　長安冠蓋區，九軌三廣陌。不知烏帽底，誰獨適吾適。定無羊求子，相與數晨夕。莫言三徑微，永杜聲利隙。流風有仍孫，心不受形役。朱門見蓬户，華榜標世績。二仲儻可晞，忘年賴謙益。此篇屬蔣尚書仲遠。○案：《陶集》此題有六首五首之異，先生和作六首，証知所見《陶集》亦有末一首，與李本《陶集》同。

《次韻和江子我道中絶句七首丁未》

《初入雁蕩山》：雲關深掩裂荷衣，卻著青衫扈六飛。雁蕩峰前瞻使節，一星還傍紫垣歸。兵部領駕庫二部，故有"扈六飛"之句。　名山無復見金堂，盡日蒼巒對夕陽。還向江城動悲思，背人驚雁兩三行。山南曰朝陽，山北曰少陽。○案："少陽"，"夕陽"之誤。

《羅漢洞有經一藏》：人間結習盡無餘，肯向諸天五净居。寶藏至今留洞穴，應真時有讀殘書。

《雲巖寺》：鋤姦未辦煩温造，督戰聊應問石雄。行遍江南好山水，不妨仍在嘯吟中。

《新城道中許敬宗新城人》：遺臭千秋信不磨，當年意氣奈君何。長沙老獠雖流落，身後聲名得自多。　藍輿度水復穿松，三紀回思一夢中。壯齒佳時那復得，蕭蕭華髮對秋風。元祐庚午歲嘗至新城。

《楊梅》：吳兒真是休○"沐"之誤猴冠，欲比楊梅荔子丹。不用紅塵占使騎，畫船飛楫向長安。

《避寇儀真六絶句》：二紀重來一葦杭，脱身兵火走風霜。安如老境今如此，滿眼旌旗兩鬢蒼。　北固山頭竪白旗，西津渡口僕姑飛。將軍笑引三千騎，洗馬鵝翎間道歸。是日聞浙西總管提兵自瓜州取道儀真，度長蘆，便道趨杭。　江漢長哦向渺茫，白沙朱雀正相望。東巡百萬臨瓜步，拭目中興望我皇。　拜表時時上閣開，九重葱鬱信佳哉。天旋地轉會有日，填咽都門龍御回。　　瑤臺侍臣不可作，嚴谷道人今也亡。杖藜○當爲"藜"三徑非無約，一笑凌雲有底忙。往與王八丈彥周經由儀真歸浙，至鎮江，遇友人江仲嘉，今二十四年矣。　　茅茨低小對青山，准擬餘年向此閑。南望青山是黃鶴，欲憑黃鶴寄書還。

《泊舟儀真江上連日風雨作六言遣悶四首》：洶洶風號萬竅，冥冥雨暗長江。午夢歸尋三徑，南山恰對書窗。　　常寂光遍一切，勝義諦即世間。正自縱橫五位，不妨透脫三關。蝸廬有佛室曰"常寂光"，小齋曰"勝義"。　　韋杜去天尺五，鯤鵬擊水三千。作意公能活國，餘生我得安禪。

上流下流兵渡，江南江北人歸。寒盡春生梁苑，天旋日轉皇畿。

《庭菊爛開招子我共賞而空無酒飲聞瓜洲酒美遣酤數升殆如灰汁戲作三絕句因以酬九月四日戲贈之作》：慳囊不瘦空四壁，只有黃花如散金。急遣藍輿喚居士，飲溪餐菊對幽吟。《楚詞》："夕餐秋菊之落英。"孟郊詩云："日暮飲溪三兩杯。"蒲萄餘瀝不到我，買酒得漿飜自嗟。安得長江化爲酒，亦分春色到貧家。酒有洞庭春色。　　疥癬終非腹心疾，身如空聚任爬搔。惡酒未應勝茗飲，消憂聊以永今朝。時子我方苦疥癬，不飲。

《寄李樞密論事劄子》：某昨者伏聞朝庭遠馳召節，允副具瞻，尹正王畿，進職秘殿，有識欣賴，隱如長城，屬寇入已深。中外隔絕，大變猝起，二聖北征，率溥之情，痛憤難過。況碩德純忠，股肱柱石，其爲痛憤憂灼，何以堪處！幸天命人心，未忘有宋。今皇帝適以元帥揔戎于外，德業隆重，四海樂推，聿承大統，宗廟社稷、華夏生靈永有依歸，幸甚！傳聞車駕駐蹕南京，或云亦已遣兵肅清宮闕。或云方議巡守江淮，料須及時早定大計，緣今已是深夏，更數日即是六月節氣，不數十日，水冷草枯，諒惜分陰，當無曠日。此正主上大臣焦心盡瘁、嘗膽枕戈之時也。伏想亟趨行在，擯發廟謨，惟時幾以佑聖主，使宗社永固，皇業再隆，天下各安其生。某得長守丘園，與蒙膏澤。下情無任翹企之至，不敢具狀以塵鈞覽，輒具劄子，少叙悃誠，伏幸賜察。

某竊以前年虜人犯境之初，宰執侍從如竹葦林，下至郎吏小官，震

動失色。而明公以一太常少卿，忠智奮發，惟國大計，感憤激切，言與
涕俱。當是之時，止則天下是念，曽身之不暇恤顧，豈有貪功懷利之心
哉！開寶話言，龍天實在，此固某之所以歎息面讚、自愧駑懦者也，雖
罪廢之中，忘其取禍，切切爲人感慨稱述者已。然當是時，明公以疏遠
一旦爲上畫策，如數一二，任國大事，奮不顧身。旬日之間，位冠樞府，
中外之望，頓重益隆，此固古人之所甚畏者也。夫大名難以久居，驟貴
衆所深忌，而又以疏遠之士一旦謀畫忠勇，遂蓋在廷之臣。嗚呼！斯
亦危矣！虜退之初，某在南徐，客有誦明公謝表者，其言實壯。而某愚
不曉事，雖對客歎仰，而心竊爲左右懼焉。它日東下，士於是有以矜伐
自任，斥明公者。某竊恨之。高明安得有此，殆不知之過耶？夫任大
事、立大功，望實蓋人，可謂處甚危可畏之機也。非示之以不能，持之
以謙退，求無嫉忌顛沛，不可得也。觀龔遂治渤海，其功亦微耳，而王
生教以詭對。淮陰侯下趙，方北面師降虜而問計策，其下而取之，所以
盡其力也。況以能問不能，以多問寡，詢于芻蕘，樂取諸人以爲善，固
明公之所饜飫者已。使其人與其言可用固善，即不可用，何損於才略
威望哉！願觀文堅前日忠勇奮發、憂國如飢渴之心，而加古人深崇退
抑之意，則朝廷有柱石之賴，而天下蒙帲幪之賜矣。某欽向之素，固非
一日。伏自昨者數奉光儀，益窺器業之大，德義之美。傾頌之切，如前
所陳，而誤蒙知與，亦異論輩，是以忘其罪戾，敢獻區區之誠，非欲明公
永無忌嫉顛沛、全身保位而然也。某觀今艱難之時，其德義才力足以
任大事、衛王室、赴斯人之望者，非唯駑鄙所窺，實在左右，而有識之士
皆然。古人所謂"身安而國家可保"者，非特爲明公計也，是以僭易有
言，伏俟譴絕。方今天下譬如人身，五臟久虛，忽得大病，危困之極，賴
元氣尚在，瘳而復蘇。正須所服湯劑，物物中病。所進飲食，一一適
宜。不使少失平和，不可少有傷忤，倍萬調護，然後可望復安。此正主
上宵衣旰食、焦勞嘗膽之時也。然主上初即位，諒謙恭退託。委任大
臣，則安危治亂之機，中外諸鉅公之責也。非至公至仁、至懇至儉，深

思遠慮，未有能濟者也。非如諸佛菩薩、禹稷孔孟用其心，亦未有能濟者也。竊有愚款，思布於諸公，則罪廢之餘，加以久病，誓不求聞，其身欲隱，而不藏其狂言，將爲不知者之所疑誚矣。然念世蒙國家涵養之恩，又嘗食郎吏之錄矣，駑懦無以圖報毫髮。又況天下無事，藿食者與蒙其福，天下有事，塗炭先之。故不勝感概激切之心，布於左右，亦冀此言稍聞於諸公。雖得僭越狂妄之罪，不敢辭也。王、蔡之所以爲相，固諸鉅公之所稔聞而深戒者也。若徒知王、蔡之罪，而不變王、蔡之術，未見可以弭亂也。大臣之患，莫大於懷利而患失，苟利於己，悖理不恤也，越法不恤也，傷財不恤也，害人不恤也，敗國事不恤也。積而至於無所不至者，皆懷利患失之故也，而不知利之所以爲害也。今艱難陧杌如此，固非懷利患失之時也，諸鉅公固非懷利患失之人也，此一事無可慮矣。然而大臣之患，又莫大於怙權而好勝者，不可不察也。人臣初孰不欲言聽計從，久安於位，無所取疑於上者，而肯取怙權之名哉？積好勝之心而不已，必至於怙權也。何以言之？進一人焉，建一事焉，初亦漫耳。同列偶有異同，臺諫偶有論列，於是所進之人遷之愈驟，所建之事行之愈力。我之所進，雖小人而衆所不與，必力援之，親戚廝役不遺也。我之所惡，雖君子而時之彥也，必顯擠之，芥蔕不置也。是不唯出於好勝而已，意天下以己爲言不行也，意天下以爲眷弛而權去已也，故極力而捄之耳，如是則無非一己之私者。君之威福、事之是否、國之安危，果安在也？人臣而有怙權之名，免於禍者鮮矣。是不知好勝所以爲大不勝也。大臣之患，莫大於爭能而護短者，蓋不可不察也。大臣之於國，譬之操舟。今者中流遇風波之時也，苟可以濟，不問其力之出於我歟，出於彼歟。謀之出於我歟，出於彼歟，求於濟而已矣。舟一敗，吾肉且爲魚鼈食，何人我聲利之足云乎！則是雖有胡越之殊、鬭很之志，過溢之言，亦必協心而取濟矣。若曰："寧使覆溺，吾必去若人，功必自我出。"如是而可乎？豈有國之大臣而智出操舟者之下哉？必不然矣。天下之事無窮，以二三股肱之力佐一人，而求所

行之事無不當，所用之人無不堪，亦無是理已。使公道常存，正言日
至，則雖或差失，而害不及於天下矣。以天子之尊，而古有繩愆糾謬、
拾遺補闕之臣，而人臣乃欲護短遂非，此何理也？上則開天子拒諫之
心，必曰：「大臣有所爲，衆不得議，而我之所欲乃不得行」，雖忠言至
論，亦將不聽矣。下則長朝廷壅蔽之患，初則一事不合政理，一事不猒
衆情，言之不行，又嫉言者，至再至三，而獻替不聞，是非倒植矣。天子
拒諫於上，朝廷壅蔽於下，此亂亡之兆也，蓋亦不思耳矣！夫身處將相
之位，而當予奪生殺之柄，此可畏之地也。朝有過舉而言者敢論，進有
非人而同列獻疑，此助我者也。豈唯有助於政理問譽之間哉？抑使下
不忌而上不疑，知無怙權作威福之事也，豈非助我之大者？此而不圖，
顧且力排公論，取必人主，此可謂之智乎？昔之大臣交惡而取勝者，又
倡一説於其間，此説一行，而天下之善言滅矣。其説何也？臣下有言
於上，於理雖當，而非甲之所便與所欲聞於上者，則爲之説曰：「此乙之
黨也。乙惡臣，使之爲此言耳。」又摘其言，委曲爲之説曰：「其言如此，
其意將以陷臣也，其意將以搖某事也，其意將以黨乙也，爲乙游説者
也。」而乙於甲亦然。臣下有言不便於近習之意，則曰：「是廟堂使之
也，此出於中旨故也，若出於宰執之意，則言者不敢言矣。」如是則言者
每至，雖有至誠愛君憂國之心，解紛排難之計，雖有謨如皋陶，忠如稷
契，論事如陸贄，激切如劉蕡，而人君若不聞矣。豈唯不聽，適足以取
怒而已，蓋以爲皆飾説游説之詞故也。如此則是常以僕妾鷹犬待朝廷
之臣，而永無守正自立之人矣。嗚呼，其厚誣天下而欺吾君也，亦甚
矣！凡此皆足以變亂是非，隳斁綱紀者。是非變亂，綱紀隳斁，則事無
不乖剌舛繆者矣，如是而有不亡者乎？乃若言至以道揆之，事至以道
揆之，而勿措私情於其間，則是非利害之實無不白矣，豈讒巧之所能眩
乎？昔者夏姬以淫蠱亂陳，楚王伐陳而取之，將納夏姬，申公巫臣諫，
於是捨之，而巫臣妻之。它日楚王怒。或曰：「彼自爲則不忠，爲王則
忠。」王乃釋然，此楚王之所以霸也。當是時，楚王當論夏姬可納不可

納，巫臣之可聽不可聽，不當以巫臣懷不正之意而疑其言也。能推是心以納諫，則如前甲乙之論不入矣。公甫文伯死，婦人為之自殺於房中者二人，其母聞之不哭也，為其於長者薄而婦人厚也。唯其言出於母也，故為賢母，使其婦言之，不免為妒婦。夫言一也，而言者異則人心變矣，然則觀言者當論其言之是否，而不當論言之者何人也。雖推是心以聽言，則如前甲乙之論亦不入矣。不唯甲乙相陷之言不可用也。苟聽言之際不究理之是非、可用不可用，而先懷逆詐、億不信之心於其間，則善言無自通矣。此最人主大臣之大患，蓋不可不察也。某又竊有腐儒之常談，往古之成事，思一誦焉。雖遼東白豕之類，亦當今之急務，前日之成戒也。昔諸呂之變，劉氏不絕如綫，陳平以為憂，問計於陸賈。賈固辯士，多智謀，乃不為畫誅諸呂之計，又不為言所以安劉氏者，獨言“天下安，注意相；天下危，注意將；將相和，則士豫附”，教平以交歡於周勃者。陳平固謀畫之士也，又不以賈為迂闊而深然其言，因以數百金為勃壽，往來相結納，相得歡甚，卒誅諸呂。此何謂也？蓋賈知平之智術、勃之蠢勇，足以誅諸呂而安劉氏。所不知者，二人相與之情耳。使平、勃和則協心而事濟，一有纖芥不平之隙，則方且傾擠防慮之不暇，亦何事之可濟乎？此艱危之際，蓋莫急於將相之和也。且藺相如一勇夫，持璧睨柱，尚氣決之人耳。廉頗不忍以力戰之功而位其下，聲言眾辱之。相如引避而不較也，以謂國方危弱，秦之所不敢加兵者，以二人在也，今兩虎共鬥，勢不俱生，故先國家之急而後私讎也。頗聞之，肉袒負荊而謝，歡好如初，而趙國賴之。彼雖勇夫壯士，可不謂之賢乎？此皆所謂腐儒之常談，往古之成事，豈有通儒碩輔，博洽明智，肯忽國家之大慮，快一時之褊心，而計出廉、藺、平、勃之下者乎？必不然矣。夫和異於同，固儒士之常談而熟知者。然好同之風不革，則必至於不和，此最當今之急務也。夫當今之急務，豈不在於練卒選將，足食足兵，還二聖之北征，禦強虜之南牧乎？是固然。使君臣之間、廟堂之上和而不同，人無彼我之分，事無適莫之意，唯理之從，則利

害無不明，事功無不立矣。苟好同而不和，則反是，反是則亂亡之道
也。故竊以爲當今之急務也。且同則宜若無所生其隙矣，而某以謂好
同之風不革，則必至於不和者，何也？蓋自公道不行，好同之風通於上
下，大抵以獻忠爲議己，以商榷爲立異，以可否爲相排，以雷同爲厚善。
於是雖親戚朋友，有懷不敢吐，有見不敢爭，初則爲後言，終則爲怫氣，
二者交違而暌矣，而況廟堂之上乎？何則？强之使同，壅之使止故也。
積不快爲背憎，持公言爲造膝，其不爲仇敵者幾希，此好同所以必至於
不和也。嘗聞祖宗時，廟堂之上鹽梅可否之論，無日無之，豈相排而立
異哉？各盡其謀國愛君之心而已。方杜、韓、范之當國也，世所謂同心
而厚者也。且以永○"水"之誤洛一事觀之，一以爲可城，一以爲不可，一
則是劉滬，一則是尹洙。然不聞三人者失平生之歡也。使有一人出於
私情，一言不相照了，則必暌矣。大臣暌貳，豈國家之福哉？世或以謂
人主不欲臣下和，恐爲朋比，故激使之暌，以爲御下之術。大臣亦或故
爲痕隙，以攘取寵位。嗚呼，何其小也！天下大器，而可以小數御之
乎？未有能長久者也。若人君以道遇臣，臣下以道事上，選擇委任，疇
咨訏謨，使各盡其所懷，善者從之，未盡善者改之。可者用之，不可於
衆者去之。同不爲朋比，異不爲乖暌。刑賞與衆共之，憂樂必以天下，
則所謂"無作好惡"、"無偏無黨"、"無反無側"，而皇極之道立矣。前所
謂以道者，豈微妙慌惚之謂哉？亦上合天道，下合民心，惟理是從，而
不置私情於其間而已。言之雖若迂闊，此治亂存亡之判也。方今如起
危困之病，如濟風波，如救焚溺，若是其急也。所爭者晷刻，所計者毫
末，頃刻之積，毫末之差，而事有不勝諱者矣。狂率，死罪。

　　某竊以天下多事，取人之路雖不可不廣，然亦當使君子小人各當
其位，不可以艱難多故而遂逆施倒植也。何謂各當其位？常使君子使
人，小人使於人。君子治人，小人治於人，則雖市井屠販之人，雞鳴狗
盜之伎，與夫群盜大猾，雜處並進而無害也。況今與漢高祖時不同。
漢高祖起匹夫，方與豪桀競逐爭天下，所用將才策士耳。不如今立國

有天下二百年，所謂聖智之法、適治之具具在。主上紹業垂統，正當與賢能，內維持紀綱，外攘備寇敵，雖艱難之時，不可失體統也。又況漢高所取，皆實名將之才，世亂無所用，適在市井屠販中耳，非取市井屠販之才而假以名位也。至叔孫通所進群盜，亦皆善戰而已，不使之經體贊治、謀國牧人也。蕭曹雖出刀筆吏，亦賢相之才也，世亂無所用，適在刀筆吏中耳。觀其所立，識大謀遠，又有公天下之心，持身以恭謹，佐治以清淨，有後世名相碩儒之所愧歎而莫及者，皆不可一概論也。某竊憂當國任事之賢急於事業，廣於搜羅，不究古人之所以，而操其所謂不遺市井屠販與夫使貪使過之說，而思之○當有“不”字至，取之不精也。事業誠不可緩矣，若使君子小人不當其位，則適足以敗事而已。蓋數十年來，以凶狠犯上無所顧忌者爲敢爲，以刻薄貪躁夸誕不遜者爲智謂。以居家，則持吏短長，爲姦利以致富。爲吏，則御下如束濕，任喜怒。以騁私者爲才豪，以伺顏色於眉睫之間、射權利於角逐之會者爲機警。若比○當爲“此”類者雖小有才，可以使於人而不可居師表一方之任，可以治於人而不可以當承流宣化之地，可使效一官、營一事而不可使牧養小民，又況過此任乎！蓋使之當一州，一州不安。當一路，一路不安。不唯不安，又不服。天下之人不安不服，而求事功之立，豈可得也！不然，極其凶躁之心射利之術，則亦至於亂亡而已矣。天下赤子罹兵革離亂之餘，若又引此曹以臨其上，使依勢倚法以肆其毒，斯亦不仁之甚矣。譬如以莛爲柱，以狼牧羊，有傾壓傷殘而已，蓋無幸也。此區區媭不恤緯之心，所以強聒而深憂者也。願明公無忽淺鄙之思，苟以爲是，一爲明主精言之，亦天下之幸也。

　　某嘗竊謂承平久安之時，革弊事爲難。創業興衰之時，革弊事爲易。蓋承平久安之時，人皆樂因循、積僥倖，一旦革之，必駭物情而斂眾怨，終亦掣肘而不得行，故曰○當有“難”字艱虞之時，天下之人自非樂禍怙終、好亂不逞，無賢不肖，必有憂事捄死之心，庶幾休息之望。苟誠心庇民，革弊去害，則亦唯上之所爲而已。譬之居室，無事之時，雖有蠹壞，思欲葺而新之，則居安者重遷，主財者惜費，左支則右傾，工堅則材寙，蓋不勝其難也。不幸爲水火之所墊焚，盜賊之所戕毀，勢必一撤而更之。凡前日商榷之所未定，面執有所未安，材植之有朽敗者，於斯時也革因去取，必使至於無可恨者而後已。抑時之不可失也。弊事之所當革者，姑以重爵祿、省冗官、裁僥倖言之。祖宗之時，建官不多，而事無不舉。元豐官制既行，文物大備而不盡除。時中書舍人曾鞏、趙彥若而已。林希以館職爲禮部郎中，猶兼著作。王古自提舉官除司農丞。其初遴選如此，元祐加密焉。至紹聖間，中書舍人、給事亦多兩員，尚書省六曹長貳不盡除，卿少、郎官多闕，郎官宿直，六曹通輪，此可見也。館職亦不過數人，雜學士、待制有數，未聞闕事遺才也。自崇寧初，除官皆足，於是所選不精。所選不精，則官職稍輕，而下不厭服矣。又從官之中，每有遷移貶責，多不補以舊人，俾之出入更用，但欲成就門下之人，且示權勢之盛，不復爲官擇人、爲朝廷惜名器也。一歲必增從官十數，由他岐以取待制、學士者又不論也。今亦可以循祖宗之舊，使爵祿稍重乎！若省冗官、革僥倖，又不可失之時也。然何獨此耳，凡可以改爲建立，使足以去弊害而裕國家者，此其時矣。此太祖所以創業垂統規模宏遠者，亦因草昧之時，故得從其志耳。今雖不同，然興衰撥亂之初也，作室之喻，愚闇竊以謂近之。

《寄李丞相劄子》：某罪廢之餘，駑懦狂瞽，近者不勝惓惓刪畎之誠，敢以蠡管之見，仰裨聽采之萬一。伏蒙答以教字，下情感戢，不知所云。藿食餘生，隱憂多慮，忘其淺鄙，繼欲有陳。顧自屏丘園，誓無聞達之念，不敢上書闕下，懷不能已，用瀆鈞聽。庶幾少助啓沃之際，餘議所及。僭冒皇恐，謹條具如左：

一、竊聞車駕尚且駐蹕梁宋，此得計也。不唯變故之後，以繫西北之心。兼奏報往來，指蹤制畫，不至遼遠，或失事機。昔者黃帝居無常處，以兵車爲衞。今雖與古不同，然亦經綸草昧，聖人焦勞勤儉、不遑寧處之時也。若駐蹕梁宋以據天下之衝，繕治建康以爲時巡之所，備禦有素，順動以時，亦一時之策也。然行在百司與供奉等物，要當簡易，稍略繁文。多備車乘以當營衛，其餘冗從，或俾舟行。權時之宜。竊以爲便。

一、竊有愚慮，妄意萬一。自來虜人入寇，率是因我之糧。兩年以來，皆自河北河東而來，劫掠殘破，諒已無餘，千里蕭條，必無供億。兼彼既圖割據，則於此兩路，理必少寬。竊慮今秋萬一南牧，卻恐或自山東以趨內地，不唯前此未到城邑聚落可以剽攘，兼亦衝我衿喉，出於不意。某雖不曉山東道路，但去冬傳聞虜人輜重有自單州去者，又聞向日山東群盜有海州招安者。若金人以一軍自單州出來，直擣南京。一軍自海州出來，或自徐趨泗，截斷淮楚，則爲患益深。更乞朝廷先事防慮控扼之地，密爲經畫。

一、竊聞泗州建府，實爲控扼之地。然泗州城在淮北，切恐淮之南岸不可無城以置倉場、庫務、軍營、官府。所有北城，諒須亦有措置。況今已是深夏，不日秋涼，願惜分陰，如救焚溺。

一、伏以新天子聰明聖武，出於天縱，然古所謂“念終始典于學”，與夫“監于先王成憲”者，固不可略也。高宗所以爲商中興王○“主”之誤者，用是道也。使《大學》之道成於胸中，則其於聽言應物、出入起居、發號施令，豈不恢恢然有餘地而唯理之從哉！此古之賢佐所以未嘗不以學爲言者也。願選端亮敦厚、通知古今大體之人，專以侍講讀爲職，使之日侍天子左右以備顧問，不必俟開經筵也。要令出入禁闥，常在上前，如漢侍中、尚書郎之比。清間之宴，爲聖主陳説治道與古之正心誠意、修身愛物、任賢御事之宜，古今成敗之事，亦所以資緝熙光明之萬一，非小補也。況上方焦勞，念國步之艱難，懷二聖之北狩，天下之大，不足解憂，諒無燕豫便嬖之娛矣。儻使儒生日奉簡編於前，講論古今，不唯仰禆海嶽，亦足少寬聖懷以度永日，豈不賢於餘事哉！若夫使沾沾自喜、截截諞言、傾險淺躁、利口嗜進之人爲之，又不若無之爲愈也。此蓋當今急務之一。

一、古者雖在艱難草創之時，紀綱亦不可振，獻替尤不可不聞，蓋一事失宜，不比平時，立能致患。肅宗方在鳳翔，李勉爲御史大夫，老將乘馬闕門，彈劾不置。德宗雖在奉天，欲以試衙官與人，陸贄論列再三。今者行在臺諫之官，諒須得人，端厚誠實，維持至公，通達國體，足以開廣聰明、獻替可否，則朝廷黜陟之間，政事弛張之際，莫不適於事理、當於人心矣。夫日親講讀以資聖學，妙選臺諫以正朝廷，此事之本源也。豈有源清而流濁，表正而景邪者乎？則天下無不立之事矣。狂瞽仰幸采擇。

一、方今宰執、侍從固是安危所繫，休戚實同，然諸路帥臣，比之平時，尤當慎選。若諸路撫綏無事，不唯屏衛王家，抑亦兵食所出，兼不貽朝廷之憂，得以一意并力，備禦燮和。如其不然，小有蠢動，兵旅既難抽發，饋餉或致闕供。擾潰之虞，不可勝計。且以邇日浙西利害觀之可見。二浙自經方賊陸梁，人往往喜亂。倪賊○倪賊事詳《石林奏議》，其時安撫司即葉夢得也。比作，一路振駭。賴安撫司綏馭措畫有方，卒以無事。蓋賊徒初欲出而肆掠，徑擣錢塘，則官兵已集。欲脅誘鄉氓以廣徒衆，則保伍素嚴。是以數月之間，不離巢穴，卒以窮迫，乞就招安。何方賊於承平之時，旬月之內，能致數十萬人，掉臂橫行，圍陷州府。而倪賊當艱危之際，以勤王之餘，半年之久，不能近一嚴州者？此帥臣得人與否之異也。然則諸路帥臣不當輕付，蓋利害如此，惟朝廷加意。僭越死罪。

## 高宗建炎二年戊申，五十一歲。八月，除著作佐郎。五月，赴行闕朝見供職。

《行狀》：建炎三年，復爲著作佐郎。○案：除著作佐郎在二年，有本集狀劄可証。《行狀》并入明年遷除書之，不合事實，今仍依狀劄按年分隸。

**集：**

《乞罷著作佐郎恩命申尚書省狀》：右，某今月十五日准尚書省劄子節文，八月十一日，三省同奉聖旨，除某著作佐郎。某疏遠小官，罪戾之餘，久伏農圃，涵泳皇澤，期畢此生。敢圖聖朝棄瑕録用，非某糜隕所能報塞，固當竭蹶奔命，以效犬馬之勞。然伏自惟念，某愚鈍迁蠢，一無所長，憂憤以來，心志耗落，窮獨貧病，因以早衰，收置朝廷，何所裨益？而況著作品秩雖卑，實古太史氏之職，所修日暦，言動兼載，細入○“大”之誤畢書，是以選擇必精，職任亦重。又況某昔年備員東觀，更歷歲月，纂次無幾，尸曠已多，豈容冒容，更塵史屬？方聖主焦勞側席，懋建中興之業。群能著職，總核名實之時。而某以疵謬之迹，無用之才，加以衰瘁，玷兹盛選，義不自安。所有新除著作佐郎恩命，伏望鈞慈察其懇誠，特行敷奏，許賜寝罷，除某一宮觀差遣，以安愚分。

《宋故焦山長老普證大師塔銘<sub>爲傅國華作</sub>》○案：師名法成，以建炎二年二月二十五日示滅。三月庚寅，荼毗於閶門之外，以是月己酉，建塔於石公山之陽。

《避寇村舍<sub>戊申</sub>》：再脱兵戈裹，全家走路塵。百年同是客，萬事不如人。幻境終歸盡，生涯正要貧。故人知在否，魂斷楚江濱。寇至之日，江子支○“支”當爲“我”、趙叔問適泊舟江口，未知今在亡。

《避寇還舍一首<sub>戊申</sub>》：亂定還三徑，陰陰夏木初。驚弦無固志，巢幕且安居。宴坐心如地，幽尋步當車。經丘仍窈窕，遠屋正扶疏。摶黍空懷友，提壺或起予。老來無住著，聊復愛吾廬。

《答和江子我<sub>四首</sub>》：長江袞袞葉蕭蕭，心與虛空自寂寥。過眼文書風度穴，迎秋衾枕帶忘腰。　柳標橫擔入亂山，恍如黃鶴倦飛還。不妨步屧時來往，山北城南一望間。

《和江子我》：黃河入海汴東傾，消息沉沉祇涕零。賴有真人翔白水，正須元帥得咸寧。<sub>時聞宗元帥物故，方謀帥汴京。</sub>

《戲和》：欲知黃鶴山中客，便是芙蓉室裏僧。不比妙高窮老圃，堆愜懵懂百無能。

《和江子我端友<sub>戊申</sub>》：雨腳初收曉霧開，青鞋布韈好追陪。幽人無事長相見，佳句有時還自來。白業誰能超石壁，朱顏亦任發春醅。憂來忽憶燕南信,安得閩鄉老萬回。

《齒落》:年運過半百,齒搖先右車。朝來忽自墮,笑罷卻成嗟。鶴髮情知爾,牛咰老更加。舌柔真足恃,寂默寄生涯。

《題叔問燕文貴雪景二首戊申》:雲鼎峰前十九年,醉看銀色變山川。當時天喜遺身世,知是人間第幾天。　一壑回環十二峰,茅茨送老白雲封。如今塵裏看圖畫,卻愧當年邴曼容。

《戲題錢守宋漢傑泉巖古刹和韻戊申》

《題太守錢侍郎所藏薛少保獨鶴圖和韻三首》

《題錢守宋漢傑清夢圖二首》錢守用余所收隆師小軸六言韻作見要,題此。

《某前日謁見國史侍讀尚書獲款燕談蒙出示周楊子書報許藏山中得巖壑之勝過冷泉亭者歎想不已俾某賦詩退成七言古句一首上呈戊申》:素王之宮行秘府,斷取瀛洲納環堵。諸儒何必四庫書,正自胸中有千古。野人上車纔不落,索米無庸面如鼓。歸來仰屋坐太息,咄咄書空欲誰語。石林居士今龍坂,憂國形臞心獨苦。向來豈止見夷吾,叩閽何由避寒暑。伯仁三日應可爾,頓解新亭對悽楚。坐中人傳雙尺素,思洛橋南雪溪渚。山回壤接二百里,許藏幽奇天所與。人間那得此巖壑,坐想周郎喜而舞。蒼崖壁立欲千仞,蔽日青林自風雨。信知靈境不待匠,古澗穿巖巧吞吐。殷懃留此萬里流,更覺山川生媚嫵。了觀澄湛本非住,卻覓喧豗無處所。手誅陰木結茅屋,掀抉高深期盡取。四三擢翠若無地,三石撑空晜相柱。書詞豈夸驚我甚,下視呼猨觸天姥。下○當爲"卞"峰勝絶固自足,莫爲東山思解組。龍驤雲起要侯王,鶴唳風聲走夷虜。會令藿食保安眠,北固山南事幽圃。三館寓局夫子廟之西廡,故有"素王之宮"之句。

## 三年己酉,五十二歲,再遷禮部員外郎。二月,隨駕到杭州,除太常少卿,卧家力辭,章四上,遂以直秘閣知秀州。

《宋史》本傳:建炎中,爲太常少卿,知秀州。會車駕臨幸,賜對,俱言："陛下德日新，政日舉，賞罰施置，仰當天意，俯合人心，則趙氏安而社稷固。不然，則宗社危而天下亂。其間蓋不容髮。"高宗嘉納之。

○《本傳》略去著作佐郎、禮部員外郎二除，單曰太常少卿敘起，非是。

《行狀》：尋再遷禮部員外郎。除太常少卿，臥家力辭，章四上，遂以直秘閣知秀州。會車駕臨幸，有旨賜對。公奏事訖，即啟陳濟大業、致中興之說，言極剴切，有曰："陛下盛德日新，政事日舉，賞罰施置，仰有以當天意，俯有以合人心，則趙氏安而社稷固。苟惟不然，則天子所以眷佑者將恐替，人之所以欣戴者將恐離，如是則社稷危而天下亂，其間蓋不容髮。"上欣然納之。

集：

《乞許六參官赴二十六日起居建炎三年二月，隨駕初到杭州》：其竊聞已降指揮，二十六日朝殿。契勘當日不繫六參日分，切緣六參官及望參官自此月已來，車駕戒行在道，久闕常儀。況艱危之後，駐蹕之初，始御朝殿，不勝臣子之情。欲乞特降指揮，六參官及望參官並赴二十六日起居。

《省官奉聖旨令都司勘當以聞》：竊見元豐官制行，在京職事官不盡除足。至紹聖間，六曹郎官猶通輪宿直，此可見○下當有"也"字崇寧已後，當國者好夸喜權，省曹、寺監、郎官、丞簿始皆除足，館職至數千人。既冗則濫，官益以輕，事不加治。況今艱難危懾，主上方當撥亂創業、決策西向、以馬上恢復天下之際，尤非崇虛飾、備冗官之時也。朝廷耗府庫、捐爵位於窘匱擾攘之中，進一士必得一士之用，具一官必有一官之實，然後可以有為也。愚切以謂其職事官之不急者，當闕而不除。或令劇易相兼，以赴事功，竊以為便。謹以管見，參考古今之宜，條件梗概，以備采擇。僭冒妄言，无所逃罪，畫一如後：

一、秘書省、宗正寺、國子監，目今最為事簡。其見有長官者，不論它日或有遷移出入，止以給舍兼判，似亦不失祖宗故事，及於官制無妨。李至自前執政以本官兼秘書監，趙安仁以從官判宗正寺，熙寧時從官、諫官、講筵官、判國子監或同判國子監，皆故事也。

一、六曹長貳如駐蹕揚州時，尚書侍郎不皆除足，似亦不聞闕事。

一、吏部如尚書左右選侍郎、左右選郎官四員，户部左右曹郎官二員，刑部郎官二員不可闕外，吏部則司封、司勳、考功，户部則度支、金部、倉部，若止除一員，似不闕事。司封事少，若令兼判官告院爲便。

一、若除禮部、祠部各一員，仍分權主客、膳部。兵部一員，通管四曹。刑部則比部、都官或各除一員，兼管司門。工部一員，通四曹，似不闕事。

一、太常寺若無少卿，光禄、鴻臚若無卿少，則以禮部長貳判一寺，或以郎官兼某少卿事，或以某少卿兼行禮部郎中事。兼則止云兼某官事，下兼則云兼行某官事。漢制行太常事、行太子少傅事，皆是兼權官之稱。本朝官制，官高職卑則稱行。它寺倣此。内郎官兼管如止云兼某寺事，於體亦宜。

一、衛尉、鴻臚、太僕皆事簡，若見有卿少，則令兼劇曹，如某少卿兼行尚書左選事，如某卿兼行户部右曹事。若遷移出入且欲闕員，則以兵部長貳判衛尉寺或太僕寺。若郎官有才效或久次當遷，則以衛尉或太僕少卿兼行兵部郎中。若卿少遷移，郎官未當遷改，而又長貳止判一寺，則以兵部員外郎兼某寺事。他曹寺倣此。

一、少府、將作、軍器監在今事務亦簡，儻如前衛尉、太僕寺比，以工部長貳郎官或兼管，或以監兼郎中事。

一、太府、司農恐各合除卿或少卿一員，丞各一員，兼主簿。若度支、金部、倉部其間一員欲除兩員郎官，則令兼太府或司農寺事，而不除所兼卿少員闕。或欲除兩員少卿，則以一員兼度支或金、倉部。

一、大理不可與刑部官相兼，以妨駁案故也。有卿則以卿斷刑，少卿治獄。無卿以從官兼判大理寺，行卿事，以二少卿治獄斷刑。所有評事素聞員頗猥多，恐當裁省。其大理正、司直，若職事雖簡，亦或各留一員，以示欽刑之意。

一、諸寺監丞除大府、司農恐不可闕,仍兼主簿外,其見有官處存留未除,或不到者,姑闕。

一、太常寺當有博士二員分兼丞、簿,所有奉禮太祝,遇有祠事,於館職、博士、寺監丞內差攝。

一、秘書省若除丞或郎一員管省事,著作、校正通除四員,以養才能,不廢故事。

一、太學官若除博士二員,正、錄各一員,亦不乏事。仍於博士內以一員兼權丞,正兼主簿。

一、若以六曹長貳兼判所轄寺監,申本部狀但押檢列銜而不書名,庶幾不紊體統。○據集《四月納相符劄子》,此劄子以建炎三年二月二十四日於都堂所上。

《四月納相府劄子》:某竊見朝廷省寺監、去冗官以來,進用人才,止有郎官闕次。郎官遷陟,止有左右史、太常少卿、左右司、樞密院檢詳、大理卿少、御史臺官。而所省之官,其間蓋有不應全闕者。而增置之員,乃復繁冗。儻損繁冗之員以補應置之闕,則官不加多而事實治矣。且六曹郎官在平時為高選,然其進而為郎者有漸,以有館職、博士、寺監丞、少監府曹故也。然文學才能、積勞累資皆可充選,其流不一,故其遷有二塗:平遷者則有七寺少卿"少卿"當乙為"卿少"、三監長官,其進擢者則為左右史、太常秘書之貳、左右司、司業。今則不然矣。以郎官為重耶?則未歷朝廷差遣,初離州縣之人皆可得。以為輕耶?則其遷必為左右史等官者也。又有舊為七寺卿少、三監長官者,往往無以處之,恐非朝廷甄別人才、慎重名器之本意也。某於建炎三年二月二十四日嘗具劄子於都堂,陳述省官利害。三省進呈,有旨下都司討論施行,後乃中輟。及至建康,有司不復采照,於是寺監官吏一切罷之,文書案牘隨亦散失。竊尋某之所陳,粗有意義,不唯官實,省而事不廢,其於祖宗之制、除用之差、流品之異,悉存其中,似可裁用。又某所謂所省之官,其間乃有不應闕者,如著作郎佐、太府、司農寺丞、太學博士之類是也。祖宗之時，天下有大功伐、祥瑞、忠節義士，凡所應書之事，皆宣付史館。元豐更修官制，於是史館并入秘書省，置國史案，以史館脩撰置著作郎，以直史館置著作佐郎，專修日曆，是爲史官，蓋古之南史、董孤與太史公之任也。故自是以來，應書史之事皆宣付秘書省。夫秦、趙列國，雖一時好會，猶未嘗不以史官自隨，所謂“趙御史書秦王爲趙王擊缶”是也。今天下雖多事，然國之大事與夫義夫正婦、伏節死義之臣，不有史官書之，則無乃浸廢大典，而無以勸懲天下乎！又户部度支、金部之有太府，所以謹關防、咨出納也。舊四丞書押鈔、引文書、按行庫藏，猶不暇給。今則一員專管鹽鈔，餘皆歸之户部，事猥至則姦弊積矣。又諸路漕運輸於闕下，則司農主之，户部領其凡目，權其出入，考其登耗而已。今行在以錢粮爲根本，非細務也。又兵器未備，於今爲急。儻用太府二丞以稽出納，司農一丞以佐太農，軍器一丞以掌繕除，則體統備而官曹清矣。又學校號爲教化之原，古者衰亂之際，僭竊之邦猶假崇儒之名以修俎豆之事，況巍巍大宋，雖居無常處以圖中興之時，亦當愛禮而存羊也。今國子監有丞一員，儻置太學博士二員以備經術文詞之選，未爲過也。如某所陳，若秘書省丞郎、著作、校正通置五員，與太府、司農、軍器丞、太學博士，所增共不過十員。今寺監之吏失職者衆，所在胥徒乃有事簡禄厚而猥多者。若損繁冗不急之官，均厚禄無庸之吏，自足以充所增之數矣。所有某於建炎三年二月所陳省官劄子，謹録本在前，伏望鈞慈更賜采擇。

《再論省官劄子》：某昨具管見劄子，録白建炎三年二月内所上省官劄子繳連申呈，仰干聽采。今竊見七月十三日聖旨指揮備坐臣僚上言，欲參酌〇下當“群”字議，斷自宸衷，稍復常員并領司局事。竊詳某昨所陳利便，欲乞檢降，以備群議之末。内有講究未盡去處，今具如後：

一、如某昨來所陳管見，或患增置人吏，費耗大農，誠有此理。今若將修書了畢合罷局分人吏之數，及取會閑簡局所人吏數目，量行裁減繁冗之人，以爲寺監人吏之數，如此則是名爲增置而實無所增。寺監每處儻以三人爲率，不過二十餘人，以所罷減吏録充給，尚恐有餘。蓋大理、太府元有人吏，今來若存太僕、鴻臚、光禄、衛尉、司農、將作、少府、軍器，不過八處，隨其劇易，通融收置。如軍器、司農多可置四人，則太僕、衛尉，只須二人。又如軍器轄下有軍器所，可以就撥人吏充填。太僕轄下有御馬院，可以裁減一名充太僕吏額。若皆如此，則增置人吏、費耗大農者，非所患矣。所有人從只以郎官見破，人數更不增添。如某所乞置博士、司農、軍器丞及增太府一丞，所破人從不多，通以所屬曹部郎官寄廳人充，亦非增置。

一、如某昨來所陳管見，或慮它日差除浸廣，員數暗增，無異未省之時，益費廪禄。今若將截日行在見任卿少以下官員數目，降一指揮條具并復之後，它日行在官所除之數毋得過此，如此則它日差除浸廣、員數暗增、益費廪禄者非所慮矣。況如某所乞，止是上下遞兼，別無增置，而所增丞簿博士不過五員，并朝廷近置秘省八員，共十三員。今罷局之官及無事冗員可減之官，儻取見數目量加罷減，當不啻十三人。又其俸入，一人之費可贍二人，初無增費。右，謹具呈。○案：已上兩劄並是紹興元年所陳，以申論省官，故附初劄後。

《三年三月初乞郡或宮觀劄子》：某昨以罪戾之餘寓居鎮江，屏迹丘園，自知無用。伏自車駕駐蹕揚州將及一年，某雖累經寇攘之後，衣食不給，然一水之間，終不敢出干禄仕。於去年八月，忽蒙誤恩，復除著作佐郎。某皇恐具狀，備述多病不才，與朝廷方當總核名實，以圖中興之舉，非疵賤小臣尸禄養痾之時，申尚書省，乞賜罷免。尋又蒙尚書省劄子催促就職，遂再具劄子申丞相府，具述如前。久不聞罷，漸至冬深，疆場未寧，恐涉避事，以十月二十三日赴行闕朝見供職。每見宰執，具陳誠懇，略如前意，且言方冬，未敢乞罷，只候開春丐歸林下。今僕射相公、門下侍郎及尚書右丞時領中司，每蒙與見，皆曾具布此誠。而正月以來，邊報日急，未敢復申前懇。又蒙恩命，還置禮曹。入謝之初，即復狼狽渡江，緣路遭劫，幾至裸露，即與妻孥徙○“徙”之誤步跰足，奔赴行闕。於時從官尚有未到，庶官到者纔十數人，留家杭州者不過一二，人之常情，理勢應爾。但疵賤蠢愚，人所不貸，深自懲創，不敢遲留，區區之私，亦足矜察。今天氣漸暖，既無外虞，厚祿清曹，別無規避，乃敢復申前懇。伏望鈞慈陶鑄宮廟一次，俾遂首丘，不負本志，則雖死之日，猶生之年。下情無任激切俟罪之至。

《辭免太常少卿申尚書省狀》：今月十六日，准尚書省劄子，除某太常少卿，日下供職。某契勘昨詣都堂呈納劄子，具述某愚拙不才，選調十有七年，粗知州縣利病，及改官後所歷差遣皆是間簡去處，從初至今，坐尸廩祿又十五年，久負厚顏。況今國步艱難，尤非小官端居苟祿之時，乞賜陶鑄外任，合入差遣，庶幾少塞平日素餐之愧。未蒙施行，某遂再具狀申陳。某昨以罪戾之餘寓居鎮江，屏迹丘園，自知無用。伏自車駕駐蹕揚州將及一年，某雖累經寇攘之後，衣食不給，然不敢出干祿仕。於去年八月，忽誤恩復除著作佐郎。某皇恐具狀，備述多病不才，及朝廷方當總核名實，以圖中興之舉，非疵賤小臣尸祿養痾之時，申尚書省，乞賜罷免。尋又蒙尚書省劄子催促就職，再具劄子申陳政府，具述如前。久不聞罷，漸至冬深，疆場未寧，恐涉避事，遂以十月二十三日赴行在朝見供職。每見宰執，具陳誠懇，略如前意。且言方冬，未敢乞罷，只候開春丐歸林下。今僕射相公、門下侍郎及尚書左丞時領中司，每蒙與見，皆曾具布此誠。而正月已來，邊報日急，未敢復申前懇。又蒙恩命，還置禮曹。入謝之初，即復狼狽渡江，緣路遭劫，幾至裸露，即與妻孥徒步跣足奔赴行闕，以二月十四日到杭州。今來天氣漸暖，既無外虞，厚祿清曹，別無規避，乃敢復申前懇，乞陶鑄宮廟一次。今來乃蒙更加進擢，聞命皇恐，若無所容，況太常高選，當得一時賢儁博通之人，乃能允愜人望。疵累不才有如某者，豈敢冒居？兼某於十四日徒步山間，失腳倒地，有側石隱著腰脅，疾痛日加，有妨行步俯仰、見請假將理。所有恩命，不敢祗受。

今月十六日，具狀申尚書省，爲蒙恩除太常少卿，疵累不才，豈敢

冒居？兼緣某先累具狀劄子，乞外任合入差遣及宮廟一次，乞賜檢詳
前狀施行。今月十九日，准尚書省劄子，三月十八日，奉聖旨不允，仍
依已降指揮，日下供職。某疏遠小官，仰煩朝廷再降指揮趣令就職，非
某疵賤之所宜蒙。敢爾稽違，罪當竄斥。然有誠悃，須至控告朝廷，乞
加揆察。某近者三具狀劄申陳，既以久尸廩祿，乞一外任自效，少塞平
日素食之愧。未施行間，又申向者揚州所陳誠懇，乞差宮廟一次，亦是
未蒙矜允。而乃遽被超遷，卻便祗受，是前日求退皆非實情，若非覬望
不遷，即是邀求進擢，以迹觀之，可謂躁進嗜利、不顧廉恥之人，豈可置
禮樂之司，以玷一時之選？有害政體，無補事功。使某稍有識知，豈敢
犯此公義？伏望鈞慈罷免恩命，檢詳某累次具狀劄子，乞早賜施行，俾
某不累朝廷用人之美，下不爲清議所非，進退之宜，兩得其所，不勝
幸甚。

　　近具狀乞賜罷免太常少卿除命，檢詳前此累次狀劄，乞陶鑄外任
或宮觀差遣。於今月十九日再准省劄，備奉聖旨不允。某再具狀，述
昨方乞外任及宮觀，未蒙施行間，有此除命，義難祗受，乞賜檢詳前狀
施行。今月二十五日，再准都省劄子，奉聖旨不允。某疵賤小官，上瀆
再三，累煩朝命，死有餘罪。契勘庶官自來唯左右史、臺諫官例有辭
免，止是備禮一辭，其餘必有因依，方敢冒陳情悃。今來若非義有可
辭，豈敢屢違朝旨？某之知義難安，不敢祗受者，其說有五，不避煩瀆，
今請一一具陳。某近請外任，繼乞宮觀，未蒙施行，乃叨進擢，若遂就
職，則是前日叨請皆非本情，以迹觀之，難逃清議，此某所以不敢祗受
者一也。昨者車駕到杭州之初，某嘗於朝廷妄陳管見，以謂元豐官制
初行，除官尚多不足。祖宗以來，慎惜名器。自崇寧後，於是從官悉皆
除足，至諸曹郎吏無復闕員，官以益多，事不加治。今國步艱難，尤非
崇虛飾、備冗官之時，進一士當得一士之用，具一官當有一官之實。其
間亦及太常少卿與禮部郎官或可互兼之意，推此類具言之。近聞已除
黎確太常少卿，而季陵亦兼權寺事，繼又除某。若遂就職，則是苟叨目

前進擢之利,不顧前日所獻之言,此某所以不敢祗受者二也。祖宗以來,三館臺閣承學之士,必更中外繁劇之選,才德器業如韓琦,經術士行如王安石,文章才氣如蘇軾,皆以館職監左藏庫或省府推判官,與夫州郡之寄。不唯不以文學政事分二途,亦使中外迭居,周知吏事。頃年以來,頗乖舊典,故分符出使者或多文俗之吏,雅意本朝者鮮知裁剬之方,如某鄙陋么麼,蓋不足道。雖入仕之初上書邪等入籍,居選調十有七年,然自改官以來,官觀任滿,即備員書局。從初至今,兩為著作佐郎,三為禮部郎官,徒以編摩著撰為名,初無赴功立事之補。今乃更蒙擢置奉常,典司禮樂,尸祿充位,益負厚顏。某實何人,常玷清選?故力乞外任,冀效寸長。不然,辭富居貧,竊食宮觀。今來除授,某所以不敢祗受者三也。某以廢斥之餘,赦復舊官,曾未三年,浸還舊物。雖艱難以來,朝廷兼收並用,何所不容。然疲駑選懦,上不能捐軀引義以徇國家,次不能被堅執銳以衛社稷,下不得分憂共理以備使令。今四郊多壘,臣主憂辱之時,雖處庶僚,豈皇寧處?此某所以不敢祗受者四也。而又私計狼狽迫切之甚,不敢不布腹心以覬矜察。某奇蹇窮獨,世無與比。昨在鎮江,兩經兵火。近者倉猝隨駕起離,身與妻孥徒步跣足,飢凍累日,奔赴行闕。沿路遭劫,資用無餘,血屬幸存,貧病交至。而年垂六十,老無子息,內無弟姪群從之助,外無甥婿強近之親,病妻疲弱,三女未嫁,苟今寄寓他所,恐亦未保生全。故欲備員外任、宮觀差遣,不唯小輸駑蹇以謝素餐,亦或收拾妻孥,待盡丘壟。若勉就籠遷,豈得遽去?此某所以不敢祗受者五也。伏望朝廷察其誠懇,特賜指揮,檢詳前狀施行。

　　某自三月初以來,震駭憂憤,尋以病告,申乞外任差遣,繼乞宮觀。於十六日蒙除太常少卿,日下供職。某即罷禮部官職事,止以階官具狀申尚書省,乞罷免除命,檢會前狀施行,蒙指揮不允。某再具狀,申緣先乞外任及宮觀差遣,若今來祗受新命,即是前日所請皆非實情,以迹觀之,難逃清議,仍乞檢會前狀施行。再蒙省劄,備奉聖旨不允。某又於二十五日具述如前。又言車駕到杭州初，某曾具管見，乞省冗官，其間亦及禮部、奉常可以互兼之意。今來已除黎確太常少卿，兼季陵見以起居郎兼寺事，今又除某，若遂祗受，則是苟徇目前進擢之利，遂忘前日所獻之言。又言方臣主憂辱之時，上不能捐軀引義以徇國家，次不能被堅執銳以衛社稷，雖在庶僚，不皇寧處之意。仍乞檢會前狀，陶鑄外任差遣或宮觀一次。四月一日，准都省二十八日劄子，除直秘閣，知秀州。

《秀州謝上表》：臣某言：臣昨任禮部郎官，自三月初即以病告臥家，乞外任或宮廟差遣。間蒙除太常少卿，臣三具狀申都省，辭不就職。尋准勅，除臣直秘閣，權發遣秀州軍州事。臣已於今月十五日到任上訖。初布條綱，具宣德意。所憂綿薄，莫副使令。臣中謝。伏念臣幼而奇孤，長益頑鈍。上書論事，空懷憂國之心。竊祿代耕，每盡守官之義。挂名邪籍，爲世僇人。晚陪英俊之躔，浸冒典章之選。再遊東觀，愧劉郎之復來。三至南宮，知馮公之已老。遭時之變，振古未聞。窮獨餘生，憂憤不死。臥家請急，投劾丐歸。敢於鞠凶不安之時，而當綿蕞草創之事。既遂頑愚之守，復瞻天日之中。喜不自勝，死無所恨。顧惟敝邑，實介大邦，征賦之入有經，而不時之須沓至。盜賊之憂方熾，而即戎之備未修。念債驕凋敝之餘，則莫若利其銜勒。而匱竭瘡痍之後，又當事於撫摩。靖言以思，寧免於咎。收此桑榆之景，終緊覆戴之仁。此蓋伏遇皇帝陛下嘗膽濟時，厲精圖治。闢至公之路，方因任於群材。念無競維人，故兼收於片善。致茲疵賤，亦不棄遺。臣敢不行其所知，施於有政。使公綽爲趙魏之老，於用或優。而陽城躬撫字之勞，自知甚拙。唯當竭力，少謝素餐。臣無任瞻天望聖激切屏營之至，謹奉表稱謝以聞。臣某誠惶誠恐，頓首頓首，謹言。

《四月二十二日車駕經由秀州賜對劄子》：臣伏見陛下復正天位，適以正陽之朔，天日明霽，氣候協時，此天眷有宋而保祐陛下之符驗也。御殿之初，搢紳士大夫往往感涕，詔音始下，皆欣然若更生，此又

○當爲"人"之誤助有宋而歸戴陛下之明證也。豈非方今國勢不振，宋社岌岌，安危之任在陛下？永膺天祿，盛德日新，政事日舉，賞罰施置，皆仰有以當天意，俯有以合人心，則趙氏安而社稷固。苟惟反是，則天之所以眷佑者將恐替，人之所以欣戴者將恐離，如是則社稷危而天下亂。其間蓋不容髪。○案：此段文字《行狀》《本傳》並節入。方靖康京城之陷，大宗正屬狼狽此○"北"之誤徙，無遺族焉。國朝故事，親王未有得預外廷、當事任者。而陛下乃適以親王摠兵河外，於是神器有歸，宗祀絶而復續。日者事變之起，陛下退處別宮，不閱月而復正天位，此天所祐，非人之所能爲者也。古稱"大福不再"，而天祐陛下者再，此天下之慶，而陛下所當戒懼之時也。戒懼則如之何？政事舉措、刑罰施置，使足以當天意合人心而已。古之人君承衰亂之世，能濟大難以致中興者，率由是也。《詩》曰："戒之戒之，天維顯思，命不易哉！"故臣敢以是爲陛下反正之初之獻，狂愚惟陛下留聽。

臣竊見陛下奮勵威武，不遑寧居，以圖恢復中興之業，此黃帝居無常處，以兵車爲營衛，與夫漢高帝以馬上得天下之意也。然恐它日隨機應變，移駐不常。若分大將以鎮撫諸路，則宿衛單寡。若使州自爲計，不加措置，恐寇盜生心。願陛下與大臣將帥深圖其宜。若每路以前宰執之有才望，或大將之才略忠勇者一員爲制置使，諸州仍慎擇守臣，勿輕移替，少寬文法，俾盡才力，庶幾足以少分陛下宵旰之憂，而能保一路一州之人，衛王室、輸貢職而禦寇敵也。

（貼黃）：唐節度使帶營內觀察處置等使，蓋節度主兵，觀察主財賦，今制置使若帶制置度支等使，則兼營財用，而本路轉運爲度支之副。

昔漢高帝與項籍戰彭城，敗至下邑，下馬據鞍而顧曰："吾欲捐關以東，誰與共此功者？"張良進曰："黥布，楚梟將；彭越，反梁地；韓信，可當一面。陛下必欲捐之，捐之此三人。"漢高即用良策。其後會垓下，卒滅楚，此捐關東三大國以王，此三人之力也。今陛下欲治兵江浙，若淮南不能堅守，則江浙不能安。願捐淮以南、京以東爲四五大鎮，以置忠勇梟雄之人。俾居自爲守，出自爲戰，使足以捍敵人之衝，然後江浙可以休士治兵，伺便決策，以圖西向也。

契勘本州華亭縣通惠鎮舊名青龍鎮，最爲繁劇去處。自來監官兼本鎮煙火公事，繫吏部差注京朝官。自頃以來，止差使臣，往往不通文法吏事。況本鎮無異大縣，不與尋常場務一同，切恐不可輕授。欲望聖慈特降指揮，今有司依舊來格法注京朝官。奉聖旨，見任官罷，令吏部差京朝官，仍令兩浙轉運司差文官權。

《秀州賀天申節表》：臣某言：誕彌厥月，允昭申命之休。長發其祥，共獻後天之禱。由中及外，式舞且歌。中賀。恭惟皇帝陛下撥亂挺生，膺期紹緒。體周行之乾健，廊○"廓"之誤纘照之離明。帝命弗違，纘二百年之基業。民心攸戴，過八千歲之春秋。丕承赤伏之符，適應未明之候。中興有望，率土惟均，臣屬守偏州，遠違行闕。《天保》之詩小雅，方期如日之升。華封之祝聖人，徒有望雲之阻。臣無任。○案：《宋史・本紀・高宗一》："大觀元年五月乙巳，生東京之大内，赤光照室。建炎元年五月乙未，以生辰爲天申節。"先生以三年四月十五日到任，明年三月，航海至永嘉。既朝見，以病乞歸。此云"適應未明之候"，又云"臣屬守偏州"，故知此是三年也。

《十月五日車駕經由上殿劄子》：臣昨備員禮部，自三月初震駭憂憤，即以病告，連乞外任，又乞宮廟，乃蒙除太常少卿。臣以分義難安，皇恐臥家，三具狀上省，乞寢除命，力伸前懇，遂蒙除知秀州。至四月十日被受勑差，不敢復辭，黽勉赴任。到官已來，竭盡疲駑，幸無曠敗。近臣僚論臣，優於學問而劣於權術，長於撫綏而短於控禦，恐海道有不測之虞，臣不能當。閏八月十二日奉聖旨，程某與閑慢州軍兩易。臣尋具狀申尚書省，乞早賜施行。又准省劄，備奉九月十二日聖旨，程某治郡，人頗安之，可依舊知秀州，更不對移。臣疏遠小官，才力綿薄，誠如論者所言。聖朝仁厚，愛措士類，不使坐疲軟不勝任之誅，量能因任，許易閑郡。而又繼蒙知察，復賜獎與，令復故常，非臣廉隅所能報塞。然臣竊有誠悃，非敢爲身，實繫社稷朝廷安危利害，不得不陳。竊以浙西臨江五州軍，自鎮江至秀州五郡，用人及戍兵皆當如一，仍各向前捍禦，方能不使虜寇渡江。如四郡備禦甚堅，一郡稍弱，使彼諜知虛實，止從弱處渡江，則四郡之功一時皆廢，二浙之禍何可勝言！今鎮江、常州、平江等郡皆擇強能之守，又戍以宿將重兵，而秀州既無重兵捍禦江海，而臣綿薄，軍旅之事素未更嘗，又況如論者所言，劣於權術而短於控禦。萬一敵人諜知緊慢，止循北岸抹過鎮江、常、蘇等界，直犯秀州沿江海岸，若土軍弓手用命奮擊，尚可支梧，但彼既至下流，即是置之死地，蓋向下則憚於洋海，欲返則難遡逆流。以彼悍強，仍致死命，如臣孤弱，必誤使令，不過率衆嬰城，萬死無益。伏望聖慈察臣危懇皆出悃誠，特賜指揮，檢會閏八月十二日臣僚所論與所降聖旨，兩易閑慢州軍指揮施行。臣敢不量力所能，安輯民伍，仰報聖恩？仍乞亟命大臣精擇秀州守臣，及分宿將重兵屯戍邊岸，庶幾五州協力，或保無它。利害不輕，非敢爲臣私計，臣不勝激切俟罪之至。取進止。

臣輒有管見，上瀆聖聰。今者車駕雖暫駐吳越，如臨江諸將，當時遣有名望才實清要之官往來軍前，問勞督趣，責以守禦江津。一則務令諸屯聲援聯屬，二則行在近臣人使常到軍前，將士之心有所歸繫。如唐武宗征澤潞時，諸宿將在屯，亦遣御史中丞李回督戰。今雖時勢不同彼時，但問勞督責，使之聲援相接，心有繫屬，庶幾稍有固志，亦一助焉。取進止。

臣竊以古人臨事圖功，必皆先有定計。今茲禦捍江海，勘定寇戎，睿筭廟謨，諒有長計。臣愚不揆，冒獻鯫蚗之忠，以爲目今事勢，當作兩段商量。一則禦之江岸，使之決不得度，當如何處置。二則不幸彼既於一處渡江，即當如何處置，何處設伏、何處把截、何處堰閘當決、何處道路當斷、何處備禦，令不能深入江南西浙，決能爲行在後拒。此二段須先有定計。譬如善弈之人，先圖取勝。不幸局勢既敗，則於既敗之中料理收拾，不至狼狽。其後段亟當議定，願先作蠟彈，付之左右僕射及宣撫近臣。萬一不幸彼於荊楚以至秀州忽於一處渡江，遠郡未反

○“及”之誤知覺，即各用蠟彈行與諸將諸州，按以施行，尚能救急，不至失措。臣願陛下試採愚言，付之廟論，或有可取，早賜施行，天下幸甚！取進止。

《申宰執劄子》：某今月十三日准尚書省劄子，三省同奉聖旨，程某治郡，民頗安之，可依舊知秀州，更不對移。某疏遠小官，才能無取，仰蒙鈞造，曲賜知察，非某糜殞所能報塞，固當夙夜虔職，死而後已，不知其他。然有悃誠，事關利害，不敢不陳。竊以秀州若只如今日車駕駐蹕平江府，江北無事，則雖疏拙不才有如某者，竭盡駑蹇以赴事功，自度未至曠瘝，上貽朝延之憂。若江北少有邊塵之警，則秀州乃是沿邊州郡，如前日臣僚之言，所謂海道不測之虞者，以某綿薄與本州事力，誠不能當，不過率衆嬰城，以死償節而已，於國事未有補也。不然，朝延臨時方議易以強敏之臣，不唯州將于郡人無拊循之素，而倉猝之際方易郡守，轉使人心不安，又使新除者以迫於倉猝、無以集事爲詞，被代者有僥倖避事之謗。此某所謂事關利害者，非以小己之私而已。伏望鈞慈特賜敷陳，將秀州便比臨邊控扼要處，於從容無事之時，擇強敏勇略之人，付以郡事，庶幾不至臨時顚沛，以負委使。伏乞檢詳閏八月十二日聖旨指揮，早賜陶鑄一閑慢州軍，誓當竭力，以報恩造。

（小貼子）：某近具劄子陳懇，乞賜陶鑄與衢、處州對換一處，所貴秀州臨海控扼去處，早得強能守臣，備禦不測。伏望矜察。

《乞免秀州和買絹奏狀》：臣邇者伏遇聖駕巡幸，道由本郡，臣以守臣蒙恩賜對。親奉玉音，以謂守臣六職，當以恤民爲務，所以固邦本而寧國家者，訓飭甚備，令臣訪察疾苦，咸以上聞。此以見陛下愛民澤物至誠之心出於天縱，實社稷之福、天下之幸。臣時到郡曾未浹日，退即訪問耆老。以謂秀州近年和買紬絹最爲民害。蓋祖宗以來，以秀州不產桑蠶，故雖夏稅紬絹，尚止令上戶送納本色，第三等以下人戶皆折錢入官，轉運司卻於出產絲蠶處置場收買，以足歲額。豈聞稅絹之外，更加和買？蓋以蘇、秀州出米至多，逐年和糴既已甲於他郡，而杭、湖等州屬縣多以桑蠶爲業，故和買紬絹比他郡爲多。自靖康元年，獻議大臣不知祖宗朝立法之旨與夫諸州土產之宜，但見杭、湖等州和買絹數頗多，而蘇、秀不及，因以爲不均，於是分撥八萬匹與平江府，而秀州管認四萬匹。自是秀州之民於常稅之餘、和糴之外，又加此項和買紬絹，於是民力益困，爲害浸深。後來於建炎三年十一月中，因轉運司狀，以平江、秀州不產蠶桑，減秀州和買爲二萬疋，然終是創添此項，責以所無。輸納之時，遠於他州貴價收買，而官給價直不過八百，貧弱下戶未必得錢，橫被誅求，急於常賦。秀民疾苦，莫此爲大。伏望聖慈深賜詳察，特賜蠲免和買紬絹，則一州之民受惠不細。臣謹檢坐皇祐五年許下戶折納稅絹指揮節文如後。

皇祐五年七月十二日，州准轉運司牒，准三司戶部牒，唯中書批狀指揮節文，兩浙轉運司奏："體訪得蘇、秀兩州鄉村自前例種水田，不栽桑柘，每年人戶輸納夏稅物帛爲無所產，多被行販之人預於起納日前，先往出產處杭、湖州鄉莊賤價攬百姓合納稅物，擡價貨賣。人戶要趁限了納，費耗甚多，官中又不納得堪好物帛，虧損官私，頗爲不便。當司昨於皇祐元年內，曾體問得蘇、秀州不產蠶絲，人戶送納夏稅紬絹不便事理，遂擘畫，牒蘇、秀州除第一等、第二等人戶各依常年例送納本色外，所是第三等已下百姓戶內稅物，即告示取便，折納見錢，遂○"逐"之誤便敷與出產杭、湖、睦州，差官置場，依市價買得上等堪好匹帛，數目充備，起發上京迭○"送"之誤納，即無遺闕。彼時官司極獲濟辦。至皇祐二年，准三司戶部牒，請依舊例施行，不得更令人戶折納見錢。當司看詳逐州不產絲，難得紬絹送納，不免依前於販易人邊高價買納，下戶轉成困弊。又值疊年災傷，人民轉更不易。今本司已認定逐年蘇、秀州合上供匹帛，管在不虧失元額。只乞許令本司將納到見錢於出產杭、越、湖、睦州收買。"奉聖旨送三司，依所奏施行。

《論本州冗員及權官等事尋准尚書省劄子：奉聖旨，盐倉監官減三員》：竊見朝廷減省冗官，而監司、州郡未能上體朝廷之意，冗濫尚多，無復法制。以本州觀之，可以概見，今具如後：

一、本州鹽倉乃有監官五員，若減罷三員，未爲闕事。

一、依條，惟繁難縣分知縣及巡檢、縣尉、課利場務許差權官，今本州錄事參軍、司理、縣丞、主簿皆是權官，又有未出官人將仕、登仕郎，亦權監當或簿尉，皆不應法。

一、通惠鎮舊名青龍，兼煙火公事，最爲大鎮，自來繫京朝官寄闕，今來監鎮二員，內一員是舊宰執家指使富人，初任小使臣，便得上件差遣。若繫吏部差，不知用何格法？若繫舉辟，何由舉辟①得行？顯見弊幸。第一二項如蒙采擇，乞作訪聞施行。第三項或恐廟堂要知，推此措置。

《乞差陳沔充將領》

《論撥還平江府定慧院官田》

《乞留鄧根通判秀州》

《辟官奏狀》

《申呈兩府劄子》

《申御營使司乞先次勒停使臣宋卸狀》

《修城乞度牒》

《秀州回朱司業啓》

《呈寄居官員咨目》

《回柯晹刑部簡》

《論事劄子會罷職，不果上》：臣竊觀自古國家有急或政事有疑，必詢於廷臣，使各盡其説。甲之言可用，乙之言不可用，雖用甲言而不罪乙。如真宗皇帝時，契丹大入，陳堯佐蜀人，請幸蜀。王欽若江南人，請幸建康。唯寇準請親征以幸澶淵，而虜以敗衄。向使用欽若、堯佐之言，則大事去矣。及凱旋，社稷再安，然終不罪欽若、堯佐者，以謂寧

---

①　"何由舉辟"四字原文無，據徐裕敏點校《北山小集》補。

失二人之罪，而不可杜天下議臣之口故也。國家有急，臣下獻計，苟可以紓禍難、安國家者，蓋將無不爲也。使用之而中，足以解紛。用之不中，或因致不虞。謀之不臧，固可罪也，然其心豈有它哉，亦思所以排難救急而然耳。如太祖皇帝時，方伐江南，有得江南張泊以蠟書給太原以緩師者，會泊以使至，太祖面詰，將殺之。泊視書，曰："此實臣所爲也，臣國方危急，苟可以紓禍者無不爲。臣所作蠟書甚多，此其一耳。"太祖雖赦之，時亦必舉此以爲問罪之端也。然爲李氏者，不聞罪張泊以蠟書致討也，何則？ 知其將以排難救急而然耳，不幸事洩。臣觀自頃以來，謀議成敗，以計畫異同爲終身不解之罪者有矣。故後來者雖身在廟堂，事方危急，而終莫敢披心腹、盡底蘊，必回互含糊，莫以身任成敗者，其心以此爲戒故也。臣嘗竊憂之，以謂此非社稷之福也。夫事之木○"大"之誤者，莫若敵國之和戰，車駕之行留。方李綱主戰，則李邦彥等以主和爲罪人。及耿南仲主和，則李綱以主戰而遠貶。黄潛善以南渡爲非是，則許景衡以請移蹕而罷斥。邇日以遷避爲良圖，則論事者以請駐蹕而外遷。然則人安得不務回互含糊以苟目前之利也？ 且以李綱、邢倞之結余睹，謂之疏率可也，因以致敵人之怒。謂謀之不臧可也，其謀遽洩而適不中耳。使其謀遂行，世必以爲奇計也。雖然，使無是，虜人之憑陵迫脅，亦極其力而後已也。然固以謂二聖北狩，職此之由，則臣愚不識也。然則雖有智如陳平者，不敢行金以反間。勇如藺相如者，不敢全璧以抗秦。將如周亞夫，不敢不受命而堅壁以挫吳。相如李德裕，不敢違衆論而起兵以伐澤潞。何則？ 事有成敗，戰有勝負，一有不至，則將負不可解之罪於無窮矣。陛下欲廢李綱，默廢之可也。若聲其罪於天下，而其說不當於人心，則人不信伏而有後言矣。不唯非號令刑政之美，而又使橫身任事、開口獻計者不敢謀，此國之大患也。車駕之在揚州，有爲翰林學士者，方侍講讀、被聖知爲彼計者，保身緘然，不失主眷，則高爵重位亦可致矣。而乃剌口論天下財計，慕劉晏之爲，欲以紓民力、資軍食、富國而強兵者。會孫覿論常平之法，詔俾討論，其追積欠責○當爲"青"苗本錢，此一事不可行也。然比降詔旨，因以爲聚斂之臣，朕知其姦而罷黜，以此播告，臣竊以謂沮赴功立事者之心也。財利臣所不曉，方討論常平法時，行在士大夫以爲非者大半。臣以興言問之，主議者爲臣言，財賦之出於民，多取誠不如寡取，寡取誠不如勿取。然今國家艱急，方欲西向復中原，非兵食不濟也。與其無名橫斂於民，如賣官告、責免夫，曷若因舊法而損益之，取之微而積之多，於國計有補，而民力不困者？亦足以紓目前之急。恢復既定，雖常賦猶當時一復之，其所以爲聚斂之臣具○"且"之誤爲姦者，臣愚不識也。然則雖有李悝不敢盡地力，雖有劉晏不敢議平準，蓋聚斂之名爲可耻也。使人人不敢當事，人人不敢盡謀，人人先求自安，人人恐忤上意，則艱危之時，誰與圖回而恢復乎？此亦臣之所謂非社稷之福者也。臣既忘軀昧死以盡忠矣，請遂畢其説。如近者奮不顧身、惟力是視、思赴國家之急者如宗澤，亦少矣。然而沮挫詰責之，曾不得舉首，雖以老病盡年，而不知者至以爲朝廷沮死，豈不傷忠義赴功者之心哉！至使論者以謂位高望隆、奮不顧死者，朝廷輒疑而憚之，此言尤不可使天下聞也，聖主豈有是哉？日者杜充守東都，威望日著，提兵來朝，遠方之人雖不知其所設施，然聞之者若隱然可恃而增氣者，此何理也？然或以謂朝士已有論而攻之者，果有是乎？不幸有之，是宗澤之疑復生於輿論也。夫國之成敗，在事之立不立。事之立不立，在士氣之銳惰。士氣之銳惰，在黜陟好惡之是非。使禄食之人皆解體而歎息，則何事又能立乎？狂愚惟陛下裁赦。○《紹興元年三月四日上殿劄子》第一劄即採此劄中語。

　　《宋故朝議大夫新知秀州軍州事兼管内勸農使武功縣開國男食邑三百户賜紫金魚袋葉公墓誌銘》○案：葉公唐稽以宣和七年夏四月，詔知秀州事。後兩月，公遽以疾卒於其子江陰縣之官舍，實六月二十九日，享年七十三。以靖康元年十二月二十一日，葬於平江府吳縣至德鄉真山之原，祔金紫公之域。公初葬，會天下兵動。後三年，其孤始克狀公行實，請銘於先生云。

　　《駐蹕楊州以提點刑獄公廨爲尚書省禮部在西北隅卷書樓下甲戌

年余嘗寓止焉今寓直其下有感》：三入南宮更白頭，夜寒持被卷書樓。那知跰足半天下，投老浮山省舊遊。

《己酉二月二日車駕渡楊子江四日匆遽離鎮江余與妻孥徒步跰足飢走至呂城道中口占》：白日無光卷地風，扶携跰足去匆匆。安知白首干戈裏，身寄淮南老小中。

《得趙叔問衢婺道中書作寄己酉》：田中有秫醉淵明，石上無禾養伯齡。聳澗蒼根終鬱鬱，拂雲歸翼會冥冥。避喧人境心隨遠，入夢家山眼共青。歲晚定知成二老，深慚招隱苦丁寧。

《新作紙屏隆師爲作山水筆墨略到而遠意有餘戲題此句末句盖取所謂柴門鳥雀噪游子千里至也時守秀州，屢乞宮觀歸山居，未遂》：急雨初收山吐雲，清溪曲曲抱煙村。抛書午枕無人喚，歸夢真疑鵲噪門。

《題隆師山水短軸二首六言用蔣仲遠尚書韻》：抱甕終年五畝，結茅何日三間。正擬螢飛自照，真成鳥倦知還。　能畫所畫皆幻，是心是境無還。未暇法師蓮社，且從居士香山。

《陸宣公祠堂贊》：唐相陸宣公贄，嘉興人。建炎三年夏四月，信安程俱假守秀州，始訪公之像，圖之資聖佛寺，率僚吏祠而拜之，謹爲之贊。曰：

天下無事，湛于宴安。視此神器，隱如太山。是以其臣，唯得是嗜。以諛爲恭，以憸爲智。世方紛亂，上下岌岌。忍於其間，覬得患失。偉哉宣公，興元之初。夷險一致，爲君矢謨。如彼大厦，載支載扶。如彼赤子，以調以虞。格君之非，砭國之盲。卒以一旅，還之異方。西平之功，宣公之畫。外戡內籌，心膂惟一。橋李之郊，吳越所虔。公生其間，種蠡汗顏。顧視故國，喬木蒼然。豈無若人，奠九壠兮！

《陸宣公祠堂祭文》：維建炎三年，歲次己酉，十一月乙巳朔、二十一日乙丑，具位程某謹以清酌菓肴之奠，恭薦于唐丞相陸宣公之祠。嗚呼！在唐中微，再償再起。至于德宗，四海瘡痏。休之養之，手撫摩之，猶恐不濟。胡寧賊之，而割而贅，而浚而膏？腹心內離，手足外搖。蹠盭不治，上下無交。一夫奮呼，魚服以跳。公丁此時，為國親臣。亂之未生也，固以察齊公之將病。亂之既生也，則又起虢君於既昏。方其安危之機，間不容機，倉皇莫振，憂辱孔熾。而其所陳，未嘗從權譎而廢仁義。然直而不評，剛而能濟，據正而不迂，陳古而不泥。至於料敵之情，揣事之隱，鈎深中會，物莫能遁。允所謂足以謀王體而斷國論者矣。而其王佐之才之學，蓋施之未之盡也。某也不佞，忝茲守符。實公故鄉，墟里既蕪。始揭公像，為此世模。英風凜然，過者必趨。仰高山其安放，豈斯世之可诬？蓋事有曠百世而相感者，豈為公而欷歔？尚饗！

## 四年庚戌，五十三歲。二月，金人陷秀州，出保華亭。朝命部金帛赴行在，因航海至永嘉，既朝見，以病乞歸。冬，復召起行在。

《宋史·本紀·高宗三》：四年二月辛卯，金人陷秀州。

《行狀》：及虜騎南渡，既據臨安，遣兵破崇德、海鹽，公屬兵守禦方力，已降省劄，令公遷避，復被旨管押錢帛，由海道趨行在。始出華亭，宣撫使留公，有旨趨使津發，因航海至永嘉。既朝見，以病乞歸鄉聽命，時建炎四年三月也。冬，復召赴行在。○案：宣撫使周望也。《揮麈後錄·錢穆〈收復平江記〉》正紀周望失守平江本末。

《宋史》本傳：金兵南渡，據臨安，遣兵破崇德、海鹽。馳檄諭降，俱率官屬棄城保華亭，留兵馬都監守城。朝廷命俱部金帛赴行在。既至，以病乞歸。

《三朝北盟會編·炎興下帙》：建炎四年二月十八日辛卯，金人陷秀州。權知州軍事趙士醫死之。金人陷秀州，軍民共推兵馬鈐轄趙士醫為知州。士醫出城與金人戰，為其所敗。士醫死之，秀州遂陷。二十二日乙未，宣撫使周望棄其軍衆，奔于太湖。周望以宣撫使駐于平江府,聞金人已破秀州,漸入吳江縣,恐怖畏怯,即委軍民而去,走入太湖。知平江府湯東野棄城走。知平江府湯東野見周望已出郡,即以府印授郭仲威,俾權知府事,遂率家屬棄城而走。二十五日戊戌,金人陷平江府。周望、湯東野既已棄城而去,城中無主。丁酉夕,火發者數處,百姓驚惶,乃曾班、郭仲威縱火也。戊戌,金人寇盤門,仲威遣七防禦者當之,七防禦大敗,退入城中。金人襲之,亦入城中。仲威率衆奔常熟縣。是夜,金人縱火,三日夜乃滅,城中悉爲灰燼。金人雖不甚屠戮,居人自赴水火而死者大半矣。庚子,金人行。

《宋史列傳‧忠義七‧趙士嶐傳》云:士醫任秀州兵馬都監。建炎四年,兀术入州,士醫乘城拒戰,城陷死之。後贈武翼大夫,官其二子。

王明清《揮塵後録‧錢穆〈收復平江記〉》:建炎四年庚戌春二月,金人首領四太子者自明、越還師,由臨安府襲秀州。

《揮塵第三録‧高宗東狩四明日録‧中書舍人李正民〈乘桴記〉》云:七日,周望又言:“知秀州程俱率官吏棄城保華亭縣。”

集:

《漢儒授經圖序》:古者尊師而重道,自天子達於庶人。故孔安國授經昭后,死爲之服,桓榮傅明帝於東宮,及即尊位,幸其第,至里門,下車,擁經而前。蓋其嚴如此。漢興,諸儒以經誼專門教授,故學者必有師承,源流派別皆可推考。歷東漢、二晉,以迄有唐,餘風猶有存者。然其間大儒間出,不專以一經章句授諸生,如王通行道於河汾之間,韓愈抗顏於元和之際。故從之學者,其於行已成務,作爲文章,皆足以名世而垂後,如魏證、王珪、李翱、皇甫湜之徒是也。陋哉,夏侯勝之言也!曰:“士病經術不明,經術苟明,取青紫如俯拾地芥耳。”夫所貴於學者,豈專爲是哉? 而勝以利誘諸生何也? 西漢之俗,固已尚通達而急進取矣,又使士專爲利而學,學而仕,仕而顯,則不過容悅患失之人而已。如張禹以經爲帝師,位丞相,而被佞臣之目,後世議者至以謂西漢之亡以張禹。谷永亦號博通諸經,然因災異之對,枉公議以阿王氏。

二人者，皆成帝所取決，有識所企望，而當漢之所以存亡之機者也，然且不顧，方懷姦而徇利，豈其志本在於青紫故耶？抑天姿然也。後世君子，一志於青紫者衆，求師務學者寡，學者亦無所師承，此余所以常恨生之晚也。方祖宗隆盛之時，如孫明復、胡翼之以經術，楊文公、歐湯文忠以學問文章爲一時宗師，學者有所折衷而問業焉。王荆公出，以經義授東南學者，及得君行政於天下，靡然宗之。元祐間，蘇子瞻以文章主英俊之盟，亦云盛矣。余病卧里中，讀西漢《儒林傳》，觀其師弟子授受之嚴，所謂源流派別皆可推考者，竊有感焉。且浮屠氏自釋迦文佛傳心法與夫講解之宗，至于今將二千年，而源派譜諜如數一二。下至醫巫祝卜、百工之伎，莫不有所師。如吾儒師承之道，乃今蔑焉，所謂學官師弟子，如適相遇於塗耳，蓋可歎也。則其事業之不競，語言之不工，名節之不立，無足怪者。因以漢儒授經爲圖，以想見漢興之風範云。建炎四年六月三十日，信安程俱序。

《山居上梁文》：百盤九折，深入雲臺。兩厦三間，初營光塢。倦游三紀，幾同遠鶴之歸。高謝一時，何有山雌之歡。況乃松楸在望，桑梓焉依。北陌東阡，無非群從。西疇南畝，同是老農。平生無羨於萬鍾，投老遂專於一壑。千章檜柏，奏三籟於太虛。四達軒窻，納群山於丈室。琴無弦而自撫，門雖設以常關。高下茅茨，覽壺中之日月。卷舒雲物，現域外之山川。樸斲既圖，棟梁斯舉。宜作工徒之唱，以傳閭里之謠：

兒郎偉，抛梁東，十二峰巒一徑通。白屋寒多常晏起，覺來朝日照梁紅。

兒郎偉，抛梁西，桃李新栽欲滿蹊。煙塢盡頭穿細嶺，白雲深處有招提。

兒郎偉，抛梁南，疊嶂如屏翠拂嵐。但見雲林橫谷口，豈知中有我伽藍。

兒郎偉，抛梁北，雲頂峰前三畝窄。茅茨高下一壺中，百尺飛泉瀉空碧。

兒郎偉，拋梁上，雲裏堪巖倚青嶂。秋光春色四時新，日月煙霞無盡藏。

兒郎偉，拋梁下，俯視溪山展圖畫。欣欣雞犬靜相聞，一月○當爲"日"田疇收穫稑。

伏願上梁之後，鄉無疵癘，歲有豐登。長幼團欒，共說無生之話。閭閻揖讓，永爲安業之人。重見太平，同躋仁壽。○案：集《庚戌和柳子厚詩十七首》中有《卜築西塢》一題可證此文，故即繫之庚戌。

《山居》

《勝林堂》：超然出稠林，無二無分別。若問勝林堂，清風滿庭樾。

《妙高堂》：君知妙高堂，何異妙峰境。向來妙高人，宛在妙峰頂。

《常寂光庵》：云何常寂光，遍在一切處。元本住庵人，無來亦無去。

《無垢池》：瀹然集清冷，無厭亦無受。故此巖下池，予名曰無垢。

《普潤池》：叠翠繞幽谷，清池鍾百泉。安知一壑雲，利澤浸無邊。

《妙湛池》：妙華出淤泥，定水湛然滿。上有清涼峰，森蒼映清淺。

《寂照堂》：古鏡懸太虛，摩尼珠五色。紛然百草頭，寂照照常寂。

《定林》：定林在何許，窈窕鍾山麓。得非夸娥民，遺我障巖谷。

《盤谷》：重重翠聯錦○當爲"綿"，一掩一回互。三徑踏煙霞，披榛自來去。

《谷口堂》：子真巖石耕，名稱動都邑。不比北山翁，銷聲寄禪寂。

《雲巢》：朝見雲飛簷，暮見雲生礎。客至覓雲巢，雲深在何許。

《競秀泉》：千山秀回環，靈液走巖竇。清甘佇方空，可噀不可漱。

《繡谷亭》：西山屬黃岡，相錯宛如繡。倚仗立幽亭，歸鴻没煙岫。

《韜雲磴》：陰陰韜雲徑，步步雲生足。巾裾撲空翠，逶迤向山麓。

《清音澗》：潺湲清音澗，便是偃溪水。長笑箕潁人，區區洗吾耳。

《虛緣靜》：萬緣正繁興，當處即解脱。當①知本來空，不受汝摩撮。

---

① "當"字原作"堂"，據徐裕敏點校《北山小集》改。

《崇蘭塢》：猗闌轉光風，幽芳被山谷。悵望斷金人，同心不同躅。

《梅谷》：穠華敢爭先，獨立傲冰雪。故當首群芳，香色兩奇絶。

《三休臺》：三徑屬桃煙，遥遥想寧極。終當珮飛霞，頡頑向空碧。

《達觀臺》：蒼陰羃杉松，延緣出幽谷。豁然天地開，八極啟遠目。

《通幽徑》：躋攀通幽徑，鬱密森松竹。雲雪正埋山，深林閟寒綠。

《漆林》：敬候那易學，正自追農圃。平生老瓦盆，安用雕髹許。

《竹嶺》：嘉名追輞川，未辦茱萸沜。勿使斤斧侵，煙梢拂雲漢。

《慧照峰》：暘光出扶桑，照耀四天下。慧日破無明，蒙光失長夜。

《清涼峰》：嵬峩古澗西，萬木集歸鳥。炎炎日流金，爲君除熱惱。

《德雲庵》：德雲老比丘，經行衆山頂。普光明法門，觸目無二境。

《法乳泉》：山腰發靈滋，甘美勝牛乳。應持供茶神，慎勿污烹煑。

《菊泉》：一泓貯清泉，百本蓊佳菊。長年汲芳甘，霜鬢儻重綠。

《羃翠軒》：開軒面杉竹，冷翠搖清空。披衣水邊石，長夏來薰風。

○案：此二十九首不知的爲何年所作，以記山居之勝，故附於此年。

《和柳子厚詩十七首庚戌》

《覺衰》：老境一如此，羲娥日交侵。霜毛三千丈，安問尺與尋。陳力會知止，嘉言佩周任。歸來北山北，邂逅得素心。朝見東日升，暮見西日沉。流運有終古，朱顔豈常今。譬之如灕酒，豈耐無停斟。萬化未有極，誰能惜分陰。捕影良自苦，沈哀寄微吟。安知菩提樹，正在生死林。長風振遥壑，三籟有餘音。

《同趙叔問涉澗伐荒蘙得大石壁立喬木蒼然上蔽雲日因平築尋丈地時憩其下夏初雨後尋愚谿》：披榛亦捫蘿，度此幽澗曲。寒藤繞蒼壁，杉桂雜篁竹。雲泉固膏肓，大勝谿壑欲。彼哉機士懷，冰炭甚寒燠。

《曉起獨覺》：勞生垢濁中，長夜不知曉。幽人自超然，下視正膠擾。巾冠及雞晨，夢覺常了了。

《趙叔問被召赴行在零陵贈李卿元侍御簡吳武陵》：登車大梁下，掃迹金川湄。佳人倚脩竹，鉛華爲誰施？滔滔大塊間，一一窮途悲。今晨尺一書，趣駕當及時。盤石久不固，慇懃濟時危。豺狼尚縱橫，蔓草恐復滋。當宁正嘗膽，諸公力猷為。老子意不淺，長哦江漢詩。

《示從父弟偉晨訪超師院讀禪經》：汝年近知非，我老過艾服。向來萬金書，一紙百過讀。安知復一處，林壑時追逐。茅茨稍經營，秔稌今已熟。壺觴悦情語○“話”之誤，步屧三徑竹。安能拾冰壚，蟣虱弔湯沐。相期戡良規，不辱在知足。

《早涼過西塢旦携謝山人至愚池》：尋壑轉松嶺，雨餘枕氣清。時時捨籃輿，散策亦意行。石磴縈龍縱，幽泉高下鳴。蒲團蔭嘉樹，兀坐已忘情。

《卜築西塢南澗中題》：出處初漫浪，淹留失佳時。時英盡珠璞，寧復見誰差。一去四十年，伏櫪久已疲。幸此歲將暮，穿雲弄清漪。窈窕煙塢中，蒼陰晝森垂。兹焉寄茅屋，橫仄任所宜。谷口翳杉竹，柴門畏人知。誰言一丘壑，儻與汗漫期。

《寫懷因簡趙叔問造法華寺西亭》：胡塵暗中原，世路日以艱。脱身九死中，自笑老且頑。才志本不競，拂衣謝塵寰。相從莫逆人，雲蘿共躋攀。固知千里駒，未免山復山。漢武謂劉德“千里駒”。我已卜西谷，背巖結三間。豈無風篁嶺，亦有明月灣。西湖之西有風篁嶺，洞庭山有明月灣。平生真遠游，舊觀忽以還。兒童釣遨處，陳迹猶班班。疊嶂藹空翠，暗泉響餘潺。采芝嵯巖下，長謡想商顏。山行得紫芝九本，金芝三。逋客不復駕，居然掩雲關。從來悟泡影，豈但忘觸蠻。所幸戎馬際，餘生得長閑。

《終日塊坐無與晤言戲作溪居》：大音無成虧，寂默無瑕讁。莫嗟無往還，正自主忘客。談玄口挂壁，對境心似石。相向兩無言，秋山倚空碧。

《示了空長者贈江華長老》：老空嗜酒肉，早歲事禪寂。歸來山中舍，杖屨不停迹。高門走縣薄，兩版局四壁。醉來見間卧，度此風雨夕。遥遥慧日峰，法涌分一滴。應笑北山人，藜羹比香積。

《寄荅湖江仲長衮初秋夜雨贈吳武陵》：急澗無止水，秋蘭無故叢。別來今幾年，坐閱毗嵐風。交親半鬼録，生者仍衰窮。及兹過君家，樽酒一笑同。知我厭鼙鼓，煩君韻絲桐。相攜步林壑，暫覺萬慮空。樗社寄莊叟自謂，醉鄉著無功。謂仲長。醒平来百憂集，尚寐期無聰。

《天久不雨高田皆坼鄉人祈禱閲月乃雨遠近告足有足喜者首春逢耕者》：長夏久不雨，良田失欣榮。塵生畎澮間，小大空營營。麻粟半乾死，所憂負春耕。嗷嗷走香火，靈湫汲寒清。梵唄喧里社，油雲被嘉生。俄然下甘澤，歡聲接柴荆。年年鎬京宴，及此萬寶成。偷生得一飽，感慨難爲情。顧念龍在野，悲歌淚縱橫。

《寄江彦文緯秋曉行南谷經荒村》：往追雙玉人，芒屨踏巖谷。阿咸今獨往，宰上森拱木。公来定何時，舊唱猶能續。尋壑復穿雲，仙山看飛鹿。壬辰歲與彦文、仲嘉縱遊山間，時余作詩有"雙玉人人阮阿咸"之句，又戲作疊韻詩爲酒令。前日，復以數句相調，稍欲尋盟矣，故有"舊唱猶能續"之句。北山有塢曰"君讓"，石間有馬迹，相傳神仙所嘗居，不知君讓爲何人也。武夷山有飛鹿。

《十二月二十三日大雪中種物巽上人以竹間自採新茶見贈》：密雪彌四極，紛紛亂空華。斯須失千嶂，僵木忽以芽。眼中萬株春，璀璨通巖涯。迨此凡艷熄，坤輿净無瑕。蒼根移遠梅，不憚澗谷遐。含冰伴幽獨，思慮無由邪。寶樹發銀界，無脩證三耶。皎皎天宇外，何勞凌絳霞。梵語"三耶三佛"，亦云"三藐三菩陁"。盧鴻一《十志歌》有云："皎皎之子曰獨立。"

《野人致紫竹栽手植方丈後再至界圍巖水簾遂宿巖下》：名山昔遠遊，老罷無復覿。永懷避世士，往往寄農圃。移家白雲根，及此未春雨。桃梅足新栽，把玩喜欲舞。可無紫琅玕，葉作翠鳳羽。寵光松菊徑，蕭散煙霞聚。雌雄比嶰谷，顔色蓋南浦。龍鞭雖未行，玉茁亦已吐。咄嗟勿留情，萬物乃吾府。竹十二竿，故有"嶰谷"之句。

《得白菌引酒徑醉郊居歲暮》：春霖接歲寒，鮭菜已久索。誰持王○當爲"玉"輪菌，侑我金鑿落。安知老瓦盆，平昔滋味薄。得此徑陶然，朱顔忽如昨。

《辛亥正月六日夜雷已發聲大雨達旦山中流泉高下噴①薄殆不啻九十九不減仇池也湘口館瀟湘二水所會》：故歲聿其除去，微陽已潛回。始茲魚上冰，殷地驚春雷。急雨暗清夜，飛流散巖隈。遲明起四顧，妙境神所開。未信小有洞，蒼崖隔凡埃。玲淙十九泉，漱玉松風哀。褰裳喜欲狂，幽興不可裁。妙喜真斷取，呼援定飛來。相與俯清馭，傳杯聊遡洄。○案：此首當入辛亥，以統於十七首中，故附此。

《戲書古句題山居》：青山秀色若可餐，卷書飢坐看南山。樂哉洋洋巖下水，可以樂飢仍洗耳。石田墝埆不敢荒，時耕帶月歸帶霜。田中不了麴糵事，蟬腹且追張子房。

《五月二日同叔問過彌陁閣觀山中飛瀑》：飛泉落青冥，掩冉振森木。驚雷殷厚地，噴薄轉空谷。崩湍爭喧豗，漱此千丈玉。洶如秦軍破，勢比不周觸。初疑三峽移，無乃九井蹙。雲中阿蘭若，峻嶺鑱重麓。悽寒絕人境，共此媚幽獨。長飢不難忍，洗耳謝羈束。君方應時須，我已甘脫粟。正恐山不深，從今友麋鹿。

---

① “噴”字原作“墳”，據徐裕敏點校《北山小集》改。

# 程北山先生年譜卷第四

蘭谿 葉渭清 編

紹興元年辛亥，五十四歲。三月甲辰，詔以朝請郎直秘閣室秘書少監，進《麟臺故事》。九月，除中書舍人。十月，兼權侍講。

《行狀》：紹興改元，始置秘書省，即以公爲秘書少監。九月，除中書舍人，仍兼侍講。

《宋史》本傳：紹興初，始置秘書省，召俱爲少監。奏修日曆，秘書長貳得預修纂，自俱始。時庶事草創，百司文書例從省記。俱摭三館舊聞，比次爲書，名曰《麟臺故事》，上之，擢中書舍人兼侍講。

集：

《朝散大夫行尚書司封員外郎致仕毛公墓誌銘》：會余亦召至行在所，備官蘭臺。○案：毛公名隨，字彥時，衢州江山縣人，以紹興元年四月己巳卒於越州大善僧寺之寓舍，年五十五。先生此誌亦作於是年云。

《初召到越州呈宰執論事劄子》：近依准尚書省劄子，乘遞馬赴行在。二月九日道由浦江縣，雇夫不時得，留滯一日。無誰何者，塊坐逆旅，因訪問縣令爲誰，稱是王三錫，方致齋不出，且以非意將代去，無意於事。其人又具言浦江初闕令，郡檄王三錫權縣事，會有潰兵入境，郡遣人招安，本縣應副錢糧，潰兵聽命。知州沈晦以王三錫招安應副有勞，奏乞正差知浦江縣。勅未下間，有先授浦江知縣劉某到任交割。半月餘日，王三錫差勅下，遂卻替罷劉某，其劉某尋得官秀州華亭。而浦江有邑豪二人，初以物力事怨王三錫，遂率人經監司及朝廷陳狀，乞留劉某，稱有治術，且稱三錫是婺州人，恐於縣事不無顏情。三錫遂具狀申陳，若身有贓私，乞付獄究治。尋下監司體量，並無不公迹狀，猶蒙朝廷令與劉某兩易。愚竊以王三錫若有不公罪犯，此二邑豪必無容隱。劉某到任半月，未應便致百姓挽留，徒以邑豪二人初懷小憾，既率人舉留劉某，恐三錫不去，深懷反側，遂出死力取必朝廷，卒能回已行之命，遂一己之私。況此二人既有財豪一縣，今者又能上紊朝廷去留縣令，在任者排之使去，已替者挽之使來，以下凌上，權移匹夫。竊恐此風浸不可長，此事雖小而所繫者大。區區愚慮，敢以上裨聰明，或加省納。案：據《劄子》，證知先生以今年到行在所也。

《紹興元年三月四日上殿劄子》：臣伏覩二月二十六日手詔，陛下以國難未平，寇賊滋熾，慨然以四事詢於侍從臺諫之臣，誠急務也。然國家之患，在於論事者不敢盡情，當事者不敢任責，使之含糊前卻，坐失歲月，而恨功業之不成者，良以此也。其故安在？夫言必有用否，事必有成敗，必然之理也。言不合則見排於當時，事不諧則追咎於始議，則人皆莫敢盡情而任責矣。且以近事言之。時方主戰，則主和者爲罪人。時方主和，則主戰者以遠貶。以南渡爲非是，則執政以請移蹕而賜能○“罷”之誤避狄有定議，則宰士以請駐蹕而外遷。欲理財而資軍食者，則或被聚斂之名。欲治兵而屬威武者，則或負不愛君之謗。時有未至，勢有未便，其言不用，容之可也。而因以斥廢，使負大罪而被惡名，此有志者所以解體，而憂國者所以寒心也。如是陛下之臣雖有智如陳平，不敢請金以行間。勇如藺相如，不敢全璧以抗秦。善將如韓信，不敢言去漢中而下三秦。通才如劉晏，不敢言理財以贍軍食矣。時有用捨，事有成否，戰有勝負，一有不至，則將負不可解之罪於無窮，此臣下之所懼也。臣願陛下采狂瞽之言，下丁寧之詔，俾論事者得以盡情，任事者無悼後害，容之以大度，示之以大信，撥之以道而采用焉。方今陛下焦勞於上，臣庶憂憤於下，蓋惜分陰、救焚溺之時也。湯以七十里，文王以百里，而況席祖宗之成業，因天下之思戴，屬精嘗瞻，覽群策以興事功，則亦何爲而不成，何敵而不服，何功而不立哉！取進止。

○《行狀》：“每憂外難未夷，寢食不寧，章奏數上，如所謂‘國家之患，在於論事者不敢盡情，當事者不敢任責。言有用否，事有成敗，理固不齊。今言不合則見排於當時，事不諧則追咎於始議。故雖有智如陳平，不敢請金以行間。勇如相如，不敢全璧以抗秦。通才如劉晏，不敢言理財以贍軍食。'此有志。"云云，正引此劄子，"此有志"下盡行五空格。劄子有"此有志者所以解體，而憂國者所以寒心也"二語，《行狀》蓋用以作結，而傳寫或漏去也。

臣竊以陛下聰明英武，雖以出於天縱，成於日躋，然古所謂"念終始典於學"與夫"監於先王成憲"者，故不可略也。高宗所以爲商中興主者，以是道也。人君之學異於臣庶，學爲王者事而已。使大學之道成於胸中，則其於聽言應物、出入起居、發號施令，莫不唯理之從而恢恢然有餘地矣。臣願陛下選端亮敦厚、通知古今、識大體之人，專以侍講讀爲職，使之日侍左右以備顧問，不必俟開經筵也。要令出入禁闥，常在上前，如漢侍中、尚書郎之比，清間之宴，爲聖主陳說治道與古之正心誠意、修身愛物、任賢御事之宜，古今成敗之事，亦所以資緝熙光明之萬一，非小補也。伏況陛下方勞心焦思，念國步之艱難，懷二聖之北狩，天下之大，不足解憂，諒無燕豫便嬖之娛矣。儻使儒生日奉簡編於前，講論古今，不唯仰裨海嶽，亦足少寬聖懷，以度永日，豈不賢於餘事哉？乃若截截諞言，沾沾自喜，傾覆如主父偃，險躁如賈捐之，捷給如韋渠牟，狂憸如李訓，與夫浮華嗜進之徒得而爲之，則又不若無之○當重"之"字爲愈也！狂瞽妄獻愚忠，伏維陛下裁赦。

臣竊以今强虜憑陵，群盜充斥，國之大事，莫急於兵戎。人之司命，莫大於將帥。今舊勛宿將固已選而用之矣。惟才之難，不可不兼收而預擇也。臣意文武臣僚之中，或有才略忠勇之人足以爲將帥而未用者。儻俾二府與前執政於文臣中，管軍臣僚、諸將節度使以上於武臣中，各保舉一人，簡而儲之，以侍將帥之選，亦漢之數路得人之意也。

《二月納富樞密劄子》○案：《宋史·宰輔表》："建炎四年十一月戊申，富直柔自御史中丞除簽書樞密院事。紹興元年八月己卯，富直柔自端明殿學士、簽書樞密院事除同知樞密院事。十一月戊戌，富直柔罷同知樞密院事，以中大夫提舉臨安府洞霄宮。"證知此是紹興元年二月也。

《納相府劄子》

《五月納相府劄子》○案：《宋史·高宗本紀》："紹興元年九月辛亥，合祭天地於明堂，太祖太宗並配，大赦。"此稱又迫明堂大禮，證知繫在紹興元年。

《納宰執論事劄子二、三》

《宋史·本紀·高宗三》：紹興元年八月戊辰，張守等上紹興重修敕令格式。

集：

《進新修紹興敕令格式表》：臣聞政有忠質文之異尚，所以救時。典有中輕重之不同，期於止辟。顧因循之或敝，繫損益之可知。苟惟膠柱○當為"柱"而弗更，則亦推車而或泥，恭承眷旨，欽慎祥刑。鉛槧非才，簡書趣備。臣某誠惶誠恐，頓首頓首。竊以制而用之謂之法，推而行之謂之通。故上有道揆以盡通變之宜，下有司存以嚴法度之守。至若畫衣冠而不犯，是謂帝王之極功。垂象魏於始和，式敷邦國之常憲。載在三尺，行之萬方，儻非可大之規，莫應無窮之緒。永惟嘉祐之盛，實纘太平之基。人咸阜安，政本忠厚。罰疑從去，恢然綱舉而綱疏。令出惟行，捷若置郵而傳命。丕承有在，洪烈備陳。政和以來，彌文具緝。寬恤之詔屢下，奇衺之目寖煩。通觀厥成，亦克用乂。著為律而疏為令，既積日以增多。歲有會而日有成，又續書而不一。逮此艱難之際，收之煨燼之餘。國之將興，理若有待。恭惟皇帝陛下屬精求治，嘗膽濟時。深惟溢水之防，不忘朽索之馭。省堯方於五載，豈惟禮物之修。約漢法之三章，益邁寬仁之德，俾致欽於明罰，蓋無事於滋彰。庶幾合古以便今，亦將易避而難犯。所慚鈞撫，莫副哀矜。臣等今將云云。

《中興會要》：九月十九日，秘書少監程俱上所編《麟臺故事》五卷，詔送秘書省。《永樂大典》卷一千七百四十一所引。

集：

《麟臺故事後序》：右《麟臺故事》五卷。紹興元年二月丙戌，丞相臣宗尹、參知政事臣守、參知政事臣某言："祖宗以來，館閣之職所以養人才、備任使，一時名公卿皆由此塗出。崇寧以後，選授寖輕。自軍興時巡，務省冗官，秘省隨罷。今多難未弭，人才爲急，四方俊傑，號召日至，而職事官員闕太少，殆無以處。事固有若緩而急者，此類是也。謂宜量復館職，以待天下之士。"制曰："其復秘書省，置監若少監一人，丞、著作郎、佐郎各一人，校書郎、正字各二人。其省事所應行，除官到，條具上尚書省。"三月甲辰，詔以朝請郎、直秘閣臣程俱試秘書少監。臣愚無似，初以編修《國朝會要》檢閱官寓館下，又再佐著作，今茲修廢官以舉令典，又以人乏，首被久虛之選，跊踏懼不稱。受職之始，則按求簡牘，皆無有。竊念惟昔三入秘書省，皆以薄技隸太史氏，頗記祖宗三館故事與耳目所見聞，老吏奔散死亡之餘，亦尚有存者。或收故牘煨燼泥塗中，參考裁定，條上尚書，請置孔目官一人，楷書吏十有二人，專知吏一人，其誰何、繕治、守藏、防閤、庖滌之徒卒不過八人。其案典文書法式、期會廩稍人從，皆如舊格，參以近制從事。尚書以聞，制曰"可"。於是士庶始有以家藏國史、實錄、寶訓、會要等書來獻者，國有大禮大事，於茲有考焉。而校書郎、正字又雜以祖宗之制，召試學士院而從命之。臣俱謹案《周官》，外史掌四方之志，掌三皇五帝之書，太史正歲年以序事，頒之於官府及都鄙，頒告朔於邦國，與夫所謂"左史書言，右史書動"者，今秘書省實兼有之。漢、魏以降，名稱不一，要爲史官。故唐龍朔中，以秘書監爲太史，少監爲蘭臺侍郎。今有司文書散缺尚衆，例從省記，按以從事，蠹敝或生。而典籍之府，憲章所由，顧可漫無記述以備一司之守乎？昔孫伯黶司晉之典籍，及辛有之二子董之，故伯黶之後在晉爲籍氏，辛有之後在晉爲董史，則談、狐是也。臣衰緒寒遠，雖非世官，然身出入麟臺者十四年於此矣。則其纂故事、裨闕文者，亦臣之職也。因采摭三館舊聞，簡册所識，比次纘緝，事以類從，法令略存，因革咸載，爲書十有二篇，列爲五卷，錄上尚書，副在省閣，以備有司之討論，臣俱昧死謹上。

《進麟臺故事申省狀》：右，某竊見車駕移蹕以來，百司文書，例從省記，按以從事，蠹敝或生。日者朝廷復置秘書省，稽參舊章，稍儲俊造，而某濫廁盛選，待罪省貳。竊以謂典籍之府，憲章所由，當有記述，以存一司之守，輒採摭見聞，及方冊所載、法令所該，比次爲書，凡十有二篇，列爲四〇當爲"五"卷，名曰《麟臺故事》。繕寫成二冊，詣都堂呈納。所有進本，欲乞批狀送通進司收接投進。仍乞以副本藏之省閣，以備討論。謹具申尚書省，伏候鈞旨。

《辭免召試中書舍人狀》：右，某准尚書省劄子，云云。聞命震惶，不知所措。伏念臣才術不競，性質蠢愚，加以積憂薰必〇"心"之誤，志思凋耗，問學寖廢，文字荒疏，使勉就於試言，必難充於盛選。所有召試恩命，伏望聖慈特賜寢罷，庶安愚分，不致疾顛。無任云云。

《辭免除中書舍人狀》：右，臣今月十一日准尚書省劄子，奉聖旨召試中書舍人，尋具奏辭免，乞賜寢罷上件恩命。十三日准尚書省劄子，奉聖旨，程俱特免試除中書舍人，日下供職者。臣仰戴誤恩，益不遑處，敢布誠悃，上瀆睿聰，竊以西掖詞臣，當世高選，自非文學足以資潤色而備顧問，才識足以明治道而達國體，公望所屬，豈敢冒居？而臣迂蠢之質既無取材，鄙陋之文又不足道，年齡迫於耆艾，心志耗於隱憂，苟貪寵榮，不量稱否，必速官謗，上負簡求，而況班著之中，俊彥甚衆，以之充選，諒不乏才。猥以命臣，實深惶懼，伏望聖慈察其懇款，收還新命，曲賜允俞。螻蟻之私，不勝幸願。臣無任。

《舉自代狀二十四日授告。二十五日告謝，賜章服。二十七日正謝》：右，臣伏覩朝請大夫、行尚書駕部員外郎王禹得學問淹通，資性簡靜，揚歷中外，幾二十年，老於郎曹，泊無隕獲，如蒙進擢，以鎮躁浮，舉以代臣，實允公議。

《中書舍人謝表》：臣某言：臣伏奉告命，授臣試中書舍人，仍賜紫章服者。冊府紬書，誤玷英髦之首。詞垣簪筆，猥當潤色之求。敢意非才，驟廁明命。銜恩則厚，揣己若驚。臣某誠惶誠恐，頓首頓首。臣竊以喉舌之司，繫萬幾之自出。絲綸之任，實庶政之與聞。不惟有取於爾雅深厚之詞，蓋亦兼收於獻納論思之益。豈非人才進退，繫國體之輕重。政事弛張，關天下之利害。號令一出，播敷万邦，絜維固在於股肱，補拾可無於諷議？至於華國之具，亦責代言之工。是以祖宗之○當爲"已"來，制勑必由於三省。侍從之選，給舍每高於一時。自非識足以見微，才足以經遠，文知體要，無慚蘇李之能。學貫古今，可備崔高之問，則何以仰當睿簡，俯厭師言？孚德意於四方，亦中興之一助。如臣者少而孤陋，壯益鈍頑。述業自知其不豐，纘言未足以明道。早歲棲遲於湖海，蓋將終身。中年出入於朝廷，誠非素意。何圖晚暮，上被奬知，察之以日月之明，施之以天地之造。化○當爲"比"者召自廬里，賜對宴間。曾微塵露之禆，收此桑榆之景。麟臺復建，既先諸子之鳴。鳳閣方虛，更濫群英之吹。且於廷謝，錫以身章。敢辭濡翼之譏，祇重臨淵之懼。此蓋伏遇皇帝陛下堯仁廣被，湯德又新。飭蠹壞於傾否之時，奮乾剛於撥亂之志。宵衣旰食，纘周室之丕基。藏疾納污，廓漢皇之大度。故待人也輕以約，亦嘉善而矜不能。致是逖疏，有斯遭遇。臣敢不稍尋舊學，益慕前修。披肝膽以獻誠，或能千慮而有得。竭鉛駑以自效，庶幾十駕而可希。敢懷患失之心，永矢捐軀之報。臣無任感天荷聖激切屏營之至，謹奉表稱謝以聞。臣某誠惶誠恐，頓首頓首，謹言。

《繳詞頭狀》

《繳李處勱再任詞頭奏狀》

《繳宋晚詞頭奏狀》

《轉對狀》：右，臣准御史臺牒，十月一日輪當轉對者。臣伏讀改元德音、宗祀赦令，陛下所以勸恤人隱、惻怛丁寧之意可謂備矣。豈非以謂人心者，邦本之所以固耶？自天下兵動以來，其橫潰四方，爲生靈之禍、國家之憂者衆矣，然有叛卒而無叛民。今者江西、福建、湖廣之民往往起而爲盜，此不可不思其故也。傳曰："應天以實不以文，動民以行不以言。"今仁愛之言聞於天下屢矣,元元之民必將冀其實也。且朝廷知民之所患,莫大於科率之繁重,故令提刑司覺察州縣科率者,以自盜贓論。夫科率之繁重,由府庫空竭、橫費日加也,不取之民,將安出哉?如此,則雖以自盜定罪,日殺一人,而不能禁。其科率之爲害,又不如姦贓不才之吏之爲害深也。所謂科率之錢,官用一二,私取八九者是已。監司不按,與之同罪,所以禁切之亦至矣,然贓吏終不止者,何也?由不慎擇守令、監司,而未嘗正贓吏之罪故也。遠州僻縣未嘗聞使者之足音,使傳忽至,非搜府庫、竭膏血,輒耕穫之夫以挽負於道塗,耗糧儲以悅隨行之吏卒,則親舊賓客請託爲姦,如是而已。民之疾苦不問也,贓吏不按也;豈唯不按,又罔朝廷而薦之。州有軍期之庫,縣積軍期之錢,如德音所云者皆是也,然且迭爲姦欺,不相蒙則相持耳。夫監司、郡守不慎擇,贓吏不正典刑,無額之斂無所稽考,告賞之科不嚴,則雖日下一詔,而姦贓之吏不悛也。如此,則德音之欲去贓吏之弊者,尚爲有實乎?夫科敷之害未能遽去也。剝民之財,破民之產,常使其入皆以資公上緩急之須,則元元之民尚無憾也;而所謂官用一二、私用八九者存焉,此民之所以怨也。縣令不能遍知也,則亦慎擇郡守、監司而已。朝廷誠恤窮民、疾贓吏,何不遣一忠信才能之使,取一二州科敷侵盜之尤,廉核而考驗之,若其匿文書、庇胥吏、俾使者不得治者,則其姦狀明矣。罷之而對置,又重告賞之格以發其姦,而贓吏得矣;贓吏得,付之定法而必行之,如祖宗之時,或可以少警矣。如此而後橫斂之患稍息。藉令不得已而斂之,悉以資公上之急,而不以肥贓吏之家矣。庶幾民少安而無怨,則聖主所以發德音而下明詔者非空言也。惟陛下留神裁斷,以安窮困之民,則天下幸甚!

《辭免權侍講狀》:右,臣今月八日准尚書省劄子,三省同奉聖旨,差臣兼權侍講者。臣一介愚賤,上蒙恩簡,雖是暫權,然臣伏自惟念學術淺陋,心力衰疲,今此盡瘁絲綸,尚恐速荒疏誤忘之罪;若侍經帷幄,必將有鄙拙尸素之譏。聞命之初,惶恐無喻。伏望聖慈特降睿旨,別

選時俊，罷臣上件權侍講指揮，俾安愚分，不勝幸甚！謹録奏聞，伏候
勅旨。十月十日奉聖旨不允。

《十月十三日上殿》：臣竊以爲制誥者，人主所以號令天下而鼓動
群物之具也，其可不慎其言哉！臣觀前古訓誥之文，其都俞戒飭吁咈
之詞未嘗過其實也，唯其稱而已矣。昔者有臣如皋陶者，而舜稱其功，
止曰"汝作士，明於五刑，以弼五教，期於予治，四方風動，惟乃之休"而
已；有臣如周公者，而成王稱之，止曰"惟公德明光於上下，勤施於四
方"而已；其稱畢公曰"惟公懋德，克勤小物，弼亮四世，正色率下，罔不
祗師言"而已；其餘則皆相與儆戒訓飭之言也。後世儷辭纍句，稱頌功
德，如啟事之爲者，恐非臣下所當得於君上者也。至如西漢，去古未
遠，故當時詔令，號爲溫厚，其詞皆節緩而思深，於進退黜陟之間，不爲
溢言以没其實。夫號令之出，而使加膝墜淵之語日聞於天下，非所謂
"大哉王言"者已。臣愚不肖，蒙陛下簡拔以當絲綸之任，誠願竭駑，少
○"少"字疑誤倣古人之體以當今之宜，以著陛下德意於訓詞，而無使爲
天下之所嗤議，亦報效之萬一也。取進止。

（貼黃）：昔唐之詞臣有爲魚朝恩之誥而其詞簡約者，朝恩怒曰：
"一字不可增耶？"由是銜之。而近世率以詞臣之情好厚薄愛憎，以觀
時之用捨緩急，而爲訓詞之輕重，蓋不思其爲人主之言而非詞臣之言
也。臣竊非之。

臣竊以方今强虜憑陵，群盜充斥，國之大事，莫急於兵戎；人之司
命，莫大於將帥。今舊勛宿將固已選而用之矣，惟才之難，不可不兼收
而預擇也。臣意文武臣僚之中，或有才略忠勇之人足以爲將帥而未用
者。儻俾二府與前執政於文臣中，管軍臣僚、諸將節度使以上於武臣
中，各保舉一人，簡而儲之，以待將帥之選，亦漢之數路得人之意也。
右，臣三月四日蒙恩賜對，進呈上件劄子，未聞施行。謹再録上進，更
乞聖裁。取進止。

《繳詞頭奏狀》

《繳宣州起復司户參軍狀》

《繳江東大使司辟持服人狀》

《劄子十二月十一日上》：臣輒有愚悃，上瀆聖聰。臣仰蒙聖慈知遇獎拔，每思報效，唯有寸心，蓋筋力不足以備顏行，才術不足以當繁劇。若於籌思利害、裨補闕遺，又無以效區區之忠，則是頑無所知，素餐而已，苟無人責，必有天譴。此微臣所以常於出納命令之際，未嘗敢懷不盡之情者也。今月七日，中書門下省送到録黄，奉聖旨，福國長公主臨月，令户部支錢三千貫文。臣以堂判報行，必已支給，事關賜與，理無復追，遂更不敢論繳，上煩聖聰。然臣愚過計，竊恐產乳或滿月之後，儻援此爲常，則爲無藝。若其他賜予之間每事如此，浸恐傷財害民，以貽陛下它日宵旰之憂。故敢妄陳瞽言，伏惟采擇。自天下承平，錢帛山積，遂使禁庭宮邸與夫宗戚貴近之家視數千百緡僅如糞土，不思民力，輕以費用。臣聞神宗皇帝時，初欲更制俸禄，遣中使咨問李氏大長公主以先朝俸禄之數。大長公主初不肯言，久之乃曰：“言之使人羞愧。未下降時，月俸五千。”臣政和間守官京師，則聞大長公主之女月俸并雜給之物無慮數百千矣。此國用安得不乏？國用乏，橫斂安得不厚？橫斂厚，民安得不困窮也？且三千緡在今日，亦中人之產也。觀州縣催科之政，關市之征，大抵農商貧下之民錙銖圭撮之所積，鞭撲禁錮之所得者，豈非生民之膏血耶？而取承平以來所謂中人百家之產，王姬數十年之俸者，曾不滿富貴之家一笑之費、一日之給，此所以天惡人怨而馴致天下至於此極也。近年禁庭宮邸與夫宗戚貴近之家，具○《行狀》作“其”享富貴之奉，極驕奢侈麗之欲，皆古所未有；然其卒也流離狼狽，亦自古所無之苦。此皆不知惜福畏罪、仁民愛物之道，故其報如此其酷也。然懷利封己之人習熟聞見，至今猶以侈大爲當然，以嗇儉爲削弱，此不可不變也。以邇日昭慈葰宮與接伴麗使之事觀之，則知貪冒之心未嘗少知戒懼也。夫以昭慈之喪，葰宮非園寢之制，近郊非洛邑之遠，而臣竊聞之，費至三十萬緡。接伴麗使，初欲自明至京舊例之半，今館伴之使當在明州，則接伴使罷之可也，而置局自如此何理也？其肯爲陛下撙節財用、不市私恩而專恤國事者鮮矣。今國用不足如此，民力困極如此，養兵賞設、官吏之俸、不時之費如此，然未至於闕絕者，江浙之地尚可征、江浙之民尚可斂而已。徒見其未闕絕也，因以謂天下之財無有窮盡，可乎？不知一日闕絕，則禍變不可勝言矣，豈可使至於闕絕而後急也？此臣所以深憂而切歎者已。臣願陛下以祖宗爲法，每於賜予費給之間，視金帛錢穀當以生民之膏血、國家之基本視之，而無復以近年爲比也。夫三百萬之錢，賜骨肉之親，而臣喋喋如此者，艱危之時，匱乏之甚，雖至微之物，然積以致多，亦當節以制度而與天下共之；所以惜生民之膏血，而痛革近世侈大致風、貪饕之俗，爲國家計耳。太宗皇帝固嘗曰："朕爲天下守財，安敢妄用？"推此心以制用，則天下無憾矣。夫將以痛革侈大之風、貪饕之俗，非陛下以身率之，示之以儉約樸素之實，恐難以法令操之也。臣今月二日因次進故事，嘗以太宗、真宗愛惜財用、克勤小物之事爲陛下言之矣，乞賜裁覽，則天下幸甚！臣職在論思，仰懷陛下厚恩，不敢不盡愚。僭易獻言，無任惶恐俟罪之至。○《行狀》："祖宗之制，謂近年禁庭宮邸與夫宗室貴戚之家，其享富貴之奉，極驕奢侈麗之欲，皆自古所無有。然其卒也流離狼狽，亦自古所無之苦。而懷利封己之人，習熟聞見，至今猶以侈大爲當然，以嗇儉爲削弱，此不可以不變。"即引此劄子。

《府第納宰相劄子》：竊見接伴高麗人使官申請一行人支賜，並乞減半支給，已得指揮施行。竊謂今日國力比承平時所耗削者何啻一半，而自越至明之勞，比昔時自京師至明遠近又不及十分之一，尚循弊風，冗費如此。竊謂在艱急時，所宜上下體國，以從省儉。又自來國信使及接送使並自受命置局之日，使○當爲"便"支破一行人食錢請給，所費不貲。欲乞裁酌國信使及接伴送使自朝辭前若干月日置局，勿爲浮費，以耗國用，但使不至妨事足矣。何必纔因事便，欲廣費官錢，蠹國病民也？右，謹具呈。

《應詔薦士狀》：准尚書吏部牒，准尚書省劄子，備奉十一月十九日手詔，令侍從官舉三人已上同罪保舉。臣今以所知保舉如後：朝奉郎、權發遣巴州軍州事馮橶，勁直敢言，通理性之學，故臨大事而不懼，嘗說二凶賊，得其要領。其憂國救時之志甚切，若備臺諫之選，必能知無不言。朝散郎、主管江州太平觀許德之，端靖有守。宣和初，任太常少卿，遽求外補，則其恬退可知。其性行學問，可備師儒議論之地。朝散郎、主管臨安府洞霄宮許亢宗，靜粹有立，學問亦優。靖康元年，嘗任起居郎、朝散郎、尚書考功員外郎潘良貴，性質剛方，輔以學識，投閑累歲，涵養益深，議論正平，有志許國。朝散郎、尚書司勛員外郎吳表臣，學有師承，性行純靜。承議郎、權通判臨安府事鄭作肅，嗜學知方，思慮詳審，清修有立，可任以事。右，謹件如前。臣所舉馮橶等如蒙擢用，後不如所舉，臣甘當同罪。謹錄奏聞。謹狀。○《宋史·本紀·高宗三》：“紹興元年十一月壬子，詔內外侍從各舉所知三人。”正與此合。

　　《題陳襄子薦士狀草並手詔及本傳後》：右《樞密直學士尚書右司郎中兼侍講陳襄傳》，見《神宗皇帝實錄》。《實錄》成於紹聖，其言襄之政事故少貶焉。襄之賢聞天下，而薦賢樂善之美，以壬午之詔而益明。然襄之所薦三十餘人，其所學所陳，皆不以當時之所建立爲然者。襄之行己措意，不以禍福進退動其心，以盡忠於所事，蓋可爲也。而神宗皇帝以高明精粹之學，英睿剛健之資，撫熙洽之昌辰，操天下之利勢，而能不以異己者爲忤，方且禮遇而挽留之，此過於帝堯之舍己從人一等矣。夫喜柔順、惡忠直、遠君子、昵小人，此三季之所以亂亡也；從諫弗咈，顯忠遂良，此有商之所以興隆也。伊尹曰：“有言逆於汝心，必求諸道；有言遜於汝志，必求諸非道。”神宗皇帝其力行於是乎？今皇帝得襄之遺藁於委棄之餘，爲下明詔而褒顯之，有神宗皇帝屬精進善之心矣，實天下幸甚！又因俾從臣皆得與薦賢之美，然則何以報上德而追前哲乎？紹興二年庚子，具位臣程俱謹記。○案：“二年”疑“元年”之誤，壬午之詔疑即十一月壬子之詔也，庚子上當有某月字。今附之《應詔薦士狀》後。

　　《十月三日納宰相劄子二》

《乞住講月分不支職食錢奏狀》：右，臣等各以非才，備員講讀，學術淺陋，無補聖聰，月講添給，固已厚顏。今來往講月分若依常月勘請，户○"尸"之誤禄實多。況時方艱虞，國用尚屈，是雖小費，在於臣等，無功而受，竊不自安。伏望聖慈特許臣等住講月分更不勘支職食錢，候開講筵日，既修職事，所不敢辭，伏候勅旨。奉聖旨不允所乞。

《申堂改正王擇仁轉官不合命詞狀》

《乞貼改勅黃劄子》

《繳蘇易轉行橫行奏狀》：准中書省門下省兵房送到詞頭一道，爲武功大夫、榮洲團練使蘇易把截奉化縣界，已蒙轉一官回授，乞於今官上收使。奉聖旨，蘇易將所得轉一官特於階官上轉行，其已降回授指揮更不施行，令臣命詞行下者。右，臣竊見自頃以來，武臣轉官皆自武功大夫轉入橫行，寖以冗濫，頓失祖宗之法。得者既衆，則官益以輕。使人人皆懷欲得之心，無有紀極，在於屬世勸功之時，其爲弊害尤大。今蘇易止是把隘奉化，不經鬭敵，便轉一官回授有服親，已是優恩。今來乃於階官上轉行，即合轉右武大夫，乃是昔時西上閤門使。而朝廷即從其請，收還回授指揮，其於祖宗之法、號令之宜，皆非所應得也。臣契勘祖宗之法，文臣自守將作監主簿至尚書左僕射，武臣自三班奉職至節度使，即是以次遷轉之官。而武臣閤門副使至客省使爲橫行，不繫磨勘遷轉之列。既不繫磨勘，即非皇城使所得轉入之官，其除授皆須特旨。故元豐肇新官制之時，以承務郎至特進爲寄禄官，以易監主簿至僕射之名。而武臣獨依舊，不以寄禄官易之者，蓋有深意也。自政和，不唯輕改武臣官稱爲郎、大夫，遂並與橫行易之，而爲轉官之等級。此皆當時有司不習典故，不思祖宗之深旨，率意改更，以開僥倖之門，大抵如此，故流弊日深也。祖宗時，如曹瑋屢更邊帥，功名傑出，乃以閤門使知秦州。張亢楊歷最久，官止於客省使。且以元豐三年言之，是時官儀人物最盛且多之時，而閤門使止有十四員，引進使一員，四方館使二員，副使五員而已，諸將之爲橫行者皆在數中。如种諤、韓存實、李浩、李昌祚、姚麟之流是也。諤以崇儀副使知岷州，擒宗哥首領，敗鬼章，而得引進副使，後以擒山後生羌冷雞朴而得東上閤門使。當時橫行既少，官職貴重。官職貴重，則人以爲榮，人主慶賞之柄亦重。不然，則反是矣。且文臣之所謂庶官者，轉不得過中大夫，而武臣乃得過皇城使，此何理也？橫行職事親近人主，恩數多類從官，故祖宗時官至皇城使者尚少，其有至皇城使而合轉官者，多是只與遙郡刺使。今乃於武功大夫上一例轉行，其爲冗濫甚矣。自改使爲大夫已來，經靖康、建炎覃沛之後，常調之官，下至皁使僕廝之餘，轉而爲橫行者不可勝數，而運戰之物不以功之高下一例轉入者又不可勝數也。自古名器不慎，官職太輕，變易舊章，紊亂體制，未有如十餘年以來者也。今橫行之官無慮數百千員，其弊可謂極矣！夫官職重輕，在朝廷所以用之而已。朝廷愛重官職，不妄與之○“之”，《行狀》作“人”，則官職重。若朝廷輕以與人，得者冗濫，則官職輕。官職輕，則得者不以爲恩，未得者常懷觖望。何謂得者不以爲恩？異時橫行至少，得者即爲異恩。今則人人可以循次轉行，則彼才器超絕之人、軍職立功之士與常進碌碌之流官稱一同，了無差別，所在之處，百千爲曹，則亦何足貴者？使彼挈短量長，計功比類，則所謂得之不以爲恩者有矣。何謂未得者常懷觖望？蓋與之既輕，得之容易，則其流必濫，既濫則冗，理之必然。則彼未得者將曰：“某人之才，我豈不如？某人之遷，豈以功伐？然彼爲橫行，而我獨平進。”則所謂未得者常懷觖望者有矣。豈唯不以爲恩與常懷觖望而已，而安危治亂之萌，實存其中，蓋不可不慎所與也。關、張官爲將軍，則雖以黃忠之才之功，先主亦欲爲將軍，而諸葛武侯以爲不可遽與關、張等，如此則官職安得不重？唐德宗時，勛官冗濫，於是有以開府驃騎告身易一醉者。然則官職重輕無它，唯朝廷所以用之如何耳。臣不勝愚蠢拳拳慮國之誠，忘其么麼，敢因蘇易之請，曲折布陳，亦冀陛下深思熟計，有以救其弊而已。其蘇易所轉一官，伏望聖慈只令依前降回授指揮施行，庶使有功而得之者皆知爲異恩，而非可知循致者也,則官職重而勸激深矣。所有詞頭繳納中書門下省外,謹録奏聞,伏候勅旨。

案:《行狀》"又論武臣轉官,皆自武功大夫轉入橫行,得者既衆,則官益以輕,使人人皆懷欲得之心,無有紀極,在於屬世勸功之時,其爲敝害尤大。祖宗之法,文臣自將作監主簿至尚書左僕射,武臣自三班奉職至節度使,即是以次遷轉之官。而武臣自閤門副使至内客省使爲橫行,不繫磨勘遷轉之列。既不繫磨勘,即非皇城使所得轉入之官,其除授皆頒特旨。故元豐肇新官制之時,以承務郎至特進爲寄禄官,以易監主簿至僕射之名,而武臣獨依舊,不以寄禄官易之,蓋有深意也。政和間,改武官稱爲郎、大夫,遂并橫行易之,而爲轉官之等級。此皆當時有司不習典故,不思祖宗之深旨,率意改更,以開僥倖之門,故流弊日深。且文臣之所謂庶官者,轉不得過中大夫,而武臣乃得過皇城使,此何理也?自改使爲大夫以來,常調之官下至皂隸,轉爲橫行者不可勝數,其敝極矣!夫官職輕重,在朝廷所以用之而已。朝廷愛重官職,不妄與人,則官職重。若輕以與人,得者冗濫,則官職輕。官職輕,則得者不以爲恩,未得者常懷觖望"一節,即引此奏狀也。

《題酈生長揖圖》後署"辛亥孟夏朔,程俱書"。

《秘省回館職啟》

外制一:

《拱衛大夫宣州觀察使劉公彦差同管客省四方館閤門公事》

《朝奉大夫起居舍人侯延慶除右文殿脩撰與郡》

《席益徽猷閣待制與郡》

《孟庾除户部尚書》

《知岳州袁植贈直龍圖閣》

《資政殿學士太中大夫提舉臨安府洞霄宫吕好問守本官致仕》

《秦某與緋章服除直秘閣與郡》

《席益差知温州》

《劉寧止復舊職》

《郭瑋再任》

《迪功郎張滉改官》

《尚書右僕射秦檜封贈三代》

曾祖贈太子少保某贈太子少保

曾祖母永嘉郡夫人王氏贈崇國夫人

祖贈太子少傅某贈太子太傅

祖母普安郡夫人俞氏贈嘉國夫人

父任信州玉山縣令贈太子少師某贈太子太師

母和義郡夫人王氏贈榮國夫人

妻信安郡夫人王氏封鎮國夫人

《端明殿學士正議大夫致仕黃裳贈父母》

父贈金紫光禄大夫文慶贈特進

母永寧郡夫人吳氏贈高密郡夫人

《葛勝仲復顯謨閣待制》

《梁楊祖復徽猷閣學士》

《陸宰復直秘閣》

《責授單州團練副使宋�叙朝請大夫》

《楊康國特贈徽猷閣待制》

《翰林學士汪藻龍圖閣直學士與郡》

《吏部侍郎黎確龍圖閣待制與郡》

《吏部侍郎高衛龍圖閣待制與郡》

《同知樞密院事富直柔明堂大禮赦恩封贈三代》

曾祖任尚書都官員外郎贈太師中書令兼尚書令追封韓國公言改封魯國公

曾祖母韓國夫人韓氏贈魯國夫人

祖任武寧軍節度使太師守司徒致仕韓國公謚文忠弼追封魏國公餘如故

祖母韓國夫人晏氏贈魏國夫人

父任右朝議大夫贈宣奉大夫紹庭贈太子少師

母普安郡夫人劉氏贈彭城郡夫人

故妻齊安郡夫人王氏贈太寧郡夫人

外制二：

《參知政事李回明堂大禮封贈三代》

曾祖贈正奉大夫祥贈太子少保

曾祖母咸寧郡夫人印氏贈武陵郡夫人

祖任太子中允贈正奉大夫禹贈太子少傅

祖母晉康郡夫人姚氏贈太寧郡夫人

父任寶文閣待制太中大夫贈太師琮追封襄國公

嫡母魯國夫人吳氏贈秦國夫人

繼母越國夫人邵氏贈秦國夫人

繼母燕國夫人孫氏贈秦國夫人

所生母信安郡夫人常氏贈文安郡夫人

妻齊安郡夫人郭氏封同安郡夫人

《同知樞密富直柔加食邑實封》

《知樞密院張浚加食邑實封》

《參知政事李回加食邑實封》

《翰林學士汪藻封贈父母妻》

父任奉議郎致仕贈正議大夫穀贈正奉大夫

前母淑人陳氏贈淑人

故妻淑人趙氏贈淑人

妻淑人莊氏封淑人

《吏部侍郎黎確贈父母妻》

父任國子監直講贈朝議大夫宗孟贈中大夫

故母<sub>詞同汪母</sub>

妻<sub>詞同汪妻</sub>

《吏部侍郎高衛贈父母妻》

父任左朝請郎戶部郎中鑄贈銀青光祿大夫

故前母普安郡夫人趙氏贈淮安郡夫人

故母齊安郡夫人趙氏贈同安郡夫人<sub>詞同</sub>詞同

故妻令人李氏贈碩人

《兵部尚書胡直孺贈父母妻》

父任職方郎中贈開府儀同三司況贈少保

故母<sub>詞同汪母</sub>詞同汪母

繼母嘉國夫人龔氏贈徐國夫人<sub>詞同</sub>詞同

故妻淑人呂氏贈淑人

《龍圖閣待制知廣州林遹贈父母妻》

父任建州司理參軍贈中大夫格贈太中大夫

故母令人陳氏贈碩人<sub>詞同汪</sub>詞同汪

妻令人范氏贈碩人<sub>詞同汪</sub>詞同汪

《工部侍郎韓肖冑贈父母妻》

父中大夫贈正奉大夫治贈光禄大夫

故母碩人文氏贈和義郡夫人

繼母太碩人文氏贈齊安郡夫人<sub>詞同前</sub>詞同前

故妻令人王氏贈碩人<sub>詞同汪</sub>詞同汪

故妻令人文氏贈碩人<sub>詞同</sub>詞同

《呂好問贈父母妻》

父任奉直大夫贈太子少師希哲贈太子太傅

故母齊安郡夫人張氏贈文安郡夫人

故妻永嘉郡夫人王氏贈東萊郡夫人

《給事中洪擬明堂大禮封贈父妻》

父贈通議大夫固贈通奉大夫

妻宜人鄧氏封令人

《户部尚書孟庾贈父母妻》

父贈中奉大夫

　　母宜人申氏贈淑人

　　妻宜人徐氏封淑人<small>詞同汪</small>

《資政殿大學士王綯封贈》

　　祖克存贈太子少師

　　故祖母平原郡夫人韓氏贈文安郡夫人

　　故祖母安化郡夫人皇甫氏贈饒陽郡夫人

　　故祖母臨淮郡夫人來氏贈淮安郡夫人

　　故父任宣教郎贈太子少師發贈太子太保

　　故母高平郡夫人張氏贈太寧郡夫人

　　故妻淄川郡夫人高氏贈濟陽郡夫人

　　妻永嘉郡夫人强氏封同安郡夫人

外制三：

《吏部員外郎胡世將校書劉一止除監察御史》

《文林郎河南府孟汝唐州鎮撫使司幹辦公事任直清與改合入官除直秘閣仍賜緋章服》

《參政李回除資政殿學士江南西路安撫大使》

《武節大夫河南府孟汝唐州鎮撫使翟興武功大夫遥郡防禦使》

《給事中①洪擬除吏部尚書》

《汪藻龍圖閣直學士知湖州》

《黎確龍圖閣待制知漳州》

《高衛龍圖閣待制知撫州》

《左司員外郎趙子晝太常少卿》

《刑部員外郎錢稔大理少卿》

《降授朝奉大夫姚舜明左司郎官吏部員外郎仇念右司員外郎》

《潘良貴考功郎官樓炤兵部李易屯田張袀刑部張匯比部郎官》

---

① "給事中"二字原無，據徐裕敏點校《北山小集》補。

《孟庾除參知政事》

《中奉大夫龍圖閣待制知撫州高衛轉中大夫》

《直龍圖閣前知婺州①傅崧卿秘書少監》

《吏部員外郎②廖剛起居舍人》

《陸長民孫近吏部郎官王珩戶部郎官胡蒙度支郎官》

《龍圖閣學士朝議大夫致仕翟汝文翰林學士》

《朝奉郎徽猷閣待制③知婺州李光尚書吏部侍郎主管右選》

《李彌大尚書吏部侍郎主管左選》

《王氏封和義夫人》

《掌衣蘇氏典寶宋氏典綵》

《河東轉運判官直秘閣④王俁贈正議大夫》

《瑞昌縣玉仙鄉⑤稅戶迪功郎周仁厚與改承務郎》

《王庶轉兩官除徽猷閣直學士》

《朝奉大夫直秘閣⑥趙開除直顯謨閣》

《吳玠明州觀察使》

《明州觀察使吳玠起復前件官職差遣》

《胡唐老賜諡》

《德安府復州漢陽軍鎮撫使陳規徽猷閣待制》

《德安府通判李忬直秘閣》

《故中書侍郎贈開府儀同三司張愨諡忠穆》

《謝文瓘贈徽猷閣待制與兩資恩澤》

《吏部尚書洪擬龍圖閣待制知溫州》

---

① “直龍圖閣前知婺州”八字原無，據徐裕敏點校《北山小集》補。

② “吏部員外郎”五字原無，據徐裕敏點校《北山小集》補。

③ “徽猷閣待制”五字原無，據徐裕敏點校《北山小集》補。

④ “直秘閣”三字原無，據徐裕敏點校《北山小集》補。

⑤ “玉仙鄉”三字原無，據徐裕敏點校《北山小集》補。

⑥ “朝奉大夫直秘閣”七字原無，據徐裕敏點校《北山小集》補。

《謝克家差知泉州》

外制四：

《通議大夫馮躬厚磨勘轉通奉大夫》

《左僕射①呂頤浩贈三代》

　　曾祖元吉贈太子太保

　　曾祖母榮國夫人李氏贈兗國夫人

　　祖贈太子少傅京贈太子太傅

　　故祖母崇國夫人耿氏贈徐國夫人

　　故父任宣德郎贈太子少師當贈太子太師

　　故母溫國夫人魏氏贈鄆國夫人

　　故妻魏氏贈蔡國夫人

　　故妻姜氏贈衛國夫人

《資政殿學士張守贈父母妻》

　　父彥直贈太子太保

　　故母永嘉郡夫人王氏贈文安郡夫人

　　妻普安郡夫人姚氏封太寧郡夫人

《起復鎮潼軍節度使開府儀同三司充醴泉觀使孟忠厚贈三代》

　　曾祖閣門祗候贈太師追封秦王隨追封魏王

　　曾祖母徐豫國夫人張氏贈秦魏國夫人

　　祖任武安軍節度觀察留後致仕贈太師追封歧王在追封韓王

　　祖母夏商國夫人王氏贈韓豫國夫人

　　父任中散大夫開封府左司錄贈通議大夫徽猷閣待制彥弼贈太子少師

　　母徐鄆國夫人李氏贈吳越國夫人

　　妻衛國夫人王氏封楚國夫人

---

①　"左僕射"三字原無，據徐裕敏點校《北山小集》補。

《參政孟庚贈三代》

　　曾祖珏贈太子少保

　　曾祖母王氏贈高平郡夫人

　　祖任趙州司録某贈太子少傅

　　祖母郭氏贈齊安郡夫人

　　父贈中奉大夫淳贈太子少保

　　母淑人申氏贈永嘉郡夫人

　　妻淑人徐氏封普安郡夫人

《宣和皇后封贈三代》

　　故曾祖贈太子太保韋舜臣贈太子太傅

　　故曾祖母惠國夫人段氏贈徐國夫人

　　故祖贈太傅韋子華贈太師

　　故祖母慶國夫人杜氏贈秦國夫人

　　故父贈太師追封普安郡王韋安禮追封簡王

　　故母越國夫人宋氏贈魏國夫人

《知樞密院宣撫制置使張浚封贈三代》

　　曾祖贈太子少保文矩贈太子太保詞同李回曾祖

　　曾祖母南平郡夫人楊氏贈高密郡夫人詞同李曾祖母

　　祖贈太子少傅贈太子太傅

　　祖母德陽郡夫人趙氏贈武陵郡夫人

　　祖母平昌郡夫人王氏贈太寧郡夫人

　　父贈太子少師咸贈太子太師

　　前母齊安郡夫人任氏贈蘄春郡夫人

　　前母普安郡夫人趙氏贈通義郡夫人

　　母永嘉郡夫人計氏封淮安郡夫人

　　妻信安郡夫人樂氏封同安郡夫人

外制五：

《胡交修封贈父母》

　　故父宗旦贈太中大夫

　　故母姚氏贈碩人

　　繼母楊氏封太碩人

《權户部侍郎柳約贈父母妻》

　　父任述古殿直學士庭俊贈光禄大夫

　　母碩人胡氏封齊安郡夫人

　　故妻孺人魏氏贈碩人

《端明殿學士馮澥靖康元年任左丞封贈三代》

　　故曾祖某贈太子少保

　　故曾祖母雍氏贈咸寧郡夫人

　　故祖贈朝奉大夫仲堪贈太子少傅

　　故祖母宜人杜氏贈咸安郡夫人

　　故祖母宜人汝氏贈德陽郡夫人

　　故父朝請郎贈宣奉大夫山贈太子少師

　　故母淑人王氏贈普安郡夫人

　　故妻安人趙氏贈南昌郡夫人

　　故妻安人黎氏贈安岳郡夫人

《知宣州李彦卿除刑部郎官》

《黄叔敖除給事中》

《朝奉大夫胡安國除中書舍人兼侍講》

《綦崇禮磨勘授奉議郎依前徽猷閣直學士》

《通議大夫試兵部尚書兼侍讀胡直孺贈端明殿學士》

《向宗厚除祠部郎官兼權太常少卿》

《武功大夫忠州防禦使新差主管迎奉景靈宮萬壽觀會聖宮章武殿神御所岑筌除內侍省押班》

《婁寅亮除監察御史》

《陳戩差知明州》

《武功大夫文州團練使兼閤門宣贊舍人知泰州張榮特授防禦使》

《翰林學士翟汝文兼侍讀》

《富直柔罷同知樞密院事依前中大夫差提舉臨安府洞霄宮》

《方孟卿除右司諫》

《林叔豹秘書省正字》

《陳剛中與改合入官》

《校○目錄作"秘"書郎林待聘司封員外郎》

《朝奉大夫秘閣脩撰方闓都官員外郎》

《禮部侍郎李正民除徽猷閣待制知吉州》

《龍圖閣學士朝請大夫路允迪守本官職致仕》

《前江西安撫使司機宜葉夏卿直秘閣知饒州》

《越州奏從事郎黃大知狀母洪氏年九十一歲乞依明堂赦書推恩封太孺人》

《朝奉郎向伯奮弟奉議郎仲堪乞依赦回授封敘與祖父母》

　　祖父承議郎致仕蔚特授朝散郎致仕

　　祖母魏氏

《翟汝文翰林承旨》

《中大夫吳敏新除觀文殿學士知潭州除資政殿學士提舉洞霄宮》

《尚食直筆楊一娘賜名從信特除知內尚書省事》

《樞密直學士通議大夫知遂寧府席貢贈五官》

《贈通議大夫鄭驤謚威愍》

外制六：

《江西路招討使張俊申殺李成等功狀奇功統制官親衛大夫文州防禦使楊沂中等統領官協忠大夫溫州觀察使張翼等將官左武大夫忠州刺史郭吉等使臣武顯大夫武勣等轉五官并遙郡》

《朱贇等轉武功大夫遙郡刺史》

第一等統領官左武功大夫貴州刺史曹滌將官親衛大夫史德等使臣右武大夫劉全等四官。

第二等統制官拱衛大夫忠州防禦使魯珏將官武功大夫齊闓使臣武功大夫閤門宣贊舍人張子厚三官遙郡。

第三等使臣武功大夫康州防禦使田友及兩官。

《使臣橫行已上》

《陣亡官趙謹等贈五官恩澤兩資，更與一名進義副尉》

《武翼郎閤門宣贊舍人范温轉武功大夫康州刺史依前閤門宣贊舍人》

《樞密院檢詳諸房文字張公濟右司郎中朝請郎中劉嶠樞密院檢詳》

《秘書承劉大中尚書吏部員外郎新授國子監丞汪廷直屯田員外郎》

《安化州殿侍銀青光祿大夫檢校國子祭酒兼監察御史蒙光仲等加安化州三班借差》

《朝請郎直秘閣知明州吳懋轉朝奉大夫》

《顯謨閣直學士中大夫魏憲特授太中大夫》

《左司員外郎江躋除殿中侍御史》

《李邈贈節度使》

《婕妤張氏封贈》

　　祖贈中奉大夫張仲迪贈大中大夫

　　祖母令人孫氏贈淑人

　　父任忠翊郎贈修武郎張彥度贈武節大夫

　　故母孺人李氏贈淑人

　　故繼母孺人趙氏贈淑人

《吏部員外郎潘良貴左司員外郎》

《張浚故妻信安郡夫人樂氏贈武陵郡夫人》

《張浚書寫奏狀張樗授承務郎》

《張守知紹興府》

《宣撫處置使司參議官程唐復閣學士》

《江東提刑程瑀太常少卿》

《正月六日三省同奉聖旨陳汝錫身爲守臣不行寬恤手詔責授汝州
團練副使漳州安置》

《侍御史沈與求御史中丞》

《左司員外郎姚舜明直龍圖閣江淮荊浙等路發運副使》

《中大夫馮澥遇赦恩轉太中大夫》

《中大夫徽猷閣侍制王昇太中大夫致仕》

《太常少卿程瑀給事中》

《吏部侍郎李光吏部尚書》

《吏部侍郎李彌大戶部尚書》

《徽猷閣直學士知漳州綦崇禮吏部侍郎兼權直學士院》

《給事中胡交修顯謨閣侍制提舉江州太平觀》

《李綱除觀文殿學士荊湖廣南路宣撫使知潭州》

《福建轉運判官張嵲考功員外郎》

《起居舍人廖剛權吏部侍郎》

《故武功大夫康州防禦使提舉江州太平觀陳淬贈拱衛大夫遥郡觀
察使與兩資恩澤》

《李友聞復集英殿脩撰差提舉江州太平觀》

《給事中黃叔敖兼侍讀吏部侍郎廖剛兼侍講》

○案:《外制六》中自"正月六日"已下各制並繫紹興二年,今依集目彙敘於此,更不分隸。

內制:

《綦崇禮辭免吏部侍郎兼權直學士院不允詔緣學士院獨員,勅差撰》

《擬試武臣節度使除開府儀同三司制已下六道擬試》

《觀文殿學士除保大軍節度使制》

《宗室開府郡王檢校太保加食邑制》

《資政殿大學士安撫大使奉國軍節度使制》

《交阯國王加恩制》

《戒百官勸修職事詔》

《移蹕至臨安府手詔右僕射令作，余以是翰林學士職事，不果納》

進故事：

《進故事五篇罷講日、講筵官，翰林學士、兩省官輪進》○案：《五篇》各於篇末注有月日。第一篇，《兩朝寶訓》，九月二十日；第二篇，《三朝寶訓》，十二月二日；第三篇，《春秋左氏傳》、《史記·齊世家》，十二月八日；第四篇，《唐書·韓休傳》，二月十四日；第五篇，《唐書·張九齡傳》，十二月廿一日。

進講：

《論語講義第十五授十月十三日》○《雍也》"子華使於齊"章。

《孟子講義第三授》○"寡人之於國也"章。

《論語講義第十七授十月十九日》○《雍也》"季康子問仲由可使從政也與"章。

《孟子講義第五授》○"寡人願安承教"章。

《論語講義第十九授十月二十三日》○《雍也》"賢哉回也"章。"冉求曰非不說子之道"章。

《孟子講義第七授》○"孟子見梁襄王"章。

《論語講義第二十一授二月二十一日》○《雍也》"孟之返不伐"章，"不有祝鮀之佞"章。

《孟子講義第九授》○"齊桓晉文之事"章。

《和答江彦文送行長句辛亥二首》：醉裏求名苦不情，翛然誰信萬緣輕。卻觀塵境端如夢，更憙幽栖得此生。遊客乍歸寒雀噪，山人還去曉猿驚。會當蠟屐同幽討，無限青山照眼明。　贈行新句比陽春，朝奏當年竦搢紳。素業異時應有待，玄談好處亦無倫。平生骯髒皆華首，閱世崎嶇信損神。只恐鶴書還赴隴，未容公作獨醒人。

《會稽旅舍言懷》：北山之北寄柴扉，茅屋參差倚翠微。老罷那知還作客，春來無奈苦思歸。淹留恐復荒三徑，潦倒寧堪扈六飛。乘雁雙鳧成底事，不應容易裂荷衣。

《次韻江子我見寄長句余時初忝秘書少監》：泥行正作龜藏穴，霧隱初微豹一斑。豈有高標如冠玉，況無談舌解連環。一登文石趨宣室，三竊蟠桃向道山。早晚共尋雞黍約，林泉猶得半生閑。

《泛舟鑑湖同趙來叔子泰趙叔問聯句》：春風卷三江，雨雹暗秦望。今晨風日佳，遠目聊一放。（致道）人情暫愉悅，天宇亦清曠。逝將一葉舟，遠破萬里浪。（叔問）澄陂撥寒醅，疊巘展新幛。（致道）飄搖過餘芳，容與矚孤漾。（叔問）停雲冒山巔，新綠浮天上。枯楊吐輕黃，欹岸抹晴漲。遠水沒輕鷗，羈禽變圓吭。鑑湖清可啜，蕺菜柔堪餉。（來叔）時當祓禊及，路指蘭亭嚮。豈無謫仙杯，聊舉剡谿榜。（叔問）吟牋灑餘研，茶竈發新煬。徜徉寫幽憂，蕭爽絕纖埃。年華自繁濃，世故足悽愴。（致道）弔古意雖遐，感時心自亮。（來叔）雄濤折東南，舊牒分霸玉○當爲“王”。梅梁寄遺靈，禹迹疑可訪。星分九土毛，帶挽百川泲。胈胝識神姦，玉帛來崛強。規模至今存，形勢亦云壯。（致道）瞻嘗信焦思，金範徒審象。當年浣紗人，絳縷起窮巷。姑胥失層臺，榛棘遶青嶂。彼姝者誰子，婉孌固難忘。撫事即元龜，終古可懲創。（叔問）永懷文靖公，造廈得良匠。平生滄海忘○“志”之誤，顧豈矜岫幌○“幌”之誤。笑談遣諸兒，百萬皆膽喪。晚節終自完，流言一何妄。安知彼天游，中有無盡藏。（致道）觸目發長謠，懷人獨惆悵。（來叔）入木想八分，登山知幾兩。風流四明客，投老志蓬閬。玄熊殊夢間，鴝鵒比狂尚。慇懃覽陳迹，忼慨有餘快。（致道）雲雷正經綸，兵甲相磨蕩。虎貔驅七萃，鷙鶡張兩廣。帥維丞相度，餉倚晉公涗。足餐佇流錢，宣恩同挾纊。顧慚己么麼，安處官冗長。短拙竟何裨，恩私誠謬降。猶能樂閑適，深恐遭譴讓。（叔問）故應方虎間，不乏廉藺將。秘計走閼氏，奇功收跳盪。無煩泰○“秦”之誤庭哭，坐流楚軍張。何當濯龍津，歸擁雲臺仗。官儀見炎靈，王氣蓋芒碭。專車戮防風，掩骼收魯項。（致道）祿山終自焚，僕固胡能誑。（來叔）雍容兩宮還，娛樂天下養。弁會蕭兒越○當爲“趨”，花深度雞唱。（叔問）馬牛縱山林，弓矢戢囊鞬。（致道）錢鏄待豐盈，壺簞更勞廷○"迁"之误。周室已再安，漢業欣重創。（来叔）返予綿上耕，酌我兵厨釀。（致道）昂昂妙高叟，辭藻舍人樣。方爲東山起，朝論深倚仗。金昆固神秀，獨立起輩行。深嚴職右府，折中歸至當。伊予最畸孤，艱阨隨所傍。幾驚虎尾履，分委魚腹葬。偶然還一處，已幸神所相。翄復陪清游，快飲吸長江。（叔問）深慚抗塵容，豈敢窺雅量。文衡久已持，宗盟從此亢。駸駸政騰驤，駑駘徒頡頏。雄筆掃千軍，榮光高萬丈。清朝尊陛廉，郡枉室户向。偉節素推高，嘉言行更讜。定應謝逋客，終冀寬俗狀。常貧固吾道，共約税歸鞅。（来叔）中興百六掾，麟趾豈神况。便便飽經史，婉畫正所仰。勤劬照藜青，豪俊嗤帳絳。如何艱危中，骯髒容跌宕。軒裳欲吹韲，文字堪覆醬。數奇豈無雙，妄發坐少蠢。逍遥漆園莊，澹泊竹林向。重來縛塵縲，夜鶴空蕙帳。會蒙子雲嘲，未免王戎遏。（致道）飜思京國游，幾作榆枋搶。無聊每過君，攄豁資直諒。朝野時歡娱，金石日擊撞。月遷惟佞幸，朝奏坐誣謗。寢薪積憂思，把酒亦愴恨○當爲"悢"。斯須失和平，占候奏天椿。狂瀾飜四冥，覆簣安得抗。顛冥今幾年，失喜問無恙。（叔問）豈期愕鯨波，復此言輕颺。（来叔）談追正始音，句屬郢中唱。（致道）融金無留礦，探珠驚老蚌。（来叔）更須月團團，迨此春盎盎。還携玉色醪，共理黄篾舫。（致道）清文韻韶濩，雅好羅觚罋。振衣躡崇山，一濯惠風暢。（来叔）

《春日與汪彦章蓺趙叔問相約遊樟林閣樟林閣蓋郡豪家舍背城郊墟無與比者因詠靖節感彼柏下人安得不爲歡之句偶書五言呈同遊二公》：人生歸有盡，大齊不踰百。君看花間冢，背郭高歷歷。向來夸奪志，汗漫何窮極。一朝隨露電，變滅無餘迹。所以靖節翁，壺觴樂晨夕。寧爲鬱澗松，不作移根柏。豈唯一窮通，固自忘夷跖。吾生亦崎嶇，末路苦荆棘。投閑得蕭散，身病頭更白。豈無素心人，相與弄泉石。及晨爲兹遊，聊用適吾適。溪山景無盡，秀色光照席。安能仰屋歎，抱恨長戚戚。

《會稽喜得家書辛亥》：黄耳東來一破顔，直從松竹報平安。遥知雲頂峰前往,霜鬢風笟六月寒。

《偶成四十字上呈彥章内翰叔問侍郎》:頭童心亦盡,老矣不中書。賴有金閨彥,時來冰氏墟。但令尊有酒,安問出無車。更得身强健,登臨縱所如。

《彥文見和謹用韻作二首》:禪翁憐病士,時枉數行書。野寺尋荒徑,煙林接遠墟。擬回遖客駕,仍挽故人車。會赴山林約,無勞問久如。久與叔問約同訪彥文山居,行當如約。　　知公探理窟,玉撿秘瓊書。宴坐超三界,靈光洞九墟。折腰憐五斗,舐痔笑多車。定起時遊戲,新詩錦不如。

《再作述懷》:不作頭錢直,徒看萬卷書。秋螢羞赫日,潢潦異歸墟。絶意高門地,真乘下澤車。終年日高臥,豈問夜何如。

《再和寄彥文》:踦息庵中老,看書不蠹書。青燈對編簡,秋氣入郊墟。農圃從爭席,笙歌載後車。風流傾一座,誰復似相如。○據“秋氣入郊墟。”之句,則連上四首,並是秋間所作。

《戲呈叔問》:野寺蕭條獨掩扉,了無才術赴時危。未成鴻鵠舉千里,且比鷦鷯足一枝。短髮望秋如葉落,壯懷因病與年衰。何時負郭通三徑,鳩杖相將醉習池。

《彥章屢顧郊居作詩敘謝》:骫骳衰頹歲月侵,冰墟誰復顧山林。閭閻揖讓潛夫老,車騎雍容重客臨。表裏絲綸曾濫吹,推揚巴俚久知音。時來解帶揮談麈,正始微言得重尋。余在披垣,彥章在翰林,故有“表裏絲綸”句。


## 二年壬子,五十五歲。二月,罷職,提舉江州太平觀。

《行狀》:二年,罷職,提舉江州太平觀。

集:

《繳任源管押成都府等路内藏庫金銀疋帛等奏狀》:今月二十八日承中書門下省户房送到録黄,爲正月二十八日奉聖旨,成都府、潼川府路每年合給○當爲“納”内藏庫金銀疋帛并御服綾絹,將建炎元年、二年未納欠數及建炎三年至紹興元年並未納數,可劄下張浚催發計會,任源除合用疋帛外,並令宣撫司變轉輕賷,差得力使臣同任源押赴行在本庫交納,令臣書行者。右,臣竊見陛下以張浚宣撫陝西,與將士卒暴露之久,比者殺獲虜寇,薦立戰功,特降中使傳宣撫問,以示恩意。兼川陝之人累年以來,朝廷音信幾於隔絕,今聞王人之來,諒皆感慨悲喜,企聞德音。乃以催發變轉内藏庫金銀疋帛并御服綾絹,使之管押。臣恐遠方之人不達事體,妄意聖朝以寬恤民隱之實未聞,以誅求逋貢○當爲“責”之務爲急,則是陛下諄勸之意,一介之使未足以布宣恩仁,適足以招致怨讟而已。臣愚竊爲聖主惜之者此也。況内藏庫合納之物并御服綾絹自有司存,在内則户部,在外則漕司,起發驅催,乃其所職,恐不必更煩聖慮,委任中使然後辦也。兼張浚宣撫陝西以來,三年于此矣,供給、饋餉、賞軍等用不聞出於朝廷,而陝西五路例遭殘破,是則資費出於四川者必多矣,民力凋困,不問可知。今乃追逋欠於五年之後,責歲額於方春之初,其於示遠方、宣德旨○當爲“意”,尤非所先也。若使漕司逐急既已用過,未能遽集,而今乃中使臨之,宣撫使督之,漕司州縣將安取乎? 則必取之於民耳。非急於星火,剥及膚髓,何從便得之以赴中使之回也? 是一使至而四川之人爲之騷動,又非所以安遠方之民也。不唯如此,中使至彼,若未得内藏庫物及御服綾絹,則豈敢空回,必須日有公移督促宣撫使及轉運司,則是日久經營、養軍備寇之外,別生一項憂煎揂斂之事也。督之益急,則中使當有妄作威福之嫌,而事未必濟,一也。中使既得物帛,則不唯地里極遠,兼道路亦未甚通,必須兵衛而行。兵少則不能禦,兵多則事體張皇,使好亂無知之人得以藉口惑衆,二也。不然,劇賊生心,多以師旅要而取之,或害中使,徒辱朝廷,三也。至於御服綾絹,固是臣子共奉之常,然於枕戈嘗膽、大冠帛衣之際,而俾聖主親其文以索之,又非所以感人心而先恭儉之術也。建炎二年,臣以尚書郎從駕渡江,至杭之初,竊聞執政進呈減婆州貢羅事,陛下驚歎曰:"如此等事,朕都不知!"盡令蠲免,而執政止乞分數蠲減,遂蒙制可。陛下曰:"如此好事,一日做得一事,一年當復幾何矣!"臣時徒步跦○"跲"之誤足、飄寇凍餒之餘,殆無生意,傳聞此言,歡喜踊躍,至於出涕,知聖德之可以大有爲也。雖禁中之語,然神聖之言,所當宣布,無事於密。自是臣常爲士大夫誦之。竊以謂如臣等輩不可以畏罪謀己、懷利緘默,以負聖德也。臣願陛下以爾時之心爲心,所降指揮乞賜寢罷,俾有司具諸路合供內藏庫物與御服綾絹之數,且詰其不至之由。候到,出自聖裁,或蠲或減之外,責以期限,孰敢不供?所有録黃,未敢書行,謹録奏聞,伏候勅旨。

《正月二十九日上殿劄子一、二》:臣竊觀古者國有大疑,則謀及卿士,謀及庶民,故《周官》有大詢。在西漢時,有大夫政事、典禮、刑辟,必集博士、議郎以上至公卿中二千石、二千石議之而取捨焉,同者不以爲賢,異者不以爲罪,唯其當而已矣。祖宗之朝倣漢制,自三館之士皆得與議,尚可考也。況今天下多故,云爲舉措,蓋安危利害間不容髮之時也。雖陛下總攬圖回於上,大臣盡忠竭慮於下,然廣采兼聽、深思熟計,而後擇而行之,未爲過也。臣愚欲望它日應有大議,如所謂政事、典禮、刑辟之大者,下博士、秘書省郎官以上、臺諫、侍從議。前二日集議於朝堂,俾同者爲一狀,所見異者退別爲狀,偕上中書門下省進呈,而後擇而行之。其便有五:合衆人之智,盡天下之公,是非利害,斷而行之,一也。示天下以無我,以來嘉言良策,二也。自博士以上皆得與議,則雖欲退有後言,以歸非於上、橫議於下不能,三也。陛下因揆之以道,陰察邪正、辯能否於其間,以備簡擢而汰庸才,四也。如此則在朝之臣既皆有慮國謀事之責,庶思神益朝廷,而不爲秦人視越之人肥瘠者,五也。臣愚無知,竊以爲便,惟陛下裁擇,取進止。

臣竊見邇日以來,所在寇賊往往已就招安,然欲一切收而養之,則耗財而滋冗食;簡而汰之,則無所歸而聚爲盜,此不可不慮也。自寇之入,其所經州縣,戶口所耗幾半。如聞閑田不耕者尚多,儻專遣一使有學識而疏通、有吏能而端厚者，如以勸農爲名，辟屬無過若干人，俾行經寇州郡，與縣令佐根具閑田爲籍，各注鄉村、里保、地名、頃畝、户人姓名、丁口等，印牓招論復業。其未復業田計見實數，候有招安、簡放疲冗之人，即從朝廷按籍撥遣，令於某處給逃田耕種，借以牛種，及起蓋席屋，並田以居。如乏耕牛，即習用《漢志》人犁之法，一熟或再熟之後，即住支糧種，浸爲屯田，是一舉而兩得也。即有歸業者，證驗無僞，即以給還，而就耕之人別給閑田如初給之數，仍專置一司以領護之。臣所陳梗概，如蒙聖裁稍有可采，即乞降指揮，俾朝廷博議可否。如可施行，仍衆具措置曲折纖悉之務以聞，更委大臣裁定施行，庶幾有利而無弊。取進止。

《繳録黄奏狀》

《繳録黄狀》

《申省狀》

《宋史》本傳：徐俯爲諫議大夫，俱繳還，以爲"俯雖才俊氣豪，所歷尚淺，以前任省郎，遽除諫議，自元豐更制以來，未之有也。昔唐元積爲荆南判司，忽命從中出，召爲省郎，便知制誥，遂喧朝聽，時謂監軍崔潭峻之所引也。近聞外傳俯與中官唱和，有'魚須'之句，號爲警策。臣恐外人以此爲疑，仰累聖德。陛下誠知俯，姑以所應得者命之。"不報。後二日，言者論俱前棄秀州城，罷爲提舉江州太平觀。

**集：**

《二月二十日實封奏二十二日承省劄備坐白劄子上言云云，奉聖旨，罷中書舍人，提舉江州太平觀》：右，臣准中書門下省吏房送到詞頭一道，徐俯除右諫議大夫，令臣命詞行下。臣伏見自頃以來，陛下圖治之初，往往急於用人，德意誠厚也。然竊考古今之宜與祖宗之制，其進用人才，自非隱遁丘園、道義才器卓然傑出如陽城、种放之流，未有闊略資望，不循次而進者。何哉？名器不可不重，人情當使厭服故也。俯之少時，誠有俊聲，氣亦豪邁，以禧之子，嘗見用於崇寧、政和之間。然以黄庭堅甥，又上書入邪等，且連任宮觀，故流落於群枉當路之時。靖康之初，召爲省郎，其後未有所歷也。陛下即位以來，初未之識，今乃遽自前任省郎驟除諫議大夫，自元豐五年更定官制以來，五十餘年未之有也。上皇用人，雖號爲兼收驟用，然亦未有所謂親擢之士，闊略資歷如此者。《傳》曰："如有所譽，其有所試矣。"又曰："左右皆曰賢，未可也；諸大夫皆曰賢，未可也；國人皆曰賢，然後察之，見賢焉，然後用之。"此古聖人之言，用人之法也。今陛下亦既有所試而見其賢矣乎？況諫議大夫以彌縫袞闕、佑佐上德爲職，昔者端厚如王覿，博通如孔文仲，剛果如劉安世，忠清如豐稷，嘗爲之矣，然覿、文仲、安世皆自諫官次遷，稷自前侍郎、待制遷，皆望實俱高，人主熟其議論趣向以充選。今俯雖氣豪才俊，然陛下何從便得之而驟用若此？臣恐天下怪惑也。漢鮑宣嘗言："古刑人尚服，今爵人反惑。"無乃與人美官未足以勸，而及○"反"之誤令天下惑乎？陛下誠知徐俯，何惜歲月，召至行在，所謂"視其所以，觀其所由，察其所安"，使其望實已争○"孚"之誤於人，然後進而用之，蓋無不可也。寧使士論以得之爲後時，而無使相顧駭視、腹非而竊歎也，非君父所以成就愛惜臣子之心也。不然，則似恐其不來，以高位誘之，要其必至，如此則不唯非所以待士，亦不足以得士矣。何哉？蓋上之人期之以利，而彼亦懷利而來，苟懷利也，亦何士之可得哉？臣願陛下但下召命，須其至也，姑以所應得者命之。陛下它日欲置之左右，循塗而進，亦何爲不可哉？臣誠爲朝廷惜此舉措，而愛俯人才，竊思有以彌縫成就之也。臣承詞頭，竊用惶惑，伏念旬日，不敢措詞。已而再思，蒙陛下厚恩，俾待罪論思之地，儻使朝廷舉措未厭人心，或致疑謗，而乃惜身懷利，不能長慮卻顧、盡忠獻言，是臣仰負聖恩，苟貪榮寵，人尤鬼瞰，將無所逃。所以觸死忘生，妄貢愚瞽，伏望陛下深思愚言，更賜裁處。臣聞漢武帝時，讀《子虛賦》而善之，有"恨不與朕同時"之歎。狗監楊得意侍旁，進言："乃臣里人司馬相如所作。"及召相如至，但以爲郎，久之爲文園令而已。使相如不因狗監，不由華麗之文以聞，則漢武必有以處之矣。史稱漢武雄才大略，豈此類耶？今俯之素行無相如之累，陛下育材從善、愛惜臣子之心又遠過前古，但不須匆匆如此，無故使上下皆受疑謗於清議也。只如唐之元稹，其才器文章既爲名御史矣，在長慶時命知制誥，以至翰林，真不忝矣。止緣自荊南判司中，忽命從中出，召爲省郎，便知制誥，遂喧朝聽，穆宗與稹皆得謗議，以謂荊南監軍崔潭峻之所引也。致使元稹才能一皆埋沒，爲正人面辱，比之青蠅，是進之適所以毀之也。以此觀之，不可不慎，不可不惜，此臣所以拳拳懇懇上瀆聖聰者也。所有告命，臣未敢命詞行下。謹錄奏聞，伏候勑旨。

　　臣兩日來聞外傳，俯與中官唱和，有"魚須"之句，號爲警策。臣恐外人不知陛下所以得俯之由，姜○"妄"之誤以此爲疑議，仰累聖德之聰明，愚所以不敢緘默，終具繳論。然臣未敢具申中書門下省。如臣所陳或蒙采納，只乞聖旨從中處分，別降指揮，收還前命。臣無任惶懼憂灼俟罪之至。

　　（貼黄）：奏爲徐俯差除詞頭，欲乞聖慈更加裁省。如臣所陳或蒙采納，只乞從中處分，別降指揮，收還前命，候勑旨事。

　　臣手寫奏狀，如蒙聖慈開可，別作施行，即乞不須降出。

　　《提舉江州太平觀謝表》：臣某言：臣昨任中書舍人，二月二十二日，准尚書省劄子，奉聖旨，罷中書舍人，提舉江州太平觀，任便居住，仍免謝辭。臣於當日出門，至本貫衢州開化縣。尋准告命，已祗受訖者。承乏冒榮，久知非據；罪深責薄，仰戴厚恩。感極涕零，捫心增懼。臣某誠惶誠恐，頓首頓首。伏念臣戇迂成性，憂患俱生。無乘機應變之才，有至愚極陋之累。束髮從仕，浪懷猷畝之忠；詣闕上書，妄陳蠡管之見。少不歷事，愚無所知。方權臣立黨以錮人，而以謂當兩忘元祐、熙豐之別；省檄講求於遺利，而以謂不若罷明金、花石之網。雖云應詔以獻言，要爲越職而多事。棲遲選調，蓋十六年；出入效官，於今三紀。晚逢聖主，誤被睿知，召從田廬，亟畀詞掖。夫以權德輿之器業,李衛公之才猷,宋綬之該通,韓維之方格,乃始不由科第,自致清華。又若楊大年之一世英豪,歐陽脩之諸儒領袖,安石之經術,蘇軾之文章,故皆不待試言,徑司辭命。如臣何者,濫繼前修。續貂之誚是慚,窺豹之知曷有。以茲感激,誓竭鉛駑。念平生愛君憂國之誠,儻庶幾千慮一得之效。居懷尸素之懼,竊恃獎知之私。每有陳論,頗蒙采擇。迄緣蜚語,暴著宿愆。職在守符,不能效死而弗去;時方奮武,是宜明罰以示懲。罪蘗久萌,駭機當發。尚霑微祿,畀待殊庭。復雁門之跻,雖非素望;失常山之守,仰繫曲全。此蓋伏遇皇帝陛下稽古聰明,遵王好惡。每於刑政之舉,不忘忠厚之思。致此懦庸,終繫寬惠。臣敢不撫躬知感,齚舌省愆。年迫桑榆,無復報恩之所;身依松檟,長爲僥幸之人。臣無任感天荷聖激切屏營之至,謹奉表稱謝以聞。臣某誠惶誠恐,頓首頓首,謹言。

○案:《困學紀聞·評詩》:“徐師川以諫議召,程致道在西垣,封還除書,言與中貴人唱和‘魚須’之句,爲人所傳。《朱文公語錄》云:‘師川遊廬山,遇宦本鄭謙,與之詩。’後村謂《徐集》不載‘魚須’之篇,愚考集中有《次韻鄭本然居士》‘頗知鶴脛緣詩瘦,早棄魚須伴我閑。’本然居士豈即鄭謙歟?”魚須,笏也。

集:

《衢州開化縣龍華院意上座塔銘》:紹興二年春,余罷職西省歸,而過師於龍華,則師病且衰矣。

《和白樂天二首寫懷仍效其體》:莫把蓍龜更問天,向來心事已蕭然。塵中惝恍常如失,夢裏呻吟半不眠。三徑松筠終問舍,五湖煙水不須錢。艾者相去能多少,早擬懸車十五年。　中臺退食每逡巡,不向重華即淨因。豈但語言都少味,亦知才術不如人。五雲華闕通閨籍,萬頃煙波擲釣綸。鳧雁去來何足道,從容居士宰官身。

《登富陽觀去聲山亭三首》:游雲凝空日無華,煙江冥迷如眼花。觀山直南是秦望,不見高青天雨沙。　東吳山川少雄遠,此中形勢如江南。當年伯符亦浪出,三雄相視徒耽耽。　橋公宅中木參天,孫郎山前春燒去煙。大橋不向五湖去,建康宮深空歲年。○據《壬子春暮》詩,此三首爲崇寧甲申所作，已載崇寧甲申條。

《壬子春暮罷職西省以宮觀東歸道由富陽默記舊詩俯仰二十八年矣有足感者用前韻作因簡叔并諸故人三首》：春風吹衣雙鬢華，山中小桃應著花。回思二十九年事，世故困人如算沙。　故園在眼日漸近，北山之北南山南。從來不飲聲聞酒，況學詩翁老更耽。　擊水三千尺五天，故人拭目上凌煙。北山還我扶犁手，准擬今年大有年。

《舟行即事二首》：日出千山蘭蕙香，清溪一曲轉滄浪。扁舟臥看張雲錦，不爲春歸有底忙。　歸帆日日駕春風，夾岸花迎笑臉紅。更謝幽禽巧言語，勸人歸隱翠微中。

《歸至山居戲集古句》：終日思歸此日歸，野人休誦北山移。且看欲盡花經眼，可忍醒來雨打稀。

《余常愛杜牧之晚花紅艷静高樹綠陰初之句還山居適當此時諷味不已有概於余心者用爲韻作十絕》：向來越溪吟，丘壑今在眼。不嫌鵙鴂鳴，所恨葳晼晚。　嘉樹著青子，崇蘭吐幽花。慇懃衝細雨，小徑岸烏紗。　老鬢不重綠，衰顔時借紅。藥窺文武候，酒雜聖賢中。　青山如佳人，亦復美而艷。晴嵐秀可餐，暮靄碧堪染。　清池浸蒼崖，草樹臨綠静。應名洗玉淵，亦號巖花鏡。　莫作朱伯厚，寧從龍伯高。不妨騎款段，聊復著東皋。　桑陰繞扶疏，墙下亦已樹。柴門不須關，野老自來去。　壺中小嶄巖，色作峨眉綠。爽氣壓西山，哀音扣寒玉。　風篁縈磴道，夏木晝陰陰。一鳥不鳴處，山高流水深。　擁褐入三昧，超然心地初。那知庵外事，人境兩如如。

《偶作三首》：薰風習習動林光，紫翠陰中草木香。山鳥一聲清晝永，白雲深處北窗涼。　老向甘泉補侍臣，歸來還作臥雲人。一重一掩藏煙塢，三沐三薰屏世塵。　誰遣生駒玉作鞍，春來首○“苜”之誤蓿遍春山。自知不入黃麾仗，振鬣長鳴出帝關。

《壬子七月十六日夜月蝕五首》：青天那得蝦蟆窟，白地空憂蟻蝨臣。坐待煤炲露殘魄，十分寒玉涌秋旻。　阿脩羅王手所障，盧佽蝨吒心定知。一念多生人我垢，能令天眼作昏眵。　怪發玻瓈塌死灰，食餘明鏡掛高臺。撒沙星出爭光大，不易青蓮火裏開。　撑腸挂肚何羼足，接掖持隤可自娛。底事緣天得刲磔，未妨璧月照空虛。　爛銀盤從海東出，雲樓半開壁斜白。時有幽人自往來，蘭珮相逢桂香陌。此絕集古句。

《晨起梳頭髮白且稀有感》：余髮已種種，我懷亦依依。風林無安巢，寒日無餘輝。束髮隨官牒，前言服良規。豈唯會計當，自詭牛羊肥。妄獻北闕書，野芹安足希。一挂邪士籍，徒嗟寸誠微。惓惓畎畝志，正作禍患機。羈危不如人，行行向知非。世變不可料，胡塵暗王畿。真人起白水，帝命式九圍。誤沐宣室召，白頭侍經幄。誰言螢爝光，敢近白日暉。誰言草木萌，敢試雷霆威。野馬立仗下，軒昂妄鳴嘶。棄之老牛皁，無復瞻龍墀。天公了無私，與奪適所宜。時方急功名，選懦安所施。士方貴才辯，安用鈍訥爲？常人與善士，何異於愚癡。譬之救焚溺，珮玉行透迤。棄捐乃其理，刺天看群飛。幸非高明室，百鬼浪見闚。自從伏嵁巖，風淫得偏痿。有足不得行，有手不得持。每思林野娛，濟勝憂無期。堆壓不得往，如驥縶且羈。如盲不忘視，如寒不忘衣。如痿不忘起，如羈不忘歸。但願老窮健，長甘北山薇。豈復理鬚鬢，峨冠待晨曦。○案：集《紹興九年辭修史奏》稱“伏念自紹興二年八月二日忽嬰末疾，今已七周年餘，百端始療，終未復常。左手不能舉動，五指皆拳，左足不能屈伸，步趨拜起，至於執持食器，穿著衣裳，卷舒紙札，無不須人”與此“自從伏嵁巖，風淫得偏痿。有足不得行，有手不得持”語合。先生得疾始於二年，居故里亦在初歸時。此又云“但願老窮健，長甘北山薇”，證知是時未居郡郊，故繫之二年云。


## 三年癸丑，五十六歲。居開化。


## 四年甲寅，五十七歲。差知漳州，以病辭，改提舉台州崇道觀。

《行狀》：四年，差知漳州，以病辭，改提舉台州崇道觀。

集：

《集英殿脩撰謝表》：旋膺出綍，誤俾○當爲“畀”分符，復再致於煩言，徒仰喧於聰聽。

《復集英殿脩撰謝宰執啓》：昨蒙鈞冶，假以郡符，反再致於煩言，徒仰喧於公聽。

《比者彥文少卿一再枉過且有卜隣之約投老山林深尉孤陋茲者誤蒙召旨固已具述多病不才乞侍祠宮觀矣辱況佳篇佩戢厚意謹次韻奉酬》：衰遲澹無營，百念已灰冷。時吟蘂珠句，聊復寄二景。平生坐五窮，相逐如形影。華顛行路難，雅志不一逞。逝言北山北，耕釣得重整。結廬甚幽深，不覺在人境。江公飽叢林，高視妙峰頂。時迂百里駕，清坐舉春茗。相期老嵓巖，守望依同井。久知無朋酒，出沒均酩酊。向來醒而狂，投老狂方醒。如何紫泥書，名姓蒙記省。控辭苦陳情，抱病當自屏。肯令曉猿驚，滓辱及崖嶺。新詩比移文，三復得深領。

## 五年乙卯，五十八歲，復集英殿脩撰。是年，始寓郡郊。

《行狀》：五年，復集英殿脩撰。

《宋史·本紀·高宗四》：四年九月辛酉，合祭天地於明堂，大赦。

《實相齋銘》：紹興己未，北山老人寓止長壽五年矣。從己未上數五年正爲乙卯。

集：

《集英殿脩撰謝表》：臣某言：今月十九日，伏奉告命，授臣依前左朝奉大夫、充集英殿脩撰，差遣賜如故者。負釁投閑，居懷惴惕；均釐肆眚，與被甄收。承命若驚，銜恩知感。臣誠惶誠恐，頓首頓首。伏念臣戇而自信，愚不知機，少也好修，弗踰繩墨之外；壯而多事，妄懷畎畝之忠。叩閽蚤麗於丹書，隨牒俄嗟於皓首。及稍寬於黨禁，遂浸列於周行。再遊東觀著作之庭，三與南宮賤奏之末。遭迴久次，黽勉一心，辭職奉常，獲守匹夫之志；分憂攜李，敢言循吏之能。屬當陞杌凋敝之餘,而行還定安輯之政。軍旅誠非於素學,撫綏方盡於夙心。決知綿薄之才,難抗猖狂之虜。利兵堅甲,既無吳會之師屯;高城深池,又異江湖之天險。度不能嬰城而死節,固不敢開門而請降。晝夜以思,進退惟谷。先奉宰臣之委教,且言朝命之已頒,苟守禦之力既窮,則遷避而行亦可。方出城之次日,適被召於行朝。而宣撫使藏怒久深,幸災而發,怵吏兵而誘亂,揭捕賞以見要。劾以深文,期於必死。仰賴皇明之旁燭,不俾怙威而肆行。趣至永嘉,許歸故里。恭惟拯溺救焚之意,可謂生死肉骨之恩。顧影捫心,淪肌刻骨。晚蒙睿獎,擢寘從班。念小己之難勝,縈厚恩之宜報。事君盡禮,敢萌貪榮患失之思;操心也危,每有私憂過計之累。宿愆難赦,孤迹易搖。譴訶實出於自貽,全貸終歸於天造。旋膺出綍,誤俾分符。復再致於煩言,徒仰喧於聰聽。茲緣大享,爰發渙恩。敢圖雨露之霑,俯暨朽枯之質。稍垂甄叙,曲被記憐。念疇昔以知非,皆冥頑之所致。此蓋伏遇皇帝陛下堯仁丕冒,湯德又新。日就月將,方緝熙於《大學》;雲行雨施,期潤澤於群生。思以任賢使能而致中興,故雖片善寸長而不終棄。顧惟奇賤,適有遭逢。愚闇無知,悔莫追於往咎;衰遲待盡,情猶切於慕君。寒灰無冀於復然,病馬尚蘄於終惠。誓當糜隕,少謝生成。臣無任感天荷聖激切屏營之至,謹奉表稱謝以聞。臣誠惶誠恐,頓首頓首,謹言。

《復集英殿脩撰謝宰執啓》:一官祠館,方同長孺之禿翁;四載家山,少謝周顒之逋客。何圖湔拂,浸沐甄收。仰戴聖恩,次銜鈞造。伏念某生而奇蹇,少則迂疏。干祿代耕,粗守羔羊之節;讀書為學,固非青紫之求。竊抱咂啜惓惓之忠,妄希鄙野區區之獻。挂名邪籍,連蹇半生;隨牒宦途,侵尋三紀。及稍寬於黨禁,遂浸列於周行。再遊東觀著作之廷,三與南宮賤奏之末。遭迴久次,黽勉一心。辭職奉常,獲守匹夫之志;分憂携李,敢言循吏之能? 屬當陲杌凋敝之餘,而行還定安輯之政。軍旅誠非於素學,撫綏方盡於夙心。決知綿薄之才,難抗猖狂之虜。利兵堅甲,既無吳會之師屯;高城深池,又異江湖之天險。度不能嬰城而死節，固不敢開門而請降。畫夜以思，進退惟谷。先奉宰臣之委教，且言朝命之已頒。苟守禦之力既窮，則遷避而行亦可。方出城之次日，適被召於行朝。而宣撫使藏怒久深，幸災而發。怵吏兵而爲亂，揭捕賞以見要。劾以深文，期於必死。仰賴皇明之旁燭，不俾怙戚○"戚"之誤而肆行。趣至永嘉，許歸故里。恭惟仁聖拯溺救焚之意，豈非天地生死肉骨之恩。顧影捫心，淪肌刻骨。晚蒙睿獎，擢寘從班。念小己之難勝，繄厚恩之宜報。事君盡禮，敢萌貪榮患失之思；操心也危，每有私憂過計之累。宿愆難赦，孤迹易搖。譴訶蓋出於自貽，全貸實由於天假。姑行白剗，庸示薄懲。至若詔附蔡攸，初無實狀。編摩累載，迄罷局而不遷；著作冒居，乃輔城之擬進。居未嘗備提舉道錄秘書之屬，出未嘗從宣撫河北陝西之行。顧危言異論以取惡則有之，若諂笑脅肩以苟容則蔑矣。向少加於畀入，已久被於超遷。及在嘉禾，實當空道。屬大將親擒於逆賊，而旋師取道於列城。是惟臣子之讎，實快神人之憤。咸致幣將之意，以勞王師之歸。若其禮數之差殊，則繄守臣之奢儉。自衢至越，益厚有加。蕞爾之邦，歉然何有？不供是懼，求福則那。饗將士之衆多，纔衢杭之十二。姑以畢事，幸無違言。安知貝錦之成，指謂金柈之獻。播之四遠，醜矣厚誣。每中夜以籌思，何橫罹於污衊。言之奚益，天實有臨。諒深曉於精微，亦具知其曲折。昨蒙鈞冶，假以郡符。反再致於煩言，徒仰喧於公聽。茲緣大享，爰發渙恩。敢圖雨露之霑，俯暨朽枯之質。稍垂收采，實自陶鎔，怵惕少安，骿蠓有地。此蓋僕射相公幾深成務，文武憲邦。膏澤四方，欲躋民於仁壽；佐佑一德，期致主於唐虞。佇觀沘水之勛，豈但澶淵之役。至於求士爲國，事君以人，重輕不爽於權衡，若否無逃於水鑑，較之前哲，則又優爲。既適緇衣之宜，益茂菁莪之育。有如疏逖，夙被獎知。終然頑鈍之資，遂託鑪鎚之末。桑榆晼晚，雖懷報國之心；丘壑棲遲，無復赴功之念。所蘄終惠，俾遂餘生。銘佩之誠，肺肝難喻！

集：

《衢州開化縣龍華院意上座塔銘》：八年，余寓郡郊四年矣。從八年上數五年乙卯正爲四年，故知先生以乙卯寓郡郊也。

《商浩廢處信安偶覽衢州圖經故居尚有遺址有感予懷書四十字》：中軍時所廢，我廢坐衰殘。軒冕儻來寄，炎涼非意干。空函嗟外重，小品亦徒看。異代均流落，還來客信安。

《哭徐節之學士慎言》：辯口懸河氣吐雲，賢豪往往盡知聞。論兵似欲無堅敵，攬轡常思去敗群。正使流言成玉玷，何妨浹骨自蘭芬。他年罷社悲閭里，宿草猶應哭故墳。節之以社日不起疾，故云。

《又六言》：臨汝音容近隔，源明生死俄分。可但一朝千古，真成聚沫浮雲。


## 六年丙辰，五十九歲，除徽猷閣待制。

《行狀》：六年，除徽猷閣待制。

《宋史》本傳：久之，除徽猷閣待制。

集：

《徽猷閣待制謝表》：臣某言：伏奉告命，授臣依前左朝奉大夫、充徽猷閣待制，差遣賜如故。臣尋具奏辭免，准尚書省劄子，奉聖旨不允。臣已望闕祗受訖者。竊祿真祠，久慚素食；升華延閣，復玷清班。仰戴聖恩，俯慚非據。臣誠惶誠恐，頓首頓首。伏念臣才非強濟，性實戇迂。仕則慕君，不自量其愚賤；學思爲己，期無玷於操修。不敢枉尺以直尋，率常進寸而退尺。名書邪籍，知芹獻之已疏；力盡陳編，愧管窺之時見。晚逢睿哲，驟辱獎知。拯之水火之中，召自漁樵之野。冠蓬山之衆俊，已媿無堪；陟鳳閣之華資，深知不稱。仍持末學，入侍清光。塵飛何益於太山，螢照難施於赫日。曾微補報，自取譴訶。庇身俾託於殊庭，就食即安於故里。感恩念咎，劫○“卻”之誤掃杜門。想魏闕以馳神，臥漳濱而永歎。何圖洪造，曲記孤縱。不遺簪履之餘，復置論思之列。懇辭不遂，成命莫回。昔張敞以罪廢屏居，卒見收於後效；

劉毅雖年耆偏疾，亦不棄於公朝。顧臣何人，有此厚幸！此蓋伏遇皇帝陛下乾坤侔大，日月並明。沛然雨露之施，渙若風雷之發。春生秋肅，莫非成物之仁。賞慶刑威，咸出至公之造。求賢用吉士，方遠迹於周王；嘉善矜不能，每同符於古訓。市骨冀來於駔駿，采葑無間於卑微。有如懦愚，弗忍遐棄。臣敢不永思報稱，仰服恩榮？顧雖顛沛之間，無忘素守；苟有捐糜之會，敢愛餘生？臣無任感天荷聖激切屏營之至，謹奉表稱謝以聞。臣某誠惶誠恐，頓首頓首，謹言。

《復待制謝宰執啓》：毀瓦畫墁，久竊真祠之禄；簪筆持橐，再塵法從之班。誤膺綸綍之恩，仰愧陶鎔之賜。伏念某生而孤寒，老益鈍頑。操心也危，每慎樞機之發；臨事而懼，不踰繩墨之間。洎忝備於論思，益勉圖於報塞。斷斷之愚曷有，區區之意已疏。省各○“咎”之誤空山，驚五年於過隙；噓枯寒谷，與萬木以皆春。怵惕靡寧，骈羉有在。此蓋伏遇僕射相公忠嘉致主，勛略濟時。八柄詔王，畢協至公之道；百工熙績，率由亮采之功。既樂善以達人，每棄瑕而觀過。致兹拙蹇，亦預甄收。病馬已疲，豈有騰驤之意；老樗無用，庶全擁腫之生。過此已還，未知所措。

《題八師經後》：余觀《八師經》所說，雖非無上般若圓頓法門，然實毗尼梵綱之權輿，普賢净行之門户，而生死畏途之梁筏也。明白切近，雖塗之人皆若可解。使四海之内横目之人普皆信受，堅持不退，爲善而不爲惡，如佛所云，則坐證四果，長揖三塗，何遠之有？且人人椎○“推”之誤不殺之心而充之，可使冤親平等，慈心相向，而豈有鬭狠賊害、伏尸流血之事哉？人人推不盜之心而充之，可使廉遜興行，貨棄於地，於非其有，一介不取，而豈有奪攘貪鄙、攫金肚篋之事哉？人人推不淫之心而充之，可使男如柳下惠，女如共伯姬，貞潔自持，不欺闇室，而豈有侵凌誘略、羅欲亂倫之事哉？人人推不飲酒之心而充之，可使飲食語言離諸過患，端虛正念，齊聖温克，而豈有淫酗昏暴、流連荒亡之事哉？人人推無妄言綺語、兩舌惡口之心而充之，可使篤實誠信，不

訾不欺，而豈有誑誣交扇之事哉？人人知老病死苦之無常，少壯盛强
之不可恃，而操心愛日、遠惡爲善之不可不勉也。夫如是，何畏乎生
死？何怖乎惡道？無疑無慊，俯仰無怍，終日盡世，泰然安樂，而相與
徜徉於仁壽之域，是則極樂之土、可封之俗已，豈非立言垂教者之本
意，愛人治國者之至願，而有生所甚樂者乎？故余思廣其傳焉。紹興
六年九月日，俱謹識。

《題杜范歐公帖》：正獻公之全德元老，文正公之宏才偉望，文忠公
之端亮文學，端委廟堂、不動聲氣而可使夷夏乂安，風俗清美矣。時非
不逢而不既其用，仁人志士未嘗不歎息於斯焉。紹興六年十一月旦，
信安程俱獲觀於西安長壽僧舍，謹題。

《過徐節之宅有感三首丙辰》：頤慶堂成未一年，窗中紫翠列千山。
重來前日持杯地，桃李飄零春自闌。　市駿不應遺泛駕，更刀猶足中
桑林。故知老驥思千里，未害鴟夷致萬金。　遊倦歸來老境侵，炎涼
薄俗見升沉。東阡北陌追遊處，獨對春風淚滿襟。

《書事呈叔問》：召節蒲輪走四方，眼看浮俗變炎涼。升沉變化那
知許，但覺琳宮氣味長。　五年香火奉殊庭，愚蠢衰殘得此生。不解
常山無一事，也紉蘭珮解塵纓。

《丙辰八月六日作》：負痾今日四周年，藥裹關心雪滿顛。坐失分
陰嗟倏忽，行扶跬步苦趻踔。支離徒費三鍾粟，潦倒仍依二頃田。身
在山林名絆闌，無功飽食愧前賢。

《太守富樞密見示題趙叔問回光庵詩次韻奉和因叙比蒙屈顧郊居
愧謝之意》：千騎雙旌間綠沉，草堂無逕辱幽尋。應憐范叔窮愁甚，更
覺文翁德化深。泌飲衡門聊寄老，高山流水舊知心。朝來拭目窺新
句，入木鏟金比道林。

《又和呈叔問》：潮海當年共陸沉，山林投老得追尋。清溪宛轉千
山靜，喬木陰森一逕深。法界含容居士室，庵基堅固祖師心。山王終
恐歸廊廟，回首清遊歎竹林。

《用韻述懷》：故交離合異升沉，枉直寧當問尺尋。伏櫪疲駘千里暮，當關虓虎九門深。炎涼殊態看浮俗，衰病交侵失壯心。一壑一丘真自足，野麋終是樂長林。

《觀老杜久客一篇其言有感於吾心者因爲八詠》

《羈旅知交態》：故里翻爲客，衰年亦倦遊。犢裩慚北阮，膰饋略東丘。門巷遊麋鹿，閭閻風馬牛。翟公良可笑，大署欲何求。

《淹留見俗情》：扶病來城郭，樓遲又幾年。炎涼驚節變，榮悴與時遷。掉臂人趨市，駢頭蟻慕羶。回觀衰冷地，古竈不生煙。

《衰顏聊自哂》：禿髮無重綠，疏髯已半凋。識風搖老炷，火宅堅衰標。往事那堪記，幽懷不自聊。餘年儻窮健，猶及中興朝。

《小吏每相輕》：鼠輩何知禮，奴曹只世情。鷗鶃嚇鸞鳳，螻蟻困鯤鯨。舍者時爭席，將軍莫夜行。豈堪供一笑，正自不須驚。子美詩又云："何當官曹清，尔輩堪一笑。"東坡詩云："尔輩何曾堪一笑。"

《去國哀王粲》：獻納無明略，衰遲只故鄉。養痾憑藥裏，掃迹寄僧坊。不作荆州客，空悲漢署郎。王粲少爲蔡中郎所禮。登樓那暇賦，衰鬢白蒼蒼。

《傷時哭賈生》：僭逆真苕燕，腥羶尚井蛙。蒼生困徵斂，黃屋久咨嗟。北狩終當返，東巡亦未賒。皇基甚宏達，四海會爲家。

《狐狸何足道》：宿敝雖毛舉，中原尚土膏。時聞殲狗鼠，未遂戮鯨鯢。冠蓋翔鴛鷺。兵戈集虎貔。埋輪豈無意，攬轡欲誰期。

《豺虎正縱橫》：黠虜頻窺塞，潢池或弄兵。未傳朱泚首，時勞亞夫營。四海幾糜爛，群凶會鼎烹。皇威清海岱，談笑掃欃槍。

## 七年丁巳，六十歲。正月乙酉，改葬母鄧太碩人於開化雲臺鄉雲門山原。

集：

《先妣遷奉墓誌》：宣和六年正月，葬我先妣太宜人鄧氏于鎮江府

丹徒縣五州山之原，今資政殿學士、吳興郡公葉公夢得銘其墓。建炎
三年春，車駕南渡，虜騎薦入淮浙，鎮江常宿重兵。時危，士卒恣睢，樵
牧不禁，存歿罹災。及我先塋，童山發屋，殆爲荒區。會俱以罪去朝，
尋抱末疾，不能趼定○“足”之誤奔赴省視松檟，大懼戕夷丘壟，以重不孝
之辜。則要梅氏子彥升遷奉先姚之喪，謀葬開化。紹興五年五月，喪
歸至程氏之故里。七年正月乙酉，始克葬于雲臺鄉雲門山之原。時先
考貴溪府君贈官至通議大夫，先姚贈碩人。彥升以右朝散大夫致仕，
自浙西來會葬，俱摧痛憒亂，第能以遷奉之由與襄事之年○原一空格月
日，誌於石而納諸幽。若夫人之世代家範，性行始終，則有吳興公之銘
在。男左朝奉大夫、充徽猷閣待制、提舉台州崇道觀俱泣血謹誌。

《題溫公帖石刻》：文正溫公之清節直道，內相高平公之懿行碩學，
蓋朝廷之蓍龜、搢紳之標表也。事在國史，譽在天下。然其造次之間，
理言遺事，士夫莫不寶而傳之。衢州學舍嘗得溫公貽高平公帖，摹而
刻之石，置諸公堂之壁，使學者出入觀省，以想見醇儒碩德遺風餘烈之
無窮，與夫著書立言之不苟如此。且《資治通鑑》之書，文正實挈其維
綱，而筆削裁成之功，繫高平公之助。是時二公以道義相從於寂寞之
濱，凡前古是非成敗之端，治亂安危之致，足以勸懲後世與啓沃吾君
者，蓋未嘗一日而忘也！卒以備邇英之讀，布於學官而行於天下。是
豈小補也哉？初，書成而上之，帝爲親製美名，冠以序引，其所以尊德
樂道之意，不唯彰信於一時而無愧不刊之書，又以爲百世之賴，可謂盛
矣！夢得，高平公少時字也。初，太夫人懷公彌月，夢古丈夫盛服入其
門者，左右曰漢大司徒鄧禹也，故命名如此，而字夢得。後溫公更其字
曰淳父，猶取《高密侯傳》贊語云。高平孫仲熊與州學教授陸君俊民懼
後生不知夢得之爲公也，要余述於其後。俱常以謂觀元祐之時而可知
宰執近臣之選，觀宰執近臣之懿而可知元祐之時，無求之他，觀於此而
已。俱生晚，不得登二公之門，以觀道德於後前，聽教誨於左右，茲獲
挂名公書刻石之末，以寄宿昔欣慕之心焉，亦云幸矣！紹興七年正月

甲子，信安程俱謹識。

《太上皇帝升遐慰表》：臣某言：承衢州告報，准尚書省劄子，太上皇帝升遐者。衰纏率土，臣庶攸同。臣某誠哀誠切，頓首頓首。恭以太上皇帝天臨海寓，二紀有餘。安享太平，恩涵動植。變生意外，北狩未還。天下喁喁，痛心引領。何圖厭世，遄返帝鄉。万里訃聞，攀號何及！伏惟皇帝陛下孝思罔極，聖情難居。臣屬領宮祠，遠居閭里，不獲奔詣行闕奉慰。臣無任仰天望聖哀摧辟踊之至，謹奉表陳慰以聞。臣某誠哀誠切，頓首頓首，謹言。

《寧德皇后上僊慰表》：臣某言：承衢州告報，准尚書省劄子，寧德皇后上僊者。哀動妃嬪，悲深臣子。臣誠哀誠切，頓首頓首。恭以寧德皇后奓以徽音，進儀坤德。爰從北狩，未遂南歸。豈意災凶，遽鍾荼○"荼"之誤蓼。伏惟皇帝陛下孝思方切，哀慕兼深。臣屬領宮祠，遠居閭里，不獲奔詣行闕奉慰，臣無任仰天望聖摧痛屏營之至，謹奉表陳慰以聞。臣誠哀誠切，頓首頓首，謹言。○案：《宋史·本紀·高宗五》："紹興五年四月甲子，太上皇帝崩于五國城。五月辛巳，遣何鮮等奉使金國，通問二帝。七年正月丁亥，何鮮、范寧之至自金國，始聞上皇及寧德皇后崩。己丑，帝成服，下詔降徒囚，釋杖以下。"故知此二表並在七年也。

《六言屬叔問》：崇蘭一日千里，長壽三年不飛。頹惰無人似我，精堅似子誠稀。

《丁巳九日攜酒要叔問登通道門樓而江彥文寄玉友適至因用己未歲吳下九日詩韻作》：○"己未"，蓋"乙未"之誤，詩即集之《九日寫懷》也。涼秋風物正清華，極目高樓不見花。老境固知無樂事，醉鄉聊欲寄生涯。銀鈎遠寄清桐滑，玉液親題赤印斜。笑引壺觴成一醉，歌筵遙想鬢堆鴉。聞彥文是日有盛集。

《自寬吟戲效白樂天體》：武陵謫九年，下惠仕三已。或窘如拘囚，或了無慍喜。吾生憂患餘，年忽及耆指。偏痺未全安，抱病更五禩。進為心已灰，棄置甘如薺。坐狂合投閑，佚老宜知止。向令身安健，不過如是耳。每思古窮人，我幸亦多矣。照隣嬰惡疾，羈臥空山裏。纏綿竟不堪,抱恨赴潁水。文昌兩目盲,無復見天地。簡編既長辭,游覽永無冀。吾今雖抱病,蹇曳非頓委。時時扶杖行,積步可數里。校之卧床席,欲坐不能起。雖扶不能行,懸絕安可比。時從親故談,亦不廢書史。右臂故依然,運筆亦持己。籃輿時出遊,初不廢牢體○當爲"體"。況無他證候,色脉苦無異。詳觀動息間,儻有全安理。侍祠了無庸,竊禄愧索米。借居浮屠宮,非村亦非市。廷堂甚爽塏,高屋敞窻几。郊林接溪水,眼界頗清美。嘗聞天地間,禍福更伏倚。藉令衰蹇身,終老只如此。何須苦嗟咨,未必非受祉。形如支離疏,飽食逸終世。目盲○"盲"之誤如宋人,全生免傜使。平生歎遠遊,今我在桑梓。田園接家山,區處及耘耔。平生困鞅掌,今我恬無事。寢興縱所如,出處不違己。病來益尊生,對境空相似。永無貪欲過,稍習衛生旨。不爲六賊牽,豈受三彭毁。人言病壓身,往往延壽紀。大鈞默乘除,萬一理如是。安全固自佳,蹇廢亦可爾。死生猶瘡痍,況此一支體。細思安否間,相去亦無幾。如何不釋然,萬事付疑始。

## 八年戊午,六十一歲。

集:

《送莊大夫綽赴鄂州守》:白首同經本命年,君臨方面我歸田。應無衛尉一錢直,空羡漆園三十篇。季裕著《本草蒙求》三卷,頗工。麟閣功名應未晚,羊腸岐路莫爭先。西歸不待三年最,肯訪柴門瀫水邊。

《戊午歲九日復與叔問登城樓再用前韻作》:兀坐空哦服九華,衰頹深覺負黃花。但令無事長相見,敢歎百年生有涯。雉堞曉登千嶂抱,瀫波秋净一溪斜。歸來更展新詩卷,醉墨淋漓似老鴉。盧仝有"卻來案上翻墨汁,塗抹詩書如老鴉"之句。

《題三界四禪天圖偈句》:如火宅喻,三界無安。是故衆生,應求出要。而此三界,亦如空華。分別説三,實無所有。我觀如來,不可思議。出入三界,如游觀園。而常湛然,處菩提座。應知亦有,上上根人。不歷堦梯，徑超佛地。四雙八輩，如焦穀牙；十地四禪，如隔羅穀。凡此世界，能忍眾生。若見若聞，應知希有。思地獄苦，發菩提心。如救頭然，慎勿放逸。諸惡莫作，眾善奉行。是雖常談，是佛教誨。<sub>紹興八年，北山程俱長壽寓舍讀《藏經》畢，於解夏日編次圖，仍題偈句。</sub>

《衢州開化縣龍華院意上座塔銘》：師名修意，字無言，開化人，姓魏氏，田家子。幼勤恪不欺，不事放戲。年十五，受業於龍華傳教師道圓。後七年，削髮受具戒，圓稍授以天台章句。未幾，已能貫習，益縱之遊學他郡，凡名師哲匠，皆從之隸○<sub>当爲"肄"</sub>業焉。居數年間，有傳正法眼藏出世間、了生死者，棄所習往從之。初入天童齊公之室，後至新定之廣靈。時佛印祖禪師道化方隆，師又入其室，刳心遺形，刮摩淘汰，晨夕不懈，殆忘寢食，佛印器之。卒之能所兩忘，盡得其奧。會佛印去廣靈，里居士夫自江公人表皆請以師繼其法席，師力辭，亟歸開化靈山之故棲，蓋去龍華十八年矣。結庵安居，名之曰"安養"。足不踰閾，修長懺者三年。以迴向般若，施度有情。崇寧間，余上書，罷吏太湖，歸鄉邑，寓靈山寺之西軒，始識師。顧然眾中，麻衣芒屨，韻孤而兒寂，固異之。與之言，蓋明道眼、飽叢林者也。余方幽憂塊處，往往日至其廬，語必移晷，相對蕭然，忘其身之窮而世道隘也。大觀初，余迫於禄養，又出而求仕。是年冬，師亦復歸龍華。其後余歸省松楸，必與師會。紹興二年春，余罷職西省歸，而過師於龍華，則師病且衰矣。八年，余寓郡郊四年矣，師之弟子慶居以書來告，師以四月己卯晨起，沐浴更衣，集眾告辭，趺坐，奄然而寂。茶毗，齒牙獨不壞散，其徒以謂真實無誑誕之所致云。壽七十九，僧臘五十八，弟子慶居、戒月、妙辯、善信、希聲將以九月丁酉，奉師遺骨藏於寺之東南隅，而建塔焉。慶居走余門，以銘爲請。余惟師慧目既清，履行無玷，於教席爲阿闍梨，而無鄙吝、封執、貢高之心；能捨有爲而從無學，於禪林爲第一座，而未嘗有幾微營保社、希利養之意。蓋聞人巨刹請留而不顧，視世之釋子貪濁狂亂、區區汲汲於權利之間者，豈不賢哉！又與之有故，是宜銘。銘曰：

是惟意公之塔，雲壑縈帶，蓮峰秀發。風林演唱，山谷響答。師曾不亡，常説妙法。

## 九年己未，六十二歲，除提舉萬壽觀，充實録院脩撰，以疾力辭，差提舉亳州明道宫。

《行狀》：九年，除提舉萬壽觀，充實録院脩撰。先是，公得風痺之疾，朝廷知公步趨拜跪良難，特緣兵火之後簡册散逸，謂公雅精史學，持心平實，欲使免朝參，坐局充職。其意甚厚，而公以疾力辭，乃差提舉亳州明道宫。

葉夢得《北山小集序》：紹興十年，詔重脩《哲宗史》，復起致道領其事，力辭疾不拜。

《宋史·本紀·高宗六》：九年二月壬申，命修《徽宗實録》。十一年秋七月戊戌，秦檜上《徽宗實録》，進脩撰以下各一官。據《本紀》，則《石林序》稱紹興十年誤也。又《本紀》：“四年五月癸丑，以范冲爲宗正少卿兼直史館，重脩神宗哲宗《正史》、《實録》。”《石林序》以爲起致道重脩《哲宗史》者，亦誤。石林與先生同時，不解何以致誤。

《宋史》本傳：俱晚病風痺，秦檜薦俱領史事，除提舉萬壽觀、實録院脩撰，使免朝參，俱力辭不至。

集：

《紹興九年辭修史奏》①：右臣今月二日准尚書省劄子，奉聖旨，差提舉萬壽觀充實録院脩撰，聞命震慴，若無所容，敢瀝懇誠，上告君父。伏念自紹興二年八月六日忽嬰末疾，今已七周年餘，百端始○“治”之誤療，終未復常，左手不能舉動，五指皆拳，左足不能屈伸，步趨拜起，至於執持食器，穿著衣裳，卷舒紙札，無不須人。加以年齒益衰，心志益耗，於朝謁則不能步趨，於職事則必至曠闕，扶掖蹇跛，傳笑四方，玷污

---

聖朝，取譏士類，不但以愚拙空疏衰病廢忘，不足當筆削之任而已也。況聖主在上，賢雋如林，一朝大典，舉以付之，必能稱職。如臣残廢，豈可冒荣？伏望聖慈特賜寢罷上件旨揮，許臣依舊在外宫觀養痾，里閭一意醫治涵泳聖化以畢，餘生不勝厚幸。伏惟皇帝陛下天地父母矜而察之，臣無任祈天望聖激切屏營之至。

《實相齋銘》：觀身實相，如夢幻響。亦如虚空，有無边際。無作無受，無去来今。無空不空，有願無願。生住異滅，一切皆無。如如此身，威儀差别。如是如是，皆如實知。萬鏡現前，如水鏡像。繁興用處，而常湛然。觀一切法，無不皆空。是爲覺知，諸法實相。相即是空，空即是實。无能觀者，亦無了知。觀佛亦然，一相無相。紹興己未，北山老人寓止長壽五年矣。春三月，於寓舍之西爲屋一間，挾以二厦，於是遊息焉，名之曰"實相齋"，而爲之銘。

《衢州大中祥符寺大悲觀世音菩薩閣記》：衢州大中祥符寺大悲觀世音菩薩閣，故在寺之東序，自天聖以來，再成再毁，未有繼而興之者。紹興二年，管内僧正妙空大師用良始募檀施，益以私財，作菩薩像，又作大閣覆之，捨故址而建於大佛殿之後。用良淳質無玷，誠諦不欺。焚誦之餘，刻意炎黄之書，盧倉張華之説。施利之入，僅支四事，則舉以爲棟宇像設、莊嚴佛事之資。言行既孚，有募必應。像閣既建，又作齋堂四楹，左右盱分，若承若翼，蓋八年而後衆工釋用。厥既塗艧，大集四衆，共作佛事，以慶其成。州人士女，奔走歸嚮，禮拜旋遶，歡喜讚歎，無有窮盡。時北山居士養疾郡郊，聞此勝會，輿掖至前。仰瞻聖像，如紫金聚；周顧樓閣，如化人宫。竦踊欽歎，説偈稱贊。於是用良請叙載歲月并刻之石，則爲之記，俾來者有考焉。庶幾有清净四衆，若族姓理家，若栗咕婆，若摩納婆等，覩相生善，即色悟空。了知大士無礙神通不可思議。與此比丘所成就事，及一切衆生不思議力，無二無别，性相等空，則其爲利益又豈有量數哉！贊曰：

稽首普門大名稱，救護衆生苦厄者。大悲願力深如海，無刹不現

無邊身。過去正法明如來，菩提薩埵示權化。於一身心現千手，隨緣
赴感靡不周。於一身心現千眼，光明普照河沙界。如百千燈同一光，
互融涉入不留礙。亦如洪鐘與空谷，呼之則應叩彌出。洪纖徐疾非思
量，而常在在實無在。當知通身是手眼，無我無作無受者。如是觀音
妙智力，衆生平等無差別。百千即一照常如，一即百千用常寂。爍迦
羅心無動轉，母陀羅臂如虛空。湛然寂處起慈悲，繁興用處那伽定。
觀身實相即菩提，一一刹塵觀自在。

　　《宋故右迪功郎監潭州南嶽朝富君墓誌銘》○案：富君，富延年也。祖
嚴，嘉祐中以秘書監守蘇州，秩滿，留居不去，歿葬吳縣之寶華山，子孫遂爲吳郡人。君
以紹興六年正月一日卒於家，其夫人龔氏後君二年卒。《誌》稱"今資政殿學士衢州使
君，君之從姪也。直惠自吳走千里，以君行狀來謀所以著君之美而垂不朽者，資政以諉
某"，又稱"紹聖初，某方客吳下，嘗過林德祖大雲坊，遇君，從容食頃，今四十六年矣"，
自紹聖元年下數高宗紹興九年己未，爲四十六年，則此誌作於紹興九年。其云"衢州使
君"，即富直柔也。


# 十年庚申，六十三歲。

　　《行狀》：公平生著述不可勝紀，已抱病，猶不輟。然憂深慮危，時
時芟削焚棄。今所存者，《北山小集》四十卷，《麟臺故事》五卷，《默説》
三卷，餘无傳焉。

　　葉夢得《北山小集序》：紹聖末，余官丹徒，信安程致道爲吳江尉，
有持其文示余者，心固愛之，願請交，未能也。政和間，余自翰苑罷領
宮祠，居吳下。致道亦以上書論政事與時異籍，不得調，寓家於吳，始
相遇。則其學問風節，卓然有不獨見於其文者。即爲移書當路，論以
言求士，孰不幸因此自表見，其趣各不同。若概論其過，一斥不復録，
天下士幾何，可以是盡棄之乎？倂上其文數十篇，宰相見而驚曰："今
之韓退之也。"亟召見政事堂。會有間之者，復得閑秩，然宰相知之未
已也。宣和初，復召入館，稍遷爲郎，議者翕然，始恨得之晚。自是二
十年間，卒登侍從，爲天子掌制命，文章擅一時。蓋嘗論當孔子時，固

已患直道爲難行,而毀譽之不可信。然人之有善,君子未嘗不樂道,其得譽常多;至居下流,天下之惡必歸焉,其毀之者亦衆,則直道雖不可盡行於天下,而天下終不能廢直道,方致道齟齬於初,一夫搖之,不能自立;及其久也,雖非其素所厚善,亦莫敢不謂然,其善之效歟!今觀其文,精確深遠,議論皆本仁義,而經緯錯綜之際,則左丘明、班孟堅之用意也。至於詩章,兼得唐中葉以前名士衆體。晚而在朝,雖不久遇,所建明尤偉。蓋其爲人剛介自信,擇於理者明,所行寧失之隘,不肯少貶以從物,是以善類皆相與推先,惟恐失。雖有不樂之者,亦不敢秋毫加玼病。信乎直道之不可終屈也!嘗衰次平生所爲文,欲屬余爲序,會兵興不果。後遇火,焚棄殆盡。稍復訪集,尚得十四五,而益以近所著,爲四十卷。夫天既以是假致道矣,乃不使盡暴其所長,病痺,杜門里中且十年,豈在人者猶可以力致,而天反不能相之歟?不可知也。紹興十年,詔重脩《哲宗史》,復起致道領其事,力辭疾不拜。而以其前欲屬余者,請之堅甚。致道之文,固不待余言而後著也,乃先衆人而知之深者莫若余,乃爲論其本末歸之。致道名俱,今爲左朝請大夫、徽猷閣待制、提舉亳州明道宮云。

鄭作肅《後序》:紫微舍人程公先生建炎己酉歲自太常少卿出守嘉禾,作肅過之,館於郡齋。會左丞葉公罷政經從,謁先生,作肅屬耳屏間聽話言,則聞公曰:“別去未有復見日,吾二人後死者,其誌先死者之墓。”先生曰:“左丞勛業未艾,某不日溘先朝露,當勤大手筆。”紹興甲子歲,先生卒,其子請公如約,公從之。僅述誌叙,未及銘詩而薨,然其稿今傳於世也。其略曰:“其爲文辭,在司馬遷、班固之間。進則掌天子命書,退猶將付以太史氏之筆。蓋有不可誣者焉。”議者謂公之誌文,實踐平生然諾,必不虛美以諛墓中人,有以取信於學士大夫也。作肅昔爲南徐學官時,偶先生卜居在焉。一日裁書問文於先生,先生翌日答書凡數百言。其要曰:“昔之作者,自六經百氏之書、世傳之史、方外之書無不讀。非惟讀之而已,取舍是非,了然於心。其粲然者,我之

文也；而資焉者，六經百氏載籍之傳而吾自得者也。然而莫見其迹
也。"嗚呼！先生論文淵源如此，則謂其文辭在司馬遷、班固之間，未爲
過也。頃又嘗見大參毗陵張公，言先生嘗爲毗陵筦庫，因見鄒忠公。
公與語連日，奇之，謂人曰："程致道，所謂北斗以南一人而已者也。"忠
公德名甚重，不輕許可，則其所取又有出文辭之外者矣。門人中吳鄭
作肅序。○案：《後》爲作於先生身後，以類附此。

**集：**

《臨池並序》：庚申十月丙申，予夜夢至一堂上，棟宇宏敞。或出法書縱觀，蓋嶽
麓真迹。又一種云是鍾王，絹素極塵暗。顧堂上板壁明净，因大書其上，書所謂"不令
執簡候亭館"者，觀之似不減傳師，"令"字尤覺精彩逼真，意頗欣然。念欲以絹素好書，
遽瘳，則已營度賦句在口。心開意朗，思如涌泉。衰年乃猶有少時情思，竊自喜也，因
索燭疾書之紙，將以示同好云。

若夫敞晴日之軒窗，臨惠風之池閣。山榾陳几，海珊置格。濯玉
海於清泉，飲霜毛於松壑。潀玄雲之霍霳，散晨鴉之紛泊。舒白繭與
烏絲，棄禾麻之凡惡。捐鷄羊之獰陋，羅象犀之綵錯。指實無間，掌虛
似握。乍手和而筆調，亦神凝而慮卻。出重匱之深藏，發脩梁之秘鑿。
還神明之舊觀，鄙元和之新脚。初鼉戲於汪洋，俄鴻驚於寥廓。軒軒
跨海之鵬，冉冉遊雲之鶴。焕出水之芙蓉，韻繞梁之清角。賓主揖讓，
陰陽磅礴。雲澹煙霏，崖崩石落。波三折而導送，勢千鈞而沈著。紛
舞鳳之參差，駭怒猊之噴薄。八分聊使於張軍，掘筆寧甘於示弱？百
金論價以猶輕，十部推賢而不怍。竦危峰之障日，矯孤松之秀擢。異
婢子之羞澀，粲舞姝之綽約。婉如援鏡以笑春，勁若劍揮而弩礦。峭
快若吳興之童稚，退縮匪深山之鄙樸。居然王謝之風流，儼若帝皇之
護蠖。登山逶迤於嵩華，陷陣回旋於驪駱。籠鵝無憚於空群，寶劍不
虞於詐略。逍遥散聖之禪，窘束毗尼之縛。紛異態而殊能，有彼餘而
此觳。天然則不擇而能精，積習則有資於力學。踐鐵閾以屢穿，仰天
門而苦卓。嗟余老以纏痾，方捐書而静樂。顧志在而力疲，徒心勞而
夢噩。嗟土炭之殊嗜，笑偃濛之善謔。雖習氣之未除，羌才疏而技薄。

與畫史其何殊,眩精神於幻藥。本變現於吾心,浪妍媸而喜愕。苟戲好之猶存,庶猶賢於弈博。當知鏦金入木,辭華雖照於荆相;二妙一臺,筋骨終慚於張、索也。

集:

　　《某啓伏蒙宮使資政左丞以某末疾漸平寵況新詩仰荷眷私欽誦不足謹依嚴韻攀和四首少叙盛德仍述鄙懷伏惟采覽某再拜》:如公真似泰山雲,敷寸崇朝四海聞。出處要同周四友,聲名○此原缺一格減漢三君。詞源笑唾三冬學,妙旨深明六藝文。要是天孫機杼手,莫將雲錦並纖紋。　典訓文章見白麻,經綸才術又王家。如何袖手千巖裏,卻旁臨溪一徑斜。憂國丹心知益壯,濟時素業復誰加。何當樂壽亭前路,杖屨追游閱歲華。　戴酒何人過子雲,閉關蘭若斷知聞。分無秔秫資三徑,豈有篇章詠五君。親故易成南浦別,漁樵時寄北山文。懸知倚市傾城態,應笑寒窗刺繡紋。　充庭英俊劇蓬麻,迂蠢無庸合卧家。錦里煙塵終不到,玉川思慮本無斜。山東何翅三年別,霜鬢潛驚一半加。會見中興平四海,要看元凱佐重華。○據《詩序》"以某末疾漸平",與丁巳之《自寬吟》稱"詳觀動息間,儻有全安理"語合。其云"閉關蘭若斷知聞","蘭若"即指長壽僧舍言之。此必丁巳後所作,以後有《叔問覽北山小集用葉左丞韻二首》,姑附《集序》後。

　　《叔問覽〈北山小集〉用葉左丞韻辱惠佳篇推與過情良深愧戢謹次韻奉酬二首》:過眼紛紛夢電雲,羨君強識與多聞。風流千載鑑湖老,博極群書都水君。顧我衰懷無復理,空餘宿習寄微文。深慚推借逾涯甚,偶爾真同禦木紋。　衡門相望接桑麻,人識城南二士家。老罷應難夸競病,詩狂時復賦車斜。韋編閱世時時絕,班劍看人歲歲加。徒把槧鉛消永日,強分奇正與英華。○案:二詩雖不能確定其年,然必在丙辰後壬戌前,與前四首並次《集序》後。

# 十一年辛酉,六十四歲。

# 十二年壬戌，六十五歲。

集：

《宋故徽猷閣直學士左中奉大夫致仕常山縣開國伯食邑九百戶贈左通奉大夫趙公墓誌銘》：公諱子晝，字叔問。五世祖德昭封於燕，是爲燕懿王。子曰惟和，永清軍節度觀察留後、安定郡公，公之高祖也。曾祖諱從審，寧海軍○石本作“寧國軍”。節度觀察留後、宣○據《宋史·宗室世繫七》作“宣城郡公從審”，此奪“城”字，石本正作“宣城”。郡公。祖諱世禕，鎮海軍節度觀察留後、北海郡公。父諱令儉，中亮大夫、榮州防禦使，累贈少保。母王氏，封定國夫人。叔問幼則端厚警敏，秀穎特異，中亮愛之甚。稍長，於讀書如嗜欲。中亮藏書三萬卷，號“書窟”。叔問日肆習其間，沈涵薰浹，不捨晝夜。中亮遇大禮，任子當及叔問，顧而曰：“是兒能自致，何以此爲？”取楷笏予之，因捨公而任其次。初入南京國子監，於經籍固已貫穿便習，視當時場屋之文，意以謂殆可不學而能。每較藝試闈，日未中，文已就，徜徉笑謔若不經意者。及牓，名屢出諸生上。年未冠，遂中大觀元年進士第，爲宗子第一。起家授承奉郎、簽書大名府判官廳公事。魏固大府，賓幕僚史時宴飲相追逐，叔問常以事辭。公退，手未嘗釋卷。歷佐二留守。許特進將莊重謹繩墨，大器重之。後尹梁資政子美爲治强敏任威，一路畏讋，僚屬唯唯進退，叔問恂恂少年耳，獨能因事白其已甚者，尹或捨己意而行其説。秩滿，調湖州司録事。代歸，持所生母心喪三年。調憲州通判。宣和元年，差充詳定《九域圖志》所編修官。會書局例罷，除知澤州。未赴，改知密州。召對，爲刑部員外郎。自元豐新官制初除令鑠爲郎，久無繼者，至是始除叔問，族屬榮之。未幾，丁中亮憂。中亮居家剛嚴有常度，叔問自幼及壯在親側，目未嘗迕視。雖盛夏，冠帶終日，出入虞侍，時溫清、視膳羞。朝夕左右，便便唯謹，蓋誾誾侃侃，盡色養之歡焉。中亮以其敦樸，常日○當爲“曰”，石本作“曰”：“是質實兒竟自佳。”其於兄弟篤友愛，鞠其孤猶己子，官學婚嫁，皆身任之，無失其時者。於親故咸有恩意。靖康虜寇大入，自宋流寓淮浙，道丁母夫人憂，間關南渡，竄伏信安山中。建炎四年，車駕駐蹕會稽，詔以吏部員外郎召，俄遷左司員外郎。時范丞相當國，叔問舉職不懈，裨益居多，遷太常少卿。艱難以來，有司文籍散已○"亡"之誤，石本作"亡"，典禮或闕。公學既通博，隨事討論，稽參古今，綿蕝草創，禮無違者。會禮部侍郎闕，除權官，上以公爲可，遂以命之。明年，除徽猷閣待制、樞密都承旨。宗室任三省密院從官，實自公始，人以爲宜。又明年，遷兵部侍郎。紹興三年冬，虜使李永壽、王詡來，上命公館伴。時虜使久不至，至是虜情叵測，人以館客爲難。叔問自迓勞燕好，至於贈賄、彌縫應對，無不得宜。虜使卒入見，成禮而去。其在朝廷，恬曠靖共，無所適莫，思不出位，從容以和。踰年，請外補，以徽猷閣直學士知秀州。明年，移知平江府。其爲治安静不擾，循理去甚，不爲赫赫名。久之，懇請祠宮，以兵部侍郎召至行在。力申前請，遂以舊職提舉江州太平觀。寓止衢州凡七年，未嘗有留滯之歎。自言慕司馬微之爲人，若所謂"入獸不亂群"，"舍者與之争席"，蓋優爲之。得寬閑之地城南之郊，爲池亭林圃，間與交舊游息其間，浩浩然若將終身而不厭者。晨起，誦《六經》率若干卷。又身教子姪，講論經史，日有常課。間則報謝賓客，不以寒暑、風雨、高下易其度也。十二年夏四月，以疾告老，遷左中奉大夫致仕。壬辰，以不起聞，享年五十四，詔贈左通奉大夫，交游皆失聲相弔。余初識叔問吳興，一面定交，今三十年，○案：自紹興十二年上溯三十年，適當政和癸巳。情好彌厚，終始如一。觀其剛而不亢，通而不流，不爲利回，行己有恥，至於廣覽强記，直諒多聞，蓋余之益友也。其文敏而粹，其家集而藏之，得二十卷。於游藝往往精詣○當爲"詣"，石本作"詣"，書法尤爲識者所推，篆、籀、楷、隸皆力追古人。至訓詁形聲之末，與夫禮樂、度數、名物之微，莫不審其是而知其説也。其孤將以七月己酉葬公西安縣道泰鄉甘泉之原，厥既得卜，其孤號踊請銘於俱。余惟叔問之交友知舊，其名位文詞足以聳動一時而傳信於後者爲不少，盍請銘於彼而俱是求？不可。其孤叩頭見要曰：“先友之久且厚，莫先丈人，知先人平生又詳。況遠日既迫，儻辭避引日，將不及事，無以掩諸幽，以沒先人之美，而重不孝之罪。”泣血固請。余義不得終辭，則叙其治行而繫以銘。公配郡○“邵”之誤氏，封碩人。三男：長曰伯賜○案：《宋史·宗室世繫七》作“伯陽”，與《行狀》合，則先生之女夫也，石本作“伯陽”，右承務郎，提點坑冶鑄錢司檢踏官；次曰伯昂，右承務郎；幼曰伯量。二女：長嫁右修職郎、監臨江軍贍軍酒庫馮作，次已嫁而歸。

銘曰：太支惟四，仲封於燕。純嘏有衍，流光邈綿。五世彌昌，允藝且賢。惟叔問甫，奮由厥躬。抗志屬行，光享有終。驥墮地走，蘭苗而芳。絶出群輩，鳳翔高岡。瑞此王室，家廷之慶。垂髫就傅，束髮試吏。至於艾者，出守入侍。靖共明哲，純美無纇。進斯匪懈，退以求志。風流江左，術業洙泗。胡不百年，益用於世。向、歆七略，間、平六藝。庶幾有成，斧藻皇治。甘泉之幽，盤鬱森邃。藏之孔安，遺祉嗣裔。

《祭趙侍郎文》：嗚呼叔問，而止斯耶！自公云亡，三易弦望。缺闕之歎，我勞如何！晝懪怳而猶疑，夜耿耿而增慨。豈向之遊從、憂歡、聚散者，皆夢中之夢耶？抑幻人之所幻？何六尺之軀，遽儼然而在柩；一丘之土，俄罣然而若堂？空餘珠玉之在懷，猶想笑言之溢口。嗚呼！城南之交○當爲“郊”，正覺之路。余有懷而孰資○當爲“咨”，余有疑而孰語？舉一觴而誰屬，亡三篋而誰補？歎竹林之陳迹，邈若山河；失濠上之遺言，俄成今古。嗚呼已矣，夫復何言！家四壁而屢空，書五車而奚益。雖五交三釁，素無勢利之驕；一死一生，可見炎涼之態。公之初逝，藐然諸孤。猥以幽堂之銘，見託衰鄙。文詞凋落，加以悲酸。筆欲下而涕隨，辭欲出而不忍。縻緝蕪陋，斐然成章。不溢不諉，可以無愧。尚有遺美，兹爲歉然。聖堂之幽，卜云其吉。窆寀既戒，靈輀首塗。偏痺拘攣，山溪脩阻。行不及祖道，葬不克臨穴。終天之別，一慟何言！庶其格思，歆此誠薦！

十三年癸亥,六十六歲。

十四年甲子,六十七歲。六月,疾稍寢,乞致仕,轉左中奉大
夫。壬辰,卒。遺表聞,贈左通奉大夫。九月辛酉,葬于開化
縣北山之原。

《行狀》:累官至朝議大夫。三遇明堂郊祀恩,封新安縣開國伯,食
邑九百戶。十四年六月,疾稍寢,乞致仕。轉左中奉大夫。壬辰,卒於
寢,享年六十有七。遺表聞,贈左通奉大夫。”“其孤卜以九月辛酉,葬
于開化縣北山之原。

鄭作肅《北山小集後序》:紫微舍人程公先生建炎己酉歲自太常少
卿出守嘉禾,作肅過之,館於郡齋。會左丞葉公罷政經從,謁先生,作
肅屬耳屏間聽話言,則聞公曰:“別去未有復見日,吾二人後死者,其誌
先死者之墓。”先生曰:“左丞勳業未艾,某不日溘先朝露,當勤大手
筆。”紹興甲子歲,先生卒,其子請公如約,公從之。僅述誌叙,未及銘
詩而薨,然其稿今傳於世也。其略曰:“其爲文辭,在司馬遷、班固之
間。進則掌天子命書,退猶將付以太史氏之筆。蓋有不可誣者焉。”議
者謂公之誌文,實踐平生然諾,必不虛美以諛墓中人,有以取信於學士
大夫也。

# 程北山先生年譜附録一

## 《宋史・列傳・文苑七・程俱》

程俱，字致道，衢州開化人。以外祖尚書左丞鄧潤甫恩，補蘇州吳江主簿，監舒州太湖茶場，坐上書論事罷歸。起知泗州臨淮縣，累遷將作監丞。近臣以譔述薦，遷著作佐郎。宣和二年，進頌，賜上舍出身，除禮部郎，以病告老，不俟報而歸。建炎中，爲太常少卿，知秀州。會車駕臨幸，賜對。俱言："陛下德日新，政日舉，賞罰施置，仰當天意，俯合人心，則趙氏安而社稷固；不然，則宗社危而天下亂，其間蓋不容髮。"高宗嘉納之。金兵南渡，據臨安，遣兵破崇德、海鹽，馳檄諭降。俱率官屬棄城保華亭，留兵馬都監守城。朝廷命俱部金帛赴行在，既至，以病乞歸。紹興初，始置秘書省，召俱爲少監。奏修日曆，秘書長貳得預修纂，自俱始。時庶事草創，百司文書例從省記，俱摭三館舊聞，比次爲書，名曰《麟臺故事》上之。擢中書舍人兼侍講。俱論："國家之患，在於論事者不敢盡情，當事者不敢任責，言有用否，事有成敗，理固不齊。今言不合則見排於當時，事不諧則追咎於始議。故雖有智如陳平，不敢請金以行間；勇如相如，不敢全璧以抗秦；通財如劉晏，不敢言理財以贍軍食。使人人不敢當事，不敢盡謀，則艱危之時，誰與圖回而恢復乎？"武功大夫蘇易轉橫行，俱論："祖宗之法，文臣自將作監主簿至尚書左僕射，武臣自三班奉職至節度使，此以次遷轉之官也。武臣自閤門副使至内客省使爲橫行，不繫磨勘遷轉之列，其除授皆頒特旨。故元豐之制，以承務郎至特進爲寄禄官，易監主簿至僕射之名；武臣獨不以寄禄官易之者，蓋有深意也。政和間，改武臣官稱爲郎、大夫，遂并橫行易之爲轉官等級，蓋當時有司不習典故，以開僥倖之門。

自改使爲大夫以來,常調之官,下至皂隸,轉爲橫行者不可勝數。且文臣所謂庶官者,轉不得過中大夫,而武臣乃得過皇城使,此何理也！夫官職輕重在朝廷,朝廷愛重官職,不妄與人,則官職重；反是則輕,輕則得者不以爲恩,未得者常懷觖望,此安危治亂所關也。"徐俯爲諫議大夫,俱繳還,以爲："俯雖才俊氣豪,所歷尚淺,以前任省郎,遽除諫議,自元豐更制以來,未之有也。昔唐元稹爲荆南判司,忽命從中出,召爲省郎,便知制誥,遂喧朝聽,時謂監軍崔潭峻之所引也。近聞外傳,俯與中官唱和,有'魚須'之句,號爲警策。臣恐外人以此爲疑,仰累聖德。陛下誠知俯,姑以所應得者命之。"不報。後二日,言者論俱前棄秀州城,罷爲提舉江州太平觀。久之,除徽猷閣待制。俱晚病風痺,秦檜薦俱領史事,除提舉萬壽觀、實錄院脩撰,使免朝參,俱力辭不至。卒,年六十七。俱在掖垣,命令下有不安于心者,必反覆言之,不少畏避。其爲文典雅閎奧,爲世所稱。

## 《宋故左中奉大夫徽猷閣待制新安縣開國伯食邑九百户致仕贈左通奉大夫程公行狀》《北山小集》附,程瑀撰。

曾祖伯照○光緒壬辰《北源程氏宗譜》作"煦,字伯照",故贈光禄卿；祖母扶風太君魯氏、彭城太君錢氏。

祖迪○光緒壬辰《北源程氏宗譜》作"迪,字元吉",故任尚書都官郎中致仕；祖母仁和縣君江氏、仙居縣君余氏、天水縣君慎氏。

父天民,故任瀛洲防禦推官、信州貴溪縣丞,贈左宣奉大夫；母贈大碩人鄧氏。

公諱俱,字致道,衢州開化人。程氏實高陽之裔。周成王時,伯符封國於程,休父爲宣王司馬,後因以國爲姓。春秋時,嬰以立趙孤顯。六國時,邈爲秦獄史,易大小篆爲隸書。漢有不識,魏有昱,號名將。晉元帝即位,命元譚爲新安太守,百姓悦之,代還,遮道請留,不得去,詔從其請。比卒，賜其子孫田宅於新安之歙縣，遂居黃墩。遷開化北原者，公十世祖也。公之曾祖光禄君樂愷平易，重然諾，喜施與，鄉里稱爲長者。祖父都官君始以儒奮，擢進士第，治劇邑，有德於民。唐質肅介爲江東轉運副使日，特加賞遇，以謂不任威刑而人不犯，雖古循吏無以加也。父宣奉君爲兒時，日誦數千言；成童屬文，握筆立就；未冠，舉進士，試南宮爲第一，廷試中甲科。益博觀典籍，研繹奧義。常進所撰詩書論，得相州、饒州州學教授。尋爲瀛洲防禦推官、貴溪縣丞攝令事，闔邑欣賴。召試太學博士而卒。公時方年九歲，哭泣哀毀，見者咨歎。終喪，從母氏寓外家。母性嚴，公左右承意，得其歡心。外祖尚書鄧公左丞潤甫深奇之。後其家人緣左丞意，奏補公假承務郎。紹興四年，授蘇州吳江縣主簿。時徽宗即位肆赦，放免秋苗，本縣復行催理，吏持文書通簽，公即申縣請准赦蠲放。而轉運司牒准省符，講求遺利。公申狀謂："財用之在天下，譬之衆川之水，潴之萬頃之陂，決漏既多，乾涸可待。乃欲崎嶇回遠、引綫脈之流以益之，不如塞其陂之決漏而已。今諸路賦入，則衆川是也，萬頃之陂，則總計是也；決漏如江河，則無藝之費是也；崎嶇回遠、引綫脈之流以益之，則講求遺利是也。凡無藝之費一切罷之，則息民裕國之政具在，守而勿失，可以有餘。"見者驚歎，亦或指以爲狂。任滿，辟差舒州太湖茶場，以上書論時政罷歸。時執政者方力持紹述之説以售其私，凡持正論者斥以爲邪，雖被擯廢，人更以爲榮焉。大觀初，監常州市易務。八寶恩，遷通仕郎。政和元年，改宣德郎，差知泗州臨淮縣事。三年，召赴審察，以前上書報罷，尋主管兗州岱嶽觀。七年，差通判延安府，以侍親非便辭，改通判鎮江府。俄除編修《國朝會要》所檢閲文字。八年，兼道史檢討。宣和二年，轉承議郎，賜五品服。明年，除將作監丞。時論謂公以儒術世其家，今藝學績文之士鮮出其右，近臣亦推公長於譔著。於是以聞徽宗，即遷秘書省著作佐郎，賜上舍出身。三年，除禮部員外郎。駕幸秘書省，特旨召觀書閣下，因賜御筆書畫，遷朝奉郎。五年，丁母憂。七年，復除禮部員外郎，以病告老，不俟報而歸，坐責。歲餘，今上登極，轉朝請郎。
建炎三年，復爲著作佐郎，尋再遷禮部員外郎。除太常少卿，臥家力
辭，章四上，遂以直秘閣知秀州。會車駕臨幸，有旨賜對。公奏事訖，
即啟陳濟大業、致中興之說，言極剴切。有曰："陛下盛德日新，政事日
舉，賞罰施置，仰有以當天意，俯有以合人心，則趙氏安而社稷固。苟
惟不然，則天之所以眷佑者將恐替，人之所以欣戴者將恐離，如是則社
稷危而天下亂，其間蓋不容髮。"上欣然納之。及虜騎南渡，既據臨安，
遣兵破崇德、海鹽，公屬兵守禦方力，已降省劄，令公遷避，復被旨管押
錢帛，由海道趨行在。始出華亭，宣撫使留公，有旨趣使津發，因航海
至永嘉。既朝見，以病乞歸鄉聽命，時建炎四年三月也。冬，復召赴行
在。紹興改元，始置秘書省，即以公爲秘書少監。九月，除中書舍人，
仍兼侍講。二年，罷職，提舉江州太平觀。四年，差知漳州，以病辭，改
提舉台州崇道觀。五年，復集英殿脩撰。六年，除徽猷閣待制。九年，
除提舉萬壽觀，充實錄院脩撰。先是，公得風痺之疾，朝廷知公步趨拜
跪良難，特緣兵火之後簡冊散逸，謂公雅精史學，持心平實，欲使免朝
參，坐局充職。其意甚厚，而公以疾力辭，乃差提舉亳州明道宮。累官
至朝議大夫。三遇明堂郊祀恩，封新安縣開國伯，食邑九百户。十四
年六月，疾稍寖，乞致仕。轉左中奉大夫。壬辰，卒於寢，享年六十有
七。遺表聞，贈左通奉大夫。公初娶新昌石氏，贈令人；再娶同郡江
氏，封令人。男一人，曰行敏，右承務郎，監潭州南嶽廟。女三人，孟以
病在室，仲嫁右承務郎、提點坑冶鑄錢司檢踏官趙伯賜，季嫁右迪功
郎、監潭州南嶽廟江振卿。公天資端方誠直，言動不妄，思慮精切，志
趣高遠，加以該洽深邃之學、典雅閎奧之文。自其幼年未仕，人推爲有
父風。稍任州縣，即能遇事引義，慷慨論列利害。及緣上書坐譴，湮阨
連年，飢寒轉迫，氣益堅剛，而自信愈篤，學業大成，偉然有公轉○"輔"之
誤之望，然不能以辭色假人，頗亦寡徒少侶，訾笑隨之。而與之深交
者，率名卿、才大夫或其丈人行。久之，名實益孚。其再佐著作，三爲

郎儀曹,朝廷蓋欲用之矣。晚登掖垣,侍經席。凡命令之下,竭思畢
慮,有不安于心者,率明白反覆言之。其進講,若故事,必考古驗今,曲
致規鑒,未嘗有所觀望畏避,大抵務合人情,當事機,守祖宗之法度,遵
先聖之訓誥,非持甚高難行之論以苟邀名取譽也。每憂外難未夷,寢
食不置,章奏數上。如所謂"國家之患,在於論事者不敢盡情,當事者
不敢任責。言有用否,事有成敗,理固不齊。今言不合則見排於當時,
事不諧則追咎於始議。故雖有智如陳平,不敢請金以行間;勇如相如,
不敢全璧以抗秦;善將如韓信,不敢言去漢中而下三秦,○"善將"下十五
字,景鈔《北山小集》本無,據光緒壬辰《北源程氏宗譜》卷末所載《行狀》補。通才如
劉晏,不敢言理財用○景鈔《北山小集》本無"用"字。以贍軍食。""此有志○
景鈔《北山小集》本"志"下盡行衹有五空格。者所以解體,而憂國者所以寒心
也。"又謂"《書》所謂'念終始典于學'與夫'監于先王成憲'者,固不可
略也。高宗所以爲商中興主者,以是道也。人君之學異於臣庶,學爲
王者事而已。使大學之道成于皇躬,則其于聽言應物、出入起居、發號
施令,莫不惟理之從,而恢恢有餘地矣。臣願陛下選端亮敦厚、通知古
今、識大體之人,專以侍講讀爲職,使之日侍左右以備顧問。要令出入
禁闥,常在聖前,如漢侍中、尚書郎之比,清閑之宴,爲聖主陳説治道與
夫誠意正心、脩身愛物、任賢馭事之宜,古今成敗之事,亦所以資緝熙
光明之萬一,非小補也"。○"者所"至"補也"二百有七字,據光緒壬辰《北源程氏
宗譜》補。祖宗之制○四字景鈔《北山小集》本有,光緒壬辰《北源程氏宗譜》無。謂
"近年禁庭宮邸與夫宗戚貴近○此從光緒壬辰《北源程氏宗譜》,景鈔《北山小
集》本作"宗室貴戚"。之家,視千百緡僅如糞土,不思民力,輕以費用。
○"視千"下十六字,據光緒壬辰《北源程氏宗譜》補。其享富貴之奉,極驕奢侈
麗之欲,皆自古所無有。然其卒也流離狼狽,亦自古所無之。若是皆
不知惜福畏罪,仁民愛物之道,故其報如此之酷也。○"若是"下二十三字,
據光緒壬辰《北源程氏宗譜》補。而懷利封己之人,習熟聞見,至今猶以侈大
爲當然,以嗇儉爲削弱,此不可以不變。願陛下以祖宗爲法,崇儉約樸

素之風，以身率之，每於賜予費給之間，視金帛錢穀當以生民之膏血、國家之基本視之，而無復以近年爲比也。"○"願陛下"五十五字，據光緒壬辰《北源程氏宗譜》補。又論"武臣轉官，皆自武功大夫轉入橫行，得者既衆，則官益以輕。使人人皆懷欲得之心，無有紀極，在於厲世勸功之時，其爲敝害爲尤大。祖宗之法，文臣自將作監主簿至尚書左僕射，武臣自三班奉職至節度使，即是以次遷轉之官。而武臣自閤門副使至內客省使爲橫行，不繫磨勘遷轉之列。既不繫磨勘，即非皇城使所得轉入之官，其除授皆頒特旨。故元豐肇新官制之時，以承務郎至特進爲寄祿官，以易監主簿至僕射之名，而武臣獨依舊不以寄祿官易之，蓋有深意也。政和間，改武官稱爲郎、大夫，遂并橫行易之，而爲轉官之等級。此皆當時有司不習典故，不思祖宗之深旨，率意改更，以開僥倖之門，故流弊日深。且文臣之所謂庶官者，轉不得過中大夫，而武臣乃得過皇城使，此何理也？自改使爲大夫以來，常調之官下至皁隸，轉爲橫行者不可勝數，其敝極矣！夫官職輕重，在朝廷所以用之而已。朝廷愛重官職，不妄與人，則官職重；若輕以與人，得者冗濫，則官職輕。官職輕，則得者不以爲恩，未得者常懷觖望"。他人莫能言也。顧任職未幾而罷，罷未幾而病，病卒不可復起，此有識者之士所以深爲天下惜也。公平生著述不可勝紀，已抱病，猶不輟。然憂深慮危，時時芟削焚棄。今所存者《北山小集》四十卷、《麟臺故事》五卷、《默說》三卷、○光緒壬辰《北源程氏宗譜》"《默說》三卷"下又有"《宋徽宗實錄》二十卷、《廣訓》六卷、《漢儒授經圖》一卷"十九字，慮爲後人竄入，未敢據補。餘無傳焉。其孤卜以九月辛酉葬于開化縣北山之原，屬瑀狀公行實，將求銘於鉅儒碩學以圖不朽，謹考核敘如右。紹興十四年九月日，龍圖閣學士、左中奉大夫、提舉江州太平觀、鄱陽縣開國子、食邑五百户、賜紫金魚袋程瑀狀。

# 程北山先生年譜附録二

## 《北山小集·論》

《老子論一》

古之聖人，退與道冥，則雖介然之有，有所不受；出與道會，則雖樊然之應，有所不辭。故可道之道，以之制行；可名之名，以之立言。至於不可道之常道，不可名之常名，則聖人未之敢以示人。非藏於密而不以示人也，不可得而示人焉耳。凡天下之可道者皆有行地，而道常無爲；凡天下之可名者皆有儀則，而道常無名。竊嘗以謂將以思而得耶，是則思也，非道也；將以行而至耶，是則行也，非道也。以有爲可以爲道乎，則火馳物絃皆爲道矣；以無爲可以得道乎，則枯株塊石皆得道矣。然則常道果可道乎？以道常爲有，則謂虛空不用之處，道不在焉，可乎？以道常爲無，則謂萬物並作之際，無資於道，可乎？以爲大則不見其體，以爲小則莫知其邊。然則常名果可名乎？聖人以謂，道果不可以示人也，則其制行立言可以示天下、迪後世者，亦其次焉而已。故西方之聖人，其所示見設爲乘者三，演爲分者十二，命之曰教。若夫傳於教外者，則其不可道與不可名者也。中國之聖人，祖唐虞，憲文武，以訂《詩》《書》《禮》《樂》之文，命之曰經。若夫其所以言猶履之非迹者，則其不可道與不可名者也。故老子著五千之文，將以示天下、迪後世，蓋非退與道冥而獨於己者。故其發言之首，以謂可道之道、可名之名者，五千文之所具也。故其言有曰："人法地，地法天，天法道，道法自然。"且道而已矣，又何法焉？老子方言域中之大而道居其一，則所謂可道之道者，域中之大也。若夫千聖之所不傳者，不可得而言也。

不可得而言而終不言其概乎，則人將盡矣。故姑亦寄之於常與夫自然而已，所以微見其旨也。

《老子論二》

天、地、人，一原耳。天之所以為天，地之所以為地，人之所以為人，由有物之初、終宇宙而常存者固同。而天地之能長且久者，形與之俱，而人獨不然，何哉？天不知其為天，地不知其為地，其確然而常運者孰推而行，其隤然而常處者孰止而安？然有形者於此乎麗，有生者於此乎生，彼曷嘗弊弊然以長久為哉！今一受其形而為人，則認以為己，曰：人耳，人耳。謂其養生不可以無物也，則騁無益之求；謂其有身不可以不愛也，而營分表之事。厚其生而生愈傷，養其軀而身愈病，其不為中道夭者亦幸矣。嗚呼！人固可以與天地長且久，而獨中道夭者，是自生之過也。眾人常欲先人而未嘗先人，眾人常欲存身而適足以喪身。"豫若冬涉川，猶若畏四鄰"，後其身如此，而執道全德，物莫尊焉，不亦後其身而身先乎？"形可使為槁木，心可使為死灰"，外其身如此，而深根固蒂，物莫壽焉，不亦外其身而身存乎？夫何故，非以其不私其生故耶？老氏之旨如此，而未之思者，以謂黃帝、老子之徒率畏死而求長生者，豈不惑哉！夫人而無生，道安所載？然世之喪其生者，蓋反以有其生為累。有其生者，且猶老氏之深戒，而謂其外於道而求長生乎？未之思也。

《老子論三》

萬物之變，莫大乎死生。人之為道，超然於死生之際，則無餘事矣。生果來乎？死果往乎？以生為實來，則吾之所從來者宜可知矣。南北耶？東西耶？上下耶？審不可以言也。而謂之實來，可乎？以死為實往，則吾之所從往者宜可知矣。心耶？物耶？人耶？天耶？審不可以言也。而謂之實往，可乎？然則吾之生也，前不知其所起，後不見其所斷，貫萬古而湛存者，常然也。然後曉然知我之未嘗生、未嘗死也，將以奚為死地哉！且宇宙耳，而日月為之晝夜，陰陽為之寒暑，代謝爲之古今，要之，宇宙實有是紛紛者乎？人之於死生，不異於此。夫生者，死之對，而老子以謂善攝生者無死地，何也？蓋有生也，有滅也，方生方滅，方滅方生，此猶高下長短之更爲終始，互萬世而無窮者也。然則有生之生者，固滅之對也。若夫不生之生，不與萬化爲偶，是貫萬古而常然者也，是我之所以爲無死地者也，又何兕虎甲兵之可噬而殺哉！雖然，生非我有也，我亦無有也，無我亦無所也。安得有夫生哉？亦曰“攝之”而已。攝者，假而有之之謂也。攝生以御萬物，萬物攝於吾之一；攝生以應萬物化，萬化攝於吾之虛。是則以無厚入有間，豈不恢恢然有餘地矣，何缺折之有哉！

《老子論四》

衆人之過易遺，聖賢之疵難除。營欲戕性，取舍滑心，衆人之過也。衆人之過大而有迹，故其遺之也易。以覺爲礙，以解爲縛，聖賢之疵也。微而難知，故其除之也難。事之過顯，理之過微；以物爲病顯，以法爲病微。屑金雖貴，以之入眸，則四方易位矣；揚塵雖微，以之翳空，則天日晝暝矣。然則理障、法病，可勝疵乎？滌除元覽，蓋謂是也。覽者，見之謂也。不曰觀而曰覽，何也？觀猶有作，而覽則若鑑之見物而已。所謂元覽，聖人之所謂獨見者也，聖人之所以見曉者也。人之有是元妙之見而不除之，是爲解縛，其過也不似於屑金之眯目乎？滌除元覽而即非滌除，則無疵矣。滌除元覽而存滌除之見，是爲覺礙，其爲疵也，不似於一塵之翳天乎？天〇“夫”之誤載魄抱一，則形合於氣矣；專氣致柔，則氣合於神矣。三者渾而爲一，則其爲元覽，不亦至乎！又在滌而除之耳。如是則在己者至矣，備矣，可以愛民治國而無爲矣。以百姓爲芻狗，所以愛民；輔萬物之自然，所以治國。淫其性，傷其生，亂其經，逆其情，而可謂之愛且治乎？出而應夫愛民治國之運，則天門開闔以示夫出入利用之權。明白四達，以遊夫六通四闢之道。然而未嘗不退然爲雌，泊然無知也。是其所以謂之元德。

《老子論五》

聖人以道涖天下，則六合之内、五方之民，可以一舉措之聖神之域，特在反手之間耳。雖然，聖人不傷民固也，而能使鬼神亦不傷人，何哉？蓋人之在道，道之在人，猶魚之在水，水之在魚也，亦何生死之辨乎？方其以道涖天下，天下之民其生也泊焉，所以善其生也；其死也寂然，所以善其死也。寂然而已，鬼安得而神乎？然真者其所歸也，寂者其所樂也，而謂之不神，可乎？其所以神者如是，而有能傷人者乎？民之生也如彼，及其死也如此，尚安復有靈響祟厲之爲哉！或曰：“聖人神矣，然亦安能舉天下措之聖神之域如是速乎？”曰：“地之不同而同於生，其種之含於地也，人未見其生也。”時雨既降，芒然雜出。使地而無種則已，有則必生；人而無性則已，有則必化。聖人非時雨乎？晝盡夜昏，六合同其昧。日月既出，赫然並照，使物而無間則已，有則必明；人而無性則已，有則必開。聖人非日月乎？是以古之覺人，其所滅而度之者以億萬無量計，則聖人之所以使人生而不傷其生，死而其鬼不神，舉天下而化之者，何以異此？斯神也，其有傷人者乎？嗚呼！唯常善也，故能救人無棄人，救物無棄物。有爲之善，其能爾乎？唯無積也，故能爲人己愈有，與人己愈多。住相之施，其能爾乎？推是道以濟天下而度群生，亦何儒、釋、老之分哉！故老子於二經之卒章，言其所以推而濟物者如此。

《列子論上》

混淪之初，不生不化者存，而生化之萌具乎不生不化之内。天地既闢，萬物並作，未有一息不由乎生化之運，未有一物不因乎生化之機。唯生也，而有不生者爲之宰。苟無不生者生生，則生有時而盡矣。唯化也，而有不化者爲之用。苟無不化者化化，則化有時而息矣。然則六合之内，有形者孰非生，有事者孰非化，捨夫生滅變化，則亦無可言矣，此列子所以首言生與化也。首言生與化者，以謂吾之所言之理，所寓之物，無非生滅變化者。且萬物皆出於機，皆入於機。機者何也？

生化之門也。生化之門者，生生化化、萬物之奧也。天下之生與化不
勝言也，則舉夫生死之大化而已。物有以形相禪者，則化於顯；物有以
生受化者，則化於陰。蛙之爲鶉，蠓之爲蟲，燕之爲蛤，瑜之爲猨，此人
之所見也，是物之化於顯者也。程之生馬，馬之生人，天下豈有是哉？
此死於此而生於彼者，是物之化於陰者也，是釋氏所謂輪迴者也，儒者
所謂“忽然爲人，化爲異物”者是也。若榮啟期、林類，安於生化者也，
杞國之人憂非其憂，不安於生化者。然則不通乎生化之道，而欲究《列
子》八篇之書，有不爲孟浪逕廷者乎？則亦茫然若臨太山而窺滄海矣。

　　《列子論中》

　　天地託於虛空之中，萬物含於天地之中，既有生之者，安得無窮？
昔者未始有物，既而天地萬物雖〇疑“雜”之誤然乎其間，此亦何自來哉？
安得不謂之幻？有形之物會歸於壞，及其壞也，豈非幻滅而夢覺哉？
天地之間，造化之密移也，日月之迴薄也，風雲之振蕩也，誰其使之而
一息不留也？今之天地日月，猶昔之天地日月乎？其亦逝也，不可得
而知已。非幻而何？上古以來，墳典之所記，三王之所成，歷代之所
爭，誰其祛之而廓無餘迹焉？非夢而何？豈唯此耳，朝昏古今也，瘄瘧
生死也，昧者直以覺爲真是而夢爲真妄。審爲是也，可得執而有之乎？
其所以異於夢幻者幾何耶？故列子言周穆王之執化人之祛以遊中天
之臺，彼以數十年也，而默存無幾耳。及其瘄也，嚮來之樂可復得耶？
嚮來之處可復追耶？然則人之化於化也，何異此哉？覺有八證，夢有
六候，以言晝夜之通爲一世也，夢覺之通爲一妄也。飽則夢與，飢則夢
取，陽則夢火，陰則夢涉，因也，以言流轉大夢者，其受化浮沉，未有不
由己也。西極之隅，阜落之國，尹氏之僕，鄭國之人，以言其夢覺真妄、
苦樂是非之無定在也。然則宋陽之妾不猶愈於覽昨夢以爲是，逢氏之
述不猶愈於執諸幻以爲實者乎？觀燕人之悲發於妄境，則知世俗之不
爲同行之笑者幾希。嗚呼！列子之於性命可謂盡矣。彼直以天地萬
物爲一夢幻，豈夸言哉！

《列子論下》

夫將以祛有情之累，言雖過而不爲疵者，唯聖人能之。《楊朱》一篇，其大概所以祛情累也。故其言公孫朝之溺於色，公孫穆之湛於酒，而鄧析謂之真人，端木叔放意所好，無不爲也，而段干生謂之達人。且馳域中之論，則撿身賢於縱欲；究域外之理，則有心於善不如無心之不善也。吾無心矣，安知善不善之所在乎？滑欲於俗，世俗之情也；有心於德，賢者之情也。膠其迹而累於情，等耳。蓋存世俗之情以繕俗，固以汨其真矣；而存聖賢之情於胸次，亦未得全其真也。唯庸聖之情俱盡，則亦循循常常，與塗之人同耳。善乎其言！晏平仲問養生於管夷吾也，而夷吾以謂勿壅勿閼，肆之而已。嗚呼！此真人之所以浮游於日用者也。夫飢而欲食，寒而欲衣，困而欲瞑，此可閼乎？此用情乎？然則耳之所欲聽，目之所欲視，鼻之所欲臭，口之所欲言，體之所欲安，意之所欲行，吾亦如是而已矣，又何累焉？由此觀之，則其以朝、穆爲真，以端木爲達，其言之雖過而不爲疵也，審矣！雖然，論而至於此，後之儒者有以斯言爲罪者矣。若夫以余推列子之心而識余之意，則庶幾乎無罪焉。

《莊子論一》

情存分量者，不可與聞廣莫之言；智辨是非者，不可與遊兩忘之境。天地內外，非可以情度也，而局於分量者昧焉；萬物紛紜，非可以智盡也，而膠於是非者惑焉。唯我與物同遊乎無極，則又安覺鵬、鷃之爲二物哉！莊子所以發端於是也。夫世俗之情，耳目之所安，心境之所熟，則雖神奇怪譎而不以爲異也。至夫耳目素所未接，心境素所未嘗，則雖常流至理，未有不驚而惑者。豈唯驚而惑也，有不爲胡盧而笑者哉！一鳥之背而幾千里，一息之飛而九萬里，世之所未見。世所未見，則局於分量者之所驚而笑也。然天地之外固有大於是者，不可知也，而世俗徒以區區心目之所屬而臆計天地之外，則其於莊子之言亦若是驚且笑矣。鵬之負青天，鷃之槍榆枋，其爲逍遙一也，世俗之情必大鵬而細鷃也。屑屑乎小大之辨，則是非美惡、高下長短擾擾起矣。其於莊子之言，焉能涉其流而化其道哉！故善觀莊子之言者能於此而悟其將，則三十篇焕○當爲"涣"然冰釋矣。於此而驚且惑乎，彼方情存分量而智辨是非矣，安用莊子之言爲哉！

《莊子論二》

《内篇》七，《外篇》十五，《雜篇》十一。《内篇》言夫内，《外篇》言夫外，《雜篇》者，合外内而言之也。雖然，内者外之源，外者内之出也，庸詎知吾所謂内之非外，外之非内耶？故《内篇》終之以《應帝王》，外篇終之以《知北遊》，《雜篇》終之以《天下》。《内篇》而終之以《應帝王》，則知湛然常寂者，是其所以通天下之志者也。《外篇》而終之以《知北遊》，則知其芸之作復歸於根，擾擾之緒畢反於一也。《雜篇》而終之以《天下》，則知孔子之書終言堯舜之事，老子之書終言小國寡民，孟子之書終於禹湯文武者，皆是莊子之微旨也。夫力不足以舉天下，則不足以用天下；道不足以小天下，則不足以宥天下。舜唯其視天下猶敝屣也，故能運天下於掌；伊尹唯其囂然自樂於畎畝也，故能一舉而造商。而昧者直以莊子爲漠然絶物，而與拔一毛而不爲者同，是烏足以言道也！道無形也，體之者人。卷而懷之無一毫，舒之足以濟天下，此天下之所以賴於道也。雖然，應物而濟天下者，聖人之所以成焉者也，然其出而用者，亦聖人之末○"末"之誤耳。善乎其言徐無鬼也！徐無鬼因女商見魏武侯，與之言相狗焉○"馬"之誤，而武侯大悦也。蓋徐者，與夫疏疾强梁者異也，鬼固幽矣，又曰無鬼，幾於無迹也。然將與物交，必出乎幽而因乎理，故因女商而見也。女者，静而不以外傷内，物求而從應者也；商者，通有無以資物者也。故爲無鬼之先而見魏武侯也。魏武，剛大之謂也。出乎幽深因緣以應夫剛大，故必有合，所以武侯大説而笑。然無鬼所以應夫物者，曾不用其粃糠土苴，故特言狗馬之德，而足以説之如此，余故曰："應物而濟天下者，亦聖人之末耳。"

《莊子論三》

　　孟子之稱孔子曰集大成，其言曰：“集大成者，金聲而玉振之也。始條理者，聖之事也；終條理者，智之事也。聖譬則力也，智譬則巧也。”然後知莊子所謂聖人之道與夫聖人之才者，判然白矣。莊子所謂聖人之道，非孟子所謂聖歟？莊子所謂聖人之才，非孟子所謂智歟？道可以學而至，才非學而至也。譬之鈞石之弓，可以歲月習也，進退弛張，可以度數得也。然不知所以然而然，此力也，猶之道也，由學而後至焉故也。至於發矢復沓，方矢復寓，括相屬猶銜弦然，此巧也，猶之才也，非學到而言傳者也。夫射一事也，而有力、巧之殊，聖人一道也，而有才與道之間。非孟子之善譬與夫莊子之善說也，烏識其所以爲才與道哉？此南伯子葵所以有問于女偶也。且南者，顯而與物交；伯者，長而爲物先。葵知自衛而不知所以自衛，以其所衛者小也。顯而與物交，長而爲物先，去道遠矣。然以其知自衛，故能問道於女偶。然其去道本遠，故女偶謂非其人也。女者，不以外傷内，致柔而守靜者也；偶者，曲而全者也，體道之微者也。卜者未嘗求物而不能絶物之求，吉凶憂樂不自我，而吉凶憂樂之兆不能不因物而應。梁倚則任物庇下而爲物之所倚者也，是其所以用天下者也，故爲聖人之才。出而用天下，則其爲物也太多，故將以宵然藏於聖人之道，必以外天下爲先，而後終之以不生不死也。

《莊子論四》

　　《莊子》之爲書，既已小天地、遺萬物、薄堯舜、累周孔，其於掃除名教之迹，蕩然無餘矣。以謂吾之所言則近乎棄實有，著虛空，茫然無町畦，泊然絶物者，於此而無述焉，則天下後世幾何而不驚且惑也。故終之以《天下》之篇，而道術之所以辨也。其曰古之道術有在是者，墨翟、禽滑釐之枯槁也；古之道術有在是者，宋鈃、尹文之救世也；古之道術有在是者，彭蒙、田慎之去己也；古之道術有在是者，關尹、老聃之博大也；古之道術有在是者，莊周之寂寞變化也。五者小大不同，其爲一偏，一也。老莊之道既自列於一篇○"偏"之誤，而孔子之道獨不列於其間，嗚呼！此以見莊子之深知孔氏也。非知孔氏也，深於道故也。孔子之道包是五者，施於天下，或藏之以神其用，或裁之以見於事。故迹雖遍於天下，人爲之敝，有時而極，然關百王、貫萬世而終莫能違之者，道備故也。此莊子所以不列於道術之一偏也。嘗竊譬之水之在天下，合而爲海，放而爲江、河、淮、濟，衍而爲百川，潴而爲陂澤，釃而爲溝澮，道術之在天下，亦猶是也。海之於溝澮，小大有間矣，其爲水之一偏，一也。孔子之道，水也，蒸爲雲氣，升爲雨露，以濟以溉，以滋以濯，蓋取於河海、百川、陂澮而用之耳矣。誰謂莊子非孔氏而絕中道哉？

《莊子論五》

莊子毀仁義，毀諸己乎？曰蹩躠踶跂，唯攘棄之，而天下元同，是毀仁義已矣；然而曰至義不物，至仁無親，遠而不可不居者，義，親而不可不廣者，仁，則周蓋未嘗毀仁義也。莊子滅禮樂，滅諸己乎？曰澶漫摘僻，唯不用而性情不離，是滅禮樂已矣；然而曰禮以導行，樂以導和，禮之意，子貢不能知；死不歌，墨子之所短，則周蓋未嘗滅禮樂也。聖人不死，大盜不止，是周絕聖之言也。然而以謂神全形全，聖人之道也；澹然無極，衆美從之，聖人之德也；通於天地，推於萬物，聖人之心也；手撓指顧，四方俱至，聖人之治也；天地之鑒，萬物之境，聖人之靜也；知窮知通，臨難不懼，聖人之勇也。其言如此，絕聖矣乎？任知則民相盜，去知以歸其天，是周棄知之言也。然而以謂真人以之爲時，聖人以之爲孽，心徹爲知，知徹爲德，以恬養知，以知養恬，其言如此，棄知矣乎？豈特如是而已也，周之書言道而已，故其要曰：有情有信，無爲無形；可傳不可受，可得不可見；長於上古，先於太極；或期之於稊稗，或極之於昏默。是周之所言道也。然而曰道不可以言，言而非也，則周蓋未嘗言道也。豈唯未嘗言道哉，其言未始有是非也。荒唐之言，謬悠之說，無端倪之辭，則莊周之言未嘗是也；以巵言爲曼衍，以重言爲真，以寓言爲廣，則莊周之言未嘗非也。豈唯未嘗有是非哉，亦未嘗言也。彼其三十篇之書，精粗小大，靡所不具。惠子之所困，公孫之所驚，其言數萬，可謂多矣。然而曰得魚忘筌，得兔忘蹄，安得忘言之士而與之言，則莊周蓋又未嘗言也。

## 《維摩詰所説經通論》八篇

### 一

　　文殊師利是根本智，維摩詰是不可思議解脱力；文殊師利是法爾如然，維摩詰是神通妙用。佛以二菩薩問答以顯妙用起於根本智，然根本智與不可思議解脱神通，不離此身六根六用而別有也。此所以先言維摩詰身示疾苦，又説身無堅速朽，深可厭患，而後文殊師利問答，即於維摩詰所謂可厭患之身而起不可思議解脱神通如此也。故《法華經》云："父母所生眼，悉見三千界。"以至耳鼻舌身意，皆自父母所生之色身，而不可思議解脱如彼也。以顯根本智中神通妙用皆是法爾如然，不可出五蘊十二行中建立。然文殊師利與維摩詰合之即是佛，故先説如來現大不可思議力，以長者子寶積與五百長者子所持七寶蓋合成一蓋，覆三千大千世界，而山河大地、天龍等宮悉於寶蓋中現。而寶積等讚歎，以爲如來神力不共法也。諸大乘經中，佛將説妙法，必先示現神變，或瑞光先照，遍滿三千大千世界，上至天宮，下至地獄，莫不蒙光解脱，或見微塵數佛刹悉皆顯現。如此經所説，七寶蓋中而皆示現三千大千世界，諸天龍神所居宮、乾闥婆等，及夜叉乃至山河大地等，蓋言法無不該、無不遍也。有一絲毫不至處，是佛法界有所不遍，有所不遍，則是有礙，非無礙也。又大藏教中常以法喻寶，如云寶所、寶洲、衣裏珠、額上珠、摩尼寶、長者寶藏之類，皆以喻法。故説法緣起，先以長者子寶積也。寶積言衆寶，猶云一切法也。以七寶蓋供養佛，而佛合爲一蓋，言一切法即一法，以法寶普覆一切，無所不有、無所不遍也。不以佛菩薩爲説法緣起，而以長者子者，其○"真"之誤俗無異、凡聖一如、在家猶出家也，如長者維摩詰是也。長者子寶積既讚歎佛神力已，遂問如來佛土清净,而告之以隨其心净則佛土净者,言種智神通與萬法皆由一心,心外無法也。而舍利弗以聲聞知見不達是理,故疑此土丘陵坑坎、荊棘沙礫、土石諸山穢惡充滿也。佛以足指按地,而三千大千世界皆已清净莊嚴者,言迷悟、净穢之反,一足指按地頃耳。螺髻梵王見清净法如佛頂相,故能以法除舍利弗惑也。

二

是經所説法,真俗、聖凡、净穢平等,不作異觀。故在會菩薩自等觀菩薩已下五十菩薩及彌勒、文殊,五十二菩薩也。等觀、不等觀、等不等觀所以爲等觀,亦去等觀之著也。是神通自在必自三昧中起,三昧者,正定也,是所謂神通妙用,亦法爾如然,故有定自在菩薩、法自在菩薩、法相菩薩也。解脱神通亦是此身光明發現,故有光相菩薩、光嚴菩薩、大嚴菩薩。是一切佛聚一切義海,故有寶積菩薩、辯積菩薩。手有拯拔引接之義,菩薩常以法寶、法印拯拔衆生,上至十地菩薩、四果諸天,下至地獄畜生餓鬼,高下平等,一以法寶、法印而拯拔之,故有寶手菩薩、寶印手菩薩、常舉手菩薩、常下手菩薩。所言法印,如印印文,無先無後,無作無二,即時具足,無有差異。字有先後而印時無先後,文有文義而印中無文義,然而普遍無礙,事理周圓,無作無二,諸佛經中所言印者皆此義也。常慘菩薩大悲無量故,喜根菩薩、喜王菩薩大喜無量故,辨音菩薩常説是法故,虛空藏菩薩法無盡故,執寶炬菩薩以法光明破冥闇故,寶勇菩薩負荷衆生無所畏故,寶見菩薩無見而見是法見故,帝網菩薩、明網菩薩法法互融無所礙故,無緣觀菩薩不起真際故,惠積菩薩法無量故,寶勝菩薩無能勝故,天王菩薩最尊勝故,壞魔菩薩摧伏四魔與諸怨賊故,電得菩薩法如幻化故,自在王菩薩具不可思議解脱故,功德相嚴菩薩摠持萬行故,師子吼菩薩、雷音菩薩、山相擊音菩薩法音無邊故,香象菩薩、白香象菩薩具大力故,常精進菩薩、不休息菩薩、度生死海無疲厭故,妙生菩薩念念出生而常寂故,華嚴菩薩開敷佛華大莊嚴故,觀世音菩薩具悲智故,得大勢至菩薩具願力故,梵網菩薩即煩惱網即清净網、不相留礙故，寶杖菩薩住佛威儀故，無勝菩薩無等等故，嚴土菩薩三千大千世界悉皆嚴净、法無不遍故，金髻菩薩、珠髻菩薩至法頂故，於是終之以彌勒菩薩、文殊師利法王子者。如諸菩薩，具如是等法，即成佛果。彌勒菩薩是一生補處、已授佛記者故，然不離文殊師利清净根本智也。如善財童子遍參善知識已後，見彌勒與文殊是也。

## 三

長者維摩詰既以己身示現有疾，因爲人説此身無常，無强、無力、無堅、無主、無人、無我、無知、無作等，及説身病根本，從癡有愛，以有病苦。又常爲諸人去諸法病，如諸十大弟子與彌勒、持世二菩薩，嚴光童子、長者子善得，皆以謂不堪任詣彼問疾者，不惟以其入深法門，辯才無礙，爲聖賢等之所畏難，亦以謂其諸法病，如上所云，則不能見維摩詰。無諸法病，即維摩詰耳。若能不於三界現身意，不起滅定而現諸威儀，乃至不斷煩惱而入涅槃，如是宴坐。如法説法，離衆生詬、離我詬、離生死，前後際斷，乃至無説無示，無聞無得，如是説法。所見色，與盲等；所聞聲，與響等；所嗅香，與風等，乃至諸觸如智證，知諸法如幻相，其有施者，無大福，無小福，不爲益，不爲損，如是食人之施。於食等，於法等，乃至文字性離，無有文字，於諸法解脱，如是無分別。觀知根器，以大乘法教化衆生，如是爲人説法。不以生滅心行説實相法，不以二相觀佛國土。罪性福性，皆如鏡像；在家出家，無有功德。知如來身即是法身，知一切衆生即菩提相。擧足下足，皆是道場，一切天魔，悉能摧伏。以菩提心起四無量，以法施會爲大福田。若能如是，即是維摩詰，即是文殊師利。如舍利弗等所有法病，是病爲維摩詰所訶，如彼者不能見羅○"維"之誤摩詰文殊師利也。故皆曰"我不堪任詣彼問疾"。

## 四

不可思議解脱力，一切衆生與佛菩薩悉皆本來具足，不出一心六用而能發現,所謂神通,亦曰光明。但一切衆生以生滅心,狹劣心、分別心、限量心、罣礙心等故,有眼爲色所礙,有耳爲聲所礙,有舌爲語言、諸味所礙,有鼻爲臭香所礙,有身爲觸所礙,心識爲法所礙,故名之曰盲、聾、愚、癡等類。然亦常運神通,常放光明,未曾間斷。諸佛菩薩以廣大心、無住心、無分別心、無礙心故,一心六用皆爲不可思議神通,亦常放無量光明,遍照三千大千世界。所謂父母所生眼,悉見三千界,以至鼻、耳、舌、身意,色、聲、香、味、觸法,皆爲清净如來大根本智與不可思議解脱神通之力。唯了諸法空無礙,然後有是不可思議解脱神通之力。故云空其室内,除外所有及諸侍者,無有牀座,此所以能容須彌相世界三萬二千師子座及香積世界九百萬師子座也。言須彌世界者,如經所言,有解脱名不可思議者,菩薩住是解脱者,以須彌之高廣内芥子中,無所增減,須彌山王本相如故,表是法也。故文殊師利問疾之餘,首問維摩詰:"此室何以空無侍者?"維摩詰言:"諸佛國亦復皆空。"又問:"此何爲空?"答曰:"以空空。"又問:"空何用空?"答曰:"以無分別空故空。"又問:"空可以分別耶?"答曰:"分別亦空。"又問:"空當於何求?"答曰:"當於六十二見中求。"以至六十二見當於諸佛解脱中求,諸佛解脱當於衆生心行中求。以明空非分別,不捨有而求空,了則煩惱即菩提,迷則菩提即煩惱也。明清净如來大根本智與不可思議解脱,即此示病之一心六用,出入無時,莫知其鄉,而無分別者也。以至右掌持諸天大衆、諸○當爲"詣"如來所,又不起于座,以右手斷取妙喜世界,置於此土,皆以空無礙故,故曰"室空";不起真際故,故曰"不起于座",此不可以生滅礙心分別妄見而知者也。

五

文殊師利從佛所來,見維摩詰即是清净法身,本根本智而起不可思議解脱神通,皆不來而來,不見而見。不來而來,豈有來相? 不見而見,豈有見相? 若來已更不來,是實無來,來無所從故;若去已更不去,是實無去,去無所至故。所可見者更不可見,擬議即差故。自文殊師利初詣維摩詰，問答凡十段義：一、文殊問病所因起；二、文殊問病何以空無侍者；三、文殊問病爲何等相；四、舍利弗念欲牀座，維摩詰答以須彌相國師子之座納於室中；五、文殊問云何觀察衆生；六、文殊問生死，爲菩薩當何所依；七、天女與舍利弗問答；八、文殊問通達佛道；九、維摩詰問文殊何等爲如來種；十、普現色身菩薩問維摩詰親戚眷屬等爲何在。舉要而言，一切解脫神通總持萬行大慈大悲，及一切衆生塵勞煩惱，皆依清净法身根本智而立。故維摩詰即於父母所生之身示現有疾，又即於此身而現種種不可思議解脫，以見菩提、煩惱無二性，故示現有疾非有疾也。如佛菩薩爲度衆生出入生死海，游戲五道，雖實無生死、無我、無造亦無受者，而示有輪回苦樂等受也。然從癡有受，則有輪回，故曰："從癡有受，則我病生。"又曰："從有攀緣，則爲病本。"又曰："身孰爲本？欲貪爲本；欲貪孰爲本？虛妄分別爲本；虛妄分別孰爲本？顛倒想爲本；顛倒想孰爲本？以無住爲本。無住則無本。"唯其顛倒、虛妄、貪欲爲本，此衆生所以輪回不息、出入苦海者也。唯其顛倒以無住爲本，無住則無本，此所以即煩惱海即菩提也。知無住本立一切法，則於住死畏中得無所畏矣。諸佛菩薩從智起悲，濟度群品，有一衆生不滅度者，是佛菩薩終不取涅槃、不捨生死也。故曰："一切衆生病，是故我病；衆生不病，則我病滅也。"然無量煩惱大菩提海惟一空法，此維摩詰所以示有家居眷屬而一室之内空無牀座，亦無侍者也。答文殊之問，又所以言諸佛國土亦復皆空也。然所謂空者，非捨諸有而別有空也。故曰："空當於何求？當於六十二見中求；六十二見當於何求？當於諸佛解脫之求；諸佛解脫當於何求？於一切衆生心行中求。"蓋空匪他求，不離六十二見而空存焉；六十二見是諸過患，然不離諸佛解脫中；諸佛解脫超過一切礙無礙境，然不離衆生心行中也。故《寶積經》説文殊以神力令舍利弗與魔波旬作如來身，問答妙義。舍利弗問："菩提當何處求？"波旬答曰："從身見根本求於菩提，無明有愛求於菩提，顛倒起結求於菩提，障礙覆蓋求於菩提。"亦是義也。《大般若經·曼殊室利分》云：“一切法空説爲法界，即此法界説爲菩提，法界、菩提俱離性相，由斯故説一切法空。”又云：“無上菩提即五無間，彼五無間即此菩提。”又《諸法無行經》云：“文殊説言一切衆生皆得菩提，是名不動相；一切衆生皆成就一切智惠，是名不動相；一切衆生皆是道場，是名不動相。乃至一切諸佛成就貪欲，是名不動相；一切諸佛成就瞋恚，是名不動相；乃至一切諸佛成就邪見，是名不動相。”大抵文殊師利表根本智，故其所説法皆徹源底，即有即空，無二空也。煩惱菩提分別空，則病亦無形，不與身合及與心合，非四大亦不離四大也。

## 六

舍利弗未離聲聞，未能隨緣赴感、無不周遍而常處於菩提之座，故作是念，當於何坐也。東方，萬物並作、出晦入明之方也，而世界名須彌相，表不動。東方萬物並作之方，而世界名須彌者，動而常寂也。佛曰：“須彌燈王者，寂而常照也。”以彼菩提之座，入於空無所有之室，故無去來相，亦無礙無礙也，宜乎新發意菩薩及大弟子不能升也。爲須彌燈王作禮乃得升者，一念與須彌燈王相應，是即須彌燈王已矣。維摩詰因爲大衆説不可思議解脱法門者，以見於根本智起神通也，不可思議皆若此也。諸佛菩薩從智起悲，示病示苦，出入生死，以度衆生，疑若煦煦○景鈔《北山小集》作“煦煦”，北山曾祖諱“煦”，避家諱，缺作口耳。住相之仁。然於是文殊問：“云何觀於衆生？”而維摩詰以謂觀衆生如水中月，如鏡中像，如熱時焰，如呼聲響，如空中雲，如水聚沫，乃至如石女、化人也，不取於相，無作無受，無人無我，是乃所以爲大悲而繼之以四無量也。老子曰：“天地不仁，以萬物爲芻狗。”莊周曰：“大仁不仁。”又曰：“虎狼，仁也。”聖賢之語，豈有二義哉？觀佛菩薩説一乘法，必有女人以爲緣起。故《法華經》説龍女七歲，文殊度之，於衆會前化爲男子，即往南方成佛；而《華嚴經》婆須密多、天主光女、慈行童女，乃至城神、夜神、林神等，皆以女人身，善財見之，得解脱門；又如《無垢施經》所説無垢施女，《月上女經》所説月上女，皆辨才神通，與大弟子往復論辯，訶毀小乘，説微妙法，親授佛記。維摩詰室中所化天女亦猶是也。其義有五：一者，示平等法，無男女相；二者，法無浄穢；三者，示世俗諦即出世諦；四者，一念之間即三阿僧祇刧，無延促相；五者，一切諸法皆如幻化。如維摩詰示居士身，天女乃其眷屬，然而真俗無二，世出世一如也。散諸天華者，以表在欲行禪，了無罣礙。諸大弟子以有礙心，華者○當爲"著"不墮，以譬畏生死者，色、聲、香、味、觸、法得其便也。"吾止此室十有二年，初不聞説聲聞、辟支佛法，但聞菩提大慈大悲不可思議諸佛之法。"又云"我從十二年來，求女人相了不可得"者，言大般若海不離十二有海也。以維摩詰空無所有之室，自然常現八未曾有難得之法也。於是文殊又問維摩詰言："菩薩云何通達佛道？"而維摩詰以謂若菩薩行於非道，是爲通達佛道也。又問："何等爲如來種？"而維摩詰以謂無明有愛、貪恚癡等乃至一切煩惱爲如來種也。此皆明不離煩惱而入涅槃，不捨道法而現凡夫事也。普現色身菩薩者，亦明於一切色相，而常普現不思議法也，問維摩詰以妻子、親戚、眷屬等爲何所在？而維摩詰告之言明皆即有而空、即空而有也。曰母、曰父、曰妻、曰男、曰女，以至舍宅、園林、車馬、衣服、財寶、牀坐等種種名字，即空而有也。然所謂父母、妻子以至牀坐者，乃智度、方便、法喜、慈悲，以至無漏、覺意、慚愧、深心而已，是即有而空也。故曰："火中生蓮華，是可謂希有。在欲而行禪，希有亦如是。"夫人終日起居動作之間，視聽語默之際，無非欲也，而其行也常禪，故以喻火中生蓮也。

七

生滅爲二，我、我所爲二，受、不受爲二，垢浄爲二，是動是念爲二，一相、無相爲二，菩薩心、聲聞心爲二，善不善爲二，罪福爲二，有漏、無漏爲二，有爲、無爲爲二，世間、出世間爲二，生死、涅槃爲二，盡、不盡爲二，我、無我爲二，明、無明爲二，色、色空爲二，四種異、空種異爲二，眼色、耳聲、鼻香、舌味、身觸、意法爲二，忍辱、持戒、精進、禪定、般若、布施、回向一切智爲二，是空、是無相、是無作爲二，佛、法、衆爲二，身、身滅爲二,身、口、意業爲二,福行、罪行、不動行爲二,從我起爲二,有所得相爲二,闇與明爲二,樂涅槃、不樂世間爲二,正道、邪道爲二,實、不實爲二。凡是二者,皆爲諍論,皆爲戲論,皆爲邊見,皆爲偏計,皆爲執著。而不二法中,無生無滅,無我無人,無受無不受,無垢無净,無動無寂,無有相無無相,無聖無凡,無善無惡,無罪無福,無有漏無無漏,無有爲無無爲,無世間無出世間,無生死無涅槃,無盡無不盡,無我無無我,無明無無明,無色無空,無同無異,無根無塵,無六波羅密無一切智,無空無不空,無相無無相,無作無不作,無佛無法無衆,無身無身滅,無身口意業,無動無不動,無識無不識,無得無不得,無闇無明,無樂無厭,無正無邪,無實無不實,彼諸菩薩各以如是所入不二法門,而樂説之。然此三十菩薩之所言者,言而已矣。故文殊師利以謂於一切法無言無説,無示無識,離諸問答,是爲入不二法門也。文殊師利雖如是言,然畢竟只是言説,於是問維摩詰,而維摩詰默然而已,是義方圓。按大藏中,《維摩經》凡有三譯,鳩摩羅什譯《維摩詰所説經》,今行於世者是也;吴月支優婆塞支謙譯《維摩詰經》;唐三藏玄奘譯《説無垢稱經》。而支謙所譯至《文殊師利説無言無説等爲不二法門》,於此遂已,更無後段"維摩詰默然"者,彼意豈以爲重複耶?

八

《楞伽阿跋多羅寶經》云:"非一切刹土有言説。言説者,是作耳。或有佛刹瞻視顯法,或有作相,或有揚眉,或有動睛,或笑,或欠,或謦欬,或念刹土,或動揺。如瞻視及香積世界、普賢如來國土,但以瞻視令諸菩薩得無生法忍,及諸勝三昧。"又云:"見此世界蚊蚋蟲蟻,是等衆生,無有言説,而各辦事。"文殊師利既以無言無説,無示無識爲入不二法門,而維摩詰默然無言已,於是示諸菩薩及大弟子以衆香國神通解脱殊特之事。彼衆香國香積如來無文字○"文字"下當有"言"字説,但以衆香令諸天人得入律行,菩薩聞斯妙香,即獲一切德藏三昧。以表五蘊六根即般若海,一一觸受皆具圓通,皆能入佛智惠也。如香積世界,但以鼻觸而證菩提，則知一切悟門不必皆從言説文字而觸脱也，以至一切蠢動不必有言説而能辦事也。應坐時坐，應食時食，以表與一切衆生了無差別也。遣化菩薩致敬香積如來者，以表一切解脱神通皆如幻化也。衆香菩薩問：“釋迦牟尼如來於此婆娑世界以何説法？”而維摩詰告以佛以剛强之語、調伏之言度脱衆生，以見如來隨諸刹土時節因緣，以方便力所應化度而化度之。雖有言説，不離文字令得解脱也。故釋迦如來曰：“或有佛土，以佛光明而作佛事，有以諸菩薩而作佛事，有以佛所化人而作佛事，有以菩提樹而作佛事，有以衣服、卧具而作佛事，有以飯食而作佛事，有以園林、臺觀而作佛事，有以三十二相、八十隨形好而作佛事，有以佛身而作佛事，有以虚空而作佛事。衆生應以化緣得入律行。有夢、幻、影、響、鏡中像、水中月、熱時焰如是等喻而作佛事，有以音聲、語言、文字而作佛事；或有清净佛土，寂寞無言，無説無示，無識、無作、無爲而作佛事。”又曰：“諸佛威儀進止，諸所施爲，無非佛事。”又曰：“有此四魔，八萬四千諸煩惱門，而諸衆生爲之疲勞，諸佛即以此法而作佛事。”此皆如來與大菩薩慈悲方便真實諦也。又維摩詰爲衆香菩薩言婆娑世界有十事善法，諸餘净土之所無有。以言五濁惡世、十二有支煩惱苦海乃是無上菩提、大般若海也。彼諸净土無一闡提及三惡道，譬之高原陸地不生蓮華，必於淤泥乃能生植，故云諸餘净土之所無有也。起根本智，現大神通，説無上法已，於是攝用歸體，故與文殊同往詣佛也。釋迦牟尼如來爲諸如來衆既説妙法，衆香菩薩九百萬衆皆還彼國，是佛世尊與大菩薩及長者維摩詰以智惠神通作佛事已。於是佛問維摩詰爲以何等觀如來，維摩詰言如自觀身實相，觀佛亦然。以至不可以一切言説分別顯示，以見真俗無二，凡聖平等，根本智、解脱神通同一法身也。雖從根本智示現神通，説諸妙法，然常不起真際，湛然不動也。故於是舍利弗問維摩詰：“汝於何没，而來生此？”而維摩詰告以無生死。雖然，佛蓋知之，以謂有國名妙喜，佛號無動，是維摩詰於彼國没而來生此也。既無没生而云無動國没而來生此者，無動乃所以無没生也。梵語"阿閦"，華言"不動"。無動佛國者，表維摩詰雖現神通而説諸妙法，不起真際，湛然不動也。故雖以右手斷取妙喜國、鐵圍山川，乃至梵天等宮，城邑聚落，上至迦吒尼天，下至水際，入此世界，而不起于座也。此無動世界所以擲過三千大千世界，出入往來，無所留礙，而無出入往來等相者也。

## 《北山小集·雜著》

### 《天辨》

觀柳子厚《天説》，退之固有激而云，然騁豪辯而失正理。子厚爲之説，亦至於芒忽兩忘而止。余嘗深究天人消長之由，若有得者，因奮筆作《天辯》，矯二子歸之正，以祛君子之惑焉。

天之蒼蒼，尸者誰耶？鴻蒙穹隆，其正形耶？抑有五官以視聽好惡耶？抑又有條章政枋以司下上○當爲"土"，若而予、若而奪耶？古人於此乎疑已。或曰："凡人之生，賦畀適定。天積氣耳，漫無記省。物生其間，自窮達○上當有"自"字，自狂自聖，自壽自夭，自愉自病。或生而切雲漢，或老而没泥潯。自其適爾，豈足深竟。"若是説者，然耶？曰："天不人不因，人不天不成。信斯言也，皆適然乎，則爲善者或幾乎熄矣。"或曰："天之與人，絶處殊類，質象既別，好惡隨異。譬之九土各有宜，五性不同嗜。故畸於天者人之倖，資於宋者越所棄。又安知人之所望，不爲天之所屬？"若是説者，然耶？曰："天視自我民視，天聽自我民聽。信斯言乎，則是天與人判爲二矣。"或曰："天之於物，常靳其全。故齒者不角，馳者不翩，各俾其一，非天則偏。"若是説者，然耶？曰："作善降之百祥，積善必有餘慶。信斯言乎，則夷齊之餓、顏氏之夭可也。彼益、稷、伊、周之倫，謂其不足於天爵，可乎？"或曰："飛塵可以蔽日，太山嘿於聚蚊。必東之水，激之可使過顙；長平之敗，壽者不能獨存。人衆有時而取必，而天定亦能勝人。"若是説者，然耶？曰："天網恢恢，疏而不失。信是説乎，則天之覆物也淺矣。"雖然，自堯舜以來，天下之治常少而亂常多，君子常窮而小人多得志者，何耶？蓋自堯、舜、禹數百載而後當商之盛時，君子之道一行。又數百載而後當周之盛時，君子之道一行。由漢迄唐數千百載，其間君子小人亦更爲消長耳，不如三代之純也。君子而用，不極不久。藉令專且久，然不斥不病，則死及之。小人而在上，率常志滿意得，子孫族黨繁盛半天下，康疆壽考，無一不如志者。若是何耶？嗚呼！區區之窮通用捨，聖賢觀之，寒暑蚊雀之間耳，曷嘗以此動其心哉！而天亦豈以此待天下之君子也，蓋亦蚩蚩者之招然耳。今夫蚩蚩之氓，晝日之所爲，孰非强凌弱、衆暴寡、狡者欺愚、薄者負厚哉！其孝於親、友於兄弟者有幾？其臨利不忘義者有幾？其設心正平，誠實無僞，不負神明者有幾？使君子而得志，爲一州則惠一州，使一路則惠一路，在朝廷位宰輔，言聽計從，則膏澤及天下，彼蚩蚩者，是將怡愉安樂而終身矣。彼晝日之所爲，其傾欺賊害者如此，而天乃報之以悟○“怡”之誤愉安樂，則天之所以福善禍淫之道，豈不乖剌舛謬矣乎？故必使邪佞殘賊者臨其上，爲一州禍一州，使一路禍一路，在朝廷位宰輔，禍天下，非唯禍天下，必至於糜爛土崩而後已。此無它，黔首之招然耳。以是推之，則《易》之慶善殃惡，《書》之視聽自民，《老子》之疏而不失，與夫釋氏之因果報應，無合而通者矣。

# 後　記

　　程北山先生之文，宰相見謂今之韓退之；此據葉石林《集序》，以時考之，蓋蔡京也。米元章貽詩，擬之李太白後身；葉石林誌其墓，以爲“在司馬遷、班固之間”；石林又稱其詩章“兼得唐中葉以前名士衆體”；鄒忠公則謂人曰“程致道，所謂北斗以南，一人而已”。蓋其文詞之取重於當時如此，而其人則固吾開化人也。子曰：“見賢思齊焉，見不賢而內自省也。”學者讀古文辭，震於韓、柳、歐、蘇之名，咸退讓若不可企及。然如北山先生，徒以文論，何渠遜韓、柳、歐、蘇者？則吾開化固未嘗不能生韓、柳、歐、蘇，而吾開化人亦未嘗不能爲韓、柳、歐、蘇也。古人稱“三不朽”：立德、立功、立言。北山先生既没而言立，斯不朽矣。後之人可不務乎？甲申歲冬十一月，伯俟題。